Croire quand on souffre ?

Des mêmes auteurs :

Jésus-Christ, Éditions Ouvrières – 1991

NIHIL OBSTAT :	IMPRIMATUR :
Paris, le 28 décembre 1992	Paris, le 28 décembre 1992
M. Dupuy	M. Vidal, V.E.

Imprimé en France *Printed in France*

ISBN 2-7082-2993-1
ISSN 1159-1633

Yvette CHABERT
Roger PHILIBERT

CROIRE QUAND ON SOUFFRE ?

Collection *Tout simplement*

ÉDITIONS OUVRIÈRES
12, avenue Sœur Rosalie
75013 PARIS

A tous ceux qui,
un poing serré dans une main ouverte,
nous ont appris à tenir,
à lutter,
à aimer,
et même à croire...

Je ne croirai jamais en un Dieu
qui aimerait la souffrance !

Amis lecteurs,

« Il n'y a rien à dire ! »

C'est ce que s'est exclamé l'un de nous deux, lorsque, à la suite du premier livre bien accueilli *(Jésus-Christ. Tout simplement)*, celui-ci nous a été demandé...

Que dire, en effet, quand on est soi-même marqué par la souffrance et lié à celle de tant de gens ? Quand, taraudé dans son corps et dans son cœur, dans son intelligence et dans sa foi, on n'a qu'une envie : faire silence !

Que dire qui ne blesse aucun souffrant, par excès de mots ?

Qui ne simplifie rien par tentatives d'explication...

Qui ne lance aucun faux procès par simplisme...

Qui n'innocente pourtant personne, ni les hommes, ni même Dieu...

Qui surtout maintienne béante cette terrible contradiction : l'existence du mal et celle de Dieu...

Ne vaudrait-il pas mieux se taire ?

Que dire encore qui laisse place à la tempête sans nier le soleil, qui de la première à la dernière page, se risque à conjuguer ensemble les larmes et la joie, la colère et la paix, le cri et l'action de grâces, la plainte sans fin et l'espérance ?

N'allions-nous pas risquer des propos irrecevables, voire scandaleux ?

« Rien à dire ! » et pourtant nous avons écrit de nombreuses pages... Car se taire était laisser place à trop d'aberrations véhiculées autour de nous.

« Rien à expliquer ! » et pourtant, nous avons cherché à comprendre... Car se taire était nier notre capacité d'hommes et de femmes doués d'intelligence.

« Rien à résoudre ! » et pourtant, nous avons désiré ouvrir des chemins... Car se taire était priver nos frères et nos sœurs souffrants d'une expérience et d'une nourriture reçues : à la fois de ceux qui nous accompagnent nous-mêmes avec tendresse, et de ceux que nous accompagnons à notre tour.

Au fil de la rédaction, nous avons connu l'enthousiasme mais aussi l'inquiétude et l'interrogation permanentes : la crainte de faire mal, celle de ne pouvoir rejoindre ceux qui pâtissaient le plus et aussi la colère devant le mystère ; l'épreuve de la feuille blanche et parfois même les larmes sur le papier... Ce fut pour nous aride mais aussi un chemin un peu exceptionnel, duquel nous ne sortons pas indemnes...

Heureusement, avant de nous aventurer, nous avions lancé une sorte de sondage, afin de mieux mesurer l'attente des uns et des autres. « Bien-portants » et souffrants (d'un mal physique, psychologique ou social), croyants et non croyants en Jésus-Christ, prêtres et laïcs, jeunes et moins jeunes, nous ont adressé, à grandes brassées, une foule de questions et de demandes précises : « *Pourquoi la souffrance ? Pourquoi à moi ? D'où vient le mal ? A quoi sert ce Dieu qu'on dit bon ? Peut-on croire ? Comment faire face, en victime ou en témoin impuissant, et comment donner sens à une vie qui a perdu sa saveur ?* » A cela étaient joints des cris, des actes de foi ou des rejets de Dieu, des témoignages tout simples ou plus élaborés, des petits bouts de chemin racontés... Nous ne pouvions plus reculer !

Habités par ces visages d'hommes ou de femmes devenus nos amis, habités aussi par ceux qu'au quotidien nous portons, nous avons risqué une parole.

Mais ce livre n'est **pas UNE parole**, bien que le mouvement de ces pages soit marqué par notre propre expérience de souffrant et d'accompagnant, par notre propre manière de faire face, dans la foi. Il est **une parole plurielle**... parce que les souffrances sont plurielles et les essais de réponse aussi.

Pour ce faire, nous avons désiré **citer largement** ces connus ou anonymes d'aujourd'hui et d'hier, dont nous avions reçu quelques écrits, sans trop dévoiler leur histoire personnelle, par pudeur. Nous voilà alors invités à lire Pascale très largement citée, en raison des nombreux textes en notre possession ; mais aussi Robert et Béatrice, Monique et Raoul, Jacques et Elisabeth, Marie et Pierre, Gisèle et Marie-Thérèse, Jean-Marc et Madeleine, Murielle et Géraldine, Francine et Mireille et tant d'autres encore... En ces pages, ils disent leurs chemins de révolte et de foi, de confiance et de désespoir, de colère et d'émerveillement. Leur parole est imprimée en caractères italiques, soit dans le cœur du texte, soit en encadré.

Ce sont ces amis et d'autres encore, amis souffrants et accompagnants, non croyants et croyants, prêtres et laïcs de tous bords, théologiens et philosophes, qui ont accepté de nous lire en cours de rédaction et de critiquer au fur et à mesure tel ou tel chapitre. Ils ont ainsi apporté leur note à cette parole que nous voulions à tout prix plurielle. Nous ne pouvons les nommer tous, mais qu'ils soient ici vivement remerciés. Ce livre est vraiment le leur.

Il est aussi à tous ceux qui, écrasés par une souffrance récente, ne pourront peut-être qu'ouvrir une ou deux pages avant de le refermer bien vite, par crainte de raviver des plaies trop à vif. Nous espérons qu'avec le temps, du recul et des frères proches, ils pourront un jour se risquer à la lecture et y trouver une lueur pour leur lutte.

Il est aussi à tous ceux qui ne voudront lire que les témoignages ou prières cités en italique, désireux de savoir comment d'autres essaient de tenir dans le vent et de « passer ». Que ce soit pour eux une nourriture et, pourquoi pas, une ouverture pour se lancer, un jour, dans une lecture plus totale.

La table des matières détaillée peut permettre à ceux qui le voudraient de commencer par les chapitres qui leur sembleraient répondre en premier à leur attente. Cela est, bien sûr, possible. Cependant, il faut savoir qu'ils font un tout et qu'une lecture dans le fil prévu ne peut qu'y gagner.

Le chapitre 1 est une ouverture au sujet, un grand cri, et un paradoxe ouvert aussi...

Les chapitres 2 à 4 inclus sont à lire ensemble. Ils posent nos questions et celles que l'on entend : « *Pourquoi des innocents ? Qui est à l'origine du mal ? Dieu est-il coupable ou impuissant ? Faut-il le justifier ou le nier ?* » Sans jamais traiter ces problèmes de fond de façon purement théorique, nous avons cependant pris appui sur la pensée des philosophes, présentés ici aussi sérieusement mais aussi simplement que possible. Le va-et-vient avec l'expérience concrète de la souffrance est constant, nourri de témoignages divers.

Les chapitres 5 à 7 inclus forment aussi un tout. Comment des croyants affrontés au mal peuvent-ils redécouvrir le message de Jésus, lui-même victime de la folie des hommes et du silence de Dieu ? Quel Dieu ? Quelle espérance pour nous ? Là aussi, la parole est largement donnée à des souffrants d'aujourd'hui, en même temps qu'à une sérieuse réflexion théologique.

Les chapitres 8 à 10 inclus proposent des manières de vivre soi-même la souffrance et d'accompagner celle des autres. Les témoignages abondent.

Laissons le titre du **dernier chapitre** (« *Des fleurs dans le fumier* ») évoquer le paradoxe de nos vies...

Ainsi, nous nous sommes risqués à mener de front **quatre objectifs** et à tenir ensemble ce qui est rarement consigné dans un même ouvrage. Nous ne pouvions autrement traiter le sujet parce que nous-mêmes, en souffrants ou en accompagnants, nous cherchions des réponses de cette manière : sans opposer la raison et la foi, la théologie et la spiritualité, la réflexion et les témoignages.

Nous proposons donc :

— Un **chemin de raison**, prenant appui sur **des philosophies** diverses, d'athées et de chrétiens, toutes nécessaires pour prendre en compte nos questions. Mais cela écrit « tout simplement », pour tous.

— Un **chemin théologique**, tout aussi sérieux, pour fonder et rendre intelligible notre foi en Jésus-Christ, sans crainte de démasquer les théories religieuses multiples qui ont pu mépriser et l'homme, et Jésus-Christ, et Dieu. Cela aussi « tout simplement ».

— Un **chemin en même temps profondément spirituel**, une expérience de Dieu à faire. Si cette aventure ne sèche aucune de nos larmes, peut-être pourra-t-elle les « convertir » en lutte acharnée contre le mal et en confiance dans une espérance possible. En cela, ce livre peut être aussi ouvert comme un livre de prière.

— Un **chemin, tout au long, « existentiel »**, c'est-à-dire non abstrait, ancré sans cesse sur les questions concrètes auxquelles nous, souffrants et accompagnants, sommes affrontés. C'est par le va-et-vient constant entre les essais explicatifs et les témoignages donnés que cet objectif a voulu être tenu.

A la question « **Comment peut-on croire quand on souffre ?** », certains répondent oui. Mais est-ce sensé ? D'autres répondent non. D'autres encore s'interrogent... Chaque lecteur optera librement. Nous sont seulement proposées ici des réponses multiples, ponctuelles et situées, d'hommes et de femmes engagés dans cette lutte.

Ils disent ce que la souffrance a gravé dans leur vie, ce que la foi ou le rejet de Dieu a produit, les questions et les cris qui en eux demeurent. Ils nous invitent alors à faire de nos « pourquoi » douloureux et de nos recherches rationnelles et croyantes un vivier : un vivier nourrissant pour un chemin à prendre encore debout et, si possible, encore heureux, malgré tout ; un chemin purifié des croyances suspectes ou mortelles ; un chemin « accompagné », pour ceux qui l'accueillent, par l'infinie tendresse de Dieu !

Chapitre 1

PEUT-ON ENCORE Y CROIRE ?

J'ai mal et j'ai mal d'avoir mal... parce que le mal semble rôder autour de l'existence humaine, parce que la souffrance semble coller à la vie, parce que des hommes, des femmes et des gosses de par le monde, frappés par l'horreur, courbent le dos et crient...

Je suis atteint, plus que cela, remué, bouleversé. En homme ou femme solidaire, je communie à la douleur des autres, par compassion. Mais, pour un temps seulement, soyons honnêtes... Tant qu'il frappe au loin, le malheur défile en images devant mes yeux sans m'ébranler à la racine de mon être.

Mais, lorsque le mal m'atteint, moi, dans mon affectivité, dans ma chair ou dans ma tête, c'est mon être tout entier qui semble basculer, mon sens de la vie et mes belles idées sur l'homme et sur Dieu qui se mettent à vaciller. Atterré, déraciné de mes certitudes, je me tourne contre le mur et je m'éloigne : je n'ai plus la force d'être devant quiconque, le plus proche soit-il. Je n'ai plus de mots...

Dans une solitude extrême, d'obsédants « pourquoi » sourdent au fond de moi...

De quoi me taire et crier...

SE TAIRE OU CRIER...

Parler ou se taire ?

Se taire...

Accepter d'être réduit, très rudement, au silence.

Ou plutôt, laisser venir du plus profond de moi ce qui n'est ni parole explicite ni silence absolu... ce qui se tient entre les deux... qui me vient peut-être bien de la bête : crier !

En silence, avec pudeur, parce que la souffrance, ma souffrance de souffrant comme ma souffrance de témoin, se crie à voix basse, les volets tirés, face à moi-même, face à Dieu.

Mais **crier en humain**, avec les mots de l'indicible, en homme ou femme que je suis, pour ce que je ne sais pas, ce que je ne comprends plus, ce qui m'échappe, pour cette donnée scandaleuse de ma vie, de toutes nos vies. Crier en humain pour ne pas rester « bête », pour redresser la tête, pour rester rebelle à toute forme de souffrance.

Crier, c'est rappeler au ciel qui fait le sourd, à ce Dieu qu'on dit Amour, à la terre tout entière blessée de toute part, que je croyais, que nous croyions tous, être nés pour le bonheur ! Que je croyais, que nous croyions, avoir donné naissance à des enfants appelés au bonheur.

POURQUOI LUI ?

Or voilà qu'un soir d'amitié, je me retrouve le coeur taraudé par ce qui arrive à mon conjoint, à mon plus proche ami, à un bon copain, à mes voisins : la mort, le cancer, le sida, le suicide, une dépression, une calomnie, un licenciement. Me voilà, moi, pantelant, blessé dans mon amour, appelé à devenir un compagnon aimant, et du coup souffrant, aux mains impuissantes. Ce jour-là, Seigneur, j'ai craqué :

« J'ai sauté dans l'eau gelée...
à l'abri des coups, et de l'humiliation,
cassée par le mépris, la folie, la méchanceté.

J'y ai noyé
tout ce que tu m'avais donné : la patience, le dialogue, l'espérance,
l'humour, l'amour, la liberté de tout dénoncer, de tout proposer.
J'y ai glacé mon coeur
et tout mon désir de lutter pour vivre.
J'y ai enfoui
ma foi en l'homme et en toi.
J'y ai emporté l'absurde,
la colère, le dégoût.
Seigneur, j'ai craqué ! »

Faire silence...

POURQUOI MOI ?

Voilà aussi qu'en ce jour où ma vie chante le printemps, il me faut subitement courber les reins, le coeur lacéré par ce qui, à moi, arrive. Pourquoi à moi ? L'accroc de santé accidentel, la maladie incurable, la déprime, l'échec de mon enfant, son mépris peut-être, la rupture affective avec mon conjoint... Seigneur, j'ai mal. Ecoute-moi :

« J'ai mal dans mon corps,
mal au coeur, à la tête, au rein,
voile devant les yeux, fatigue immense...
Oh ! je ne hurle pas.
Mais c'est dur de donner la joie autour de soi,
de sourire, d'écouter,
de se plonger à fond dans la tâche à faire,
avec passion, avec amour même,
quand le mal dure, épuise...
Ce mal du corps est un scandale.

J'ai mal dans ma tête.
Je ne peux plus dire le Notre Père : « Ta volonté... notre pain... »
J'ai connu bien des tentations :
Mais celle-là, la tentation de mourir,
celle de ne plus lutter, de tout arrêter,
sans dire « au revoir »,
pourquoi s'installe-t-elle en moi ?
Qu'ai-je fait pour qu'elle devienne par moments si attrayante ?
Ce mal dans ma tête est aussi un scandale.
Ne me soumets plus à cette tentation-là » !

POURQUOI PARTOUT ET TOUJOURS ?

Or, voilà encore que ce scandale, qui me touche, s'avère être universel, et de tous temps par surcroît. Mais jusqu'à quand, dites donc, ce gâchis de la sécheresse, de la société à deux vitesses, de la famine, des tortures, de la guerre, du chômage, de la drogue, du taudis, du divorce, des coups ?...

Jusqu'à quand, Seigneur... « jusqu'aux siècles des siècles » ? Tant que l'homme sera un loup pour l'homme, tant que les uns voudront s'emplir les poches au détriment des autres, tant que la haine et la jalousie voudront dominer ?

Et que dis-tu de ce qui arrive par hasard : ce tremblement de terre, cette inondation, mon enfant né handicapé, cet autre, innocent, mort trop tôt, ce car plein de mômes heureux, en vacances, tombé dans un ravin ?

SCANDALE ET MYSTÈRE...

Me taire.

Pleurer.

Chercher à comprendre ce mal de vivre typique de notre temps... Chercher à comprendre ce monde atteint d'un cancer, de cette prolifération folle des cellules de la vie, et en même temps, d'un sida, de cette destruction aussi folle des défenses de la vie...

Laisser sortir du plus profond de moi une plainte sourde, une colère, comme pour réveiller ce monde, à la fois détraqué par les hommes, à la fois conduit par une sorte d'absurde.

Crier avec tant de gens : « pourquoi tout ce sang ? » (Voir encadré).

Pourquoi tout ce sang ?

Il y a de grandes flaques de sang sur le monde,
Où s'en va-t-il tout ce sang répandu,
Est-ce la terre qui le boit et qui se saoule ?...
Elle tourne
Elle n'arrête pas de tourner
Et le sang n'arrête pas de couler...
Le sang des meurtres
Le sang de la misère...
Le sang des enfants torturés...
Le sang coule... La terre tourne...
La terre n'arrête pas de tourner
Le sang n'arrête pas de couler.
Où s'en va-t-il tout ce sang répandu ?

J. Prévert.

Me taire de nouveau.

Comment croire encore à une terre nouvelle, à une terre enfin belle, à un Dieu bon ? Pour croire, il faudrait comprendre...

Qui se lèvera pour élucider ce chapelet de « pourquoi » : des hommes de bon sens, des philosophes, des théologiens, qui sait... Dieu lui-même ?...

SCANDALE ET MYSTÈRE POUR MA RAISON...

La souffrance reste mystère dans ma vie, elle harcelle ma raison.

Il y a, bien sûr, **des réponses qui tombent sous le sens.** Celles-là, elles glacent le dos et ferment nos yeux de honte, tellement notre responsabilité, collective d'hommes, tellement ma propre responsabilité parfois, semble engagée. Mais, d'un autre côté, elles rassurent. Un espoir se lève : si les coupables sont démasqués, peut-être pourra-t-on, en hommes de bonne volonté, reprendre les armes adéquates et engager la lutte contre le mal ?

Mais **que faire de ces « pourquoi » qui résistent au sens** et deviennent du même coup scandale pour ma raison :

> *« Pourquoi le malheur semble-t-il s'acharner parfois sur une même famille ? Les mêmes drames, les mêmes tares, reconduites de génération en génération... La fatalité ? »*
>
> *« J'ai aimé et élevé tous mes enfants de la même façon. Pourquoi deux ont-ils réussi dans la vie et le troisième a-t-il cassé ses études pour une vie de « patachon » ? Pourquoi a-t-il brisé sa vie affective par un divorce ? Le destin ? »*
>
> *« Pourquoi cette militante nous a-t-elle quittés à 40 ans, alors que nos usines, nos quartiers manquent de gens généreux et féconds ? Des assassins durent bien jusqu'à 90 ans... »*
>
> *« Pourquoi ce pays qui commençait tout juste à se redresser économiquement est-il dévasté par les pluies diluviennes ? »*

Vais-je encore choisir le silence... et laisser résonner sans fin ces cris, comme dans une timbale vide ? Pourrai-je alors me dire homme ou femme doué d'intelligence, si je renonce à toute quête d'explication ? Que faire ? Me taper la tête contre les murs des « pourquoi », ou me soumettre au mystère ? Désespérer ou renier le réel de la vie ?

« J'en ai marre de me battre. Ce mal, je n'en veux pas. Je ne suis pas né pour ça » disent certains.

« Je rêve d'une vie sans luttes. Je rêve du paradis, d'un lieu où je pourrai ne plus me poser de questions » disent encore d'autres.

Se révolter, désespérer ou rêver sont des réactions bien humaines, quand la tête ploie sous le poids des « pourquoi ». Mais, je le sais trop bien, cela ne construit pas une vie. Cela ne lui donne pas de sens. Cela me détruit à petit feu.

Certains souffrants, en prise eux aussi avec l'irrationnel, le scandaleux et le mystère, nous apprennent quelque chose de fondamental sur les capacités infinies de l'homme à ne pas se laisser écraser. Aux « pourquoi » sans réponses, à l'excès du mal, ils choisissent de répondre par un surprenant excès d'amour...

Se taire et accueillir... Ecouter Julos Beaucarne. Poignardée à 32 ans par un déséquilibré, sa femme est morte par hasard, sans raison. Dans son chagrin, il ose appeler à l'espérance. Dans son refus de haïr, il invite instamment à « *s'aimer à tort et à travers* » ! (Voir encadré).

S'aimer à tort et à travers...

« Amis bien-aimés, ma Loulou est partie vers le pays de l'envers du décor. Un homme lui a donné neuf coups de poignard dans sa peau douce. C'est la société qui est malade. Il nous faut la remettre d'aplomb et d'équerre par l'amour, l'amitié et la persuasion. C'est l'histoire de mon petit amour à moi, arrêté sur le seuil de ses trente-deux ans. Ne perdons pas courage, ni vous ni moi. Je vais continuer ma vie et mes voyages avec ce poids à porter en plus et mes deux chéris qui lui ressemblent. Sans vouloir vous commander, je vous demande d'aimer beaucoup plus que jamais ceux qui vous sont proches. Le monde est une triste boutique. Les coeurs purs doivent se mettre ensemble. Pour l'embellir, il faut reboiser l'âme humaine. Je resterai un jardinier. Je cultiverai mes plantes de langage. A travers mes dires, vous retrouverez ma bien-aimée. Il n'est de vrai que l'amitié et l'amour. Je suis maintenant très loin au fond du panier des tristesses. On doit manger chacun, dit-on, son sac de charbon pour aller en paradis. Ah ! J'aimerais bien qu'il y ait un paradis. Comme ce serait doux, les retrouvailles. En attendant, à vous autres, mes amis d'ici-bas, face à ce qui m'arrive, je prends la liberté, moi qui ne suis qu'un histrion, qu'un batteur de planches, qu'un comédien qui fait du rêve avec du vent, je prends la liberté de vous écrire ce à quoi je pense aujourd'hui : je pense de toutes mes forces qu'il faut s'aimer à tort et à travers. »

Julos Beaucarne.

SCANDALE ET MYSTÈRE POUR MA FOI...

Cependant, la souffrance reste un mystère. Quelle en est la cause première ? C'est Dieu, dans son silence, qu'il me faut interpeller :

« Si tu existais, tu n'aurais pas permis cela... »

« Où es-tu dans ces souffrances, où es-tu quand je te prie, où es-tu dans l'isolement, dans la dépression, quand des collègues se déchirent ? Si tu es Vie, qu'est-ce que tu attends ? Si tu es Vie, comment peux-tu supporter tout cela ? »

« Que t'ai-je fait ? Pourquoi toi, le puissant, le bon, ne peux-tu pas intervenir spectaculairement ? »

« Je pense que tu ne veux ni le mal ni la souffrance mais pourquoi les permets-tu, oui, pourquoi ? Pourquoi as-tu créé des hommes imparfaits ? Les créer ainsi, n'était-ce pas accepter le mal ? »

« Comment croire à la vie, au bonheur que tu dis vouloir pour les hommes ? »

Accueillir ces cris...

Te voilà **mis en procès, toi qu'on dit Dieu Amour, Dieu Père**, en contradiction formelle avec le message de l'Evangile. Aurais-tu deux faces, la belle et la perverse ? Ou bien, est-ce en moi que s'affrontent deux dieux : celui que j'expérimente proche, tendre, amoureux des hommes et cet autre qui trotte dans ma tête de païenne ?

La souffrance qui m'atteint devient **scandale pour ma foi** et celle de mes amis croyants. Ainsi, Claude, profondément attachée à Jésus-Christ, s'est pourtant mise, peu avant sa mort, à ne plus supporter la vision du crucifix accroché au mur de sa chambre. « *Je crois en un vivant, pas en ce cadavre. C'est insoutenable. Je t'en prie, décroche-le* » disait-elle.

La souffrance devient aussi **obstacle insurmontable vers la foi pour mon frère non-croyant.** « *Je ne crois pas en Dieu et, si j'y crois, je crois qu'il est méchant* » dit un personnage de Stendhal. Le Père Bro rapporte aussi qu'« *aux élèves des classes de terminale d'un lycée de Stockholm, on avait demandé d'exprimer par un dessin ce que le mot Dieu évoquait pour eux.... Pour évoquer Dieu, l'un des élèves avait seulement représenté un visage. Ce visage était très beau, infiniment serein, souriant dans les nuées comme un visage de Bouddha. En dessous : la terre, couverte de ravages, de cadavres et d'affamés. En légende, cette seule phrase : Pour moi, Dieu c'est le tout-puissant incapable* »[1].

1. *Le pouvoir du mal*, Cerf, p.11, cité par Fêtes et Saisons N°441, janvier 90, p. 5.

Se taire ou parler ?

Parler, parler sans réserve ! **Se risquer à attaquer ces fausses images de Dieu**, ces dieux païens que 2 000 ans de christianisme n'ont pas réussi à évacuer de nos têtes et de nos sociétés.

S'interroger autrement, sans savoir, sans nier l'expérience d'une Présence qui ne se complait pas de la mort et des cris des hommes mais appelle à la Vie, encore, mystérieusement...

Se risquer à couvrir le ciel de « pourquoi » :

« Pourquoi donc ?
Pourquoi est-ce
quand la pluie grésille sur mon toit...
quand l'éclair m'effraie...
quand le tonnerre me ferait me terrer...
Pourquoi est-ce
quand mes yeux piquent d'avoir trop chialé
quand mes mains s'engourdissent de s'être trop battues, pour tout, pour rien...
Pourquoi est-ce quand la désespérance m'appelle...
quand le "grand départ" me tente comme démission...
Pourquoi donc est-ce justement alors, à ces moments-là, que tu frappes à mes volets ?
ou plutôt que je t'entends mieux,
que je te fais entrer
pour t'embrasser en amie
et me pelotonner dans ta tendresse... »

POURTANT, UN PETIT BOUT DE CIEL DANS L'ENFER...

Faire silence encore et encore. **Laisser jaillir la vie de l'impossible.**

Ne pas l'étouffer. Surtout pas.

Me laisser étonner par cet extraordinaire **paradoxe de la vie** : au creux de la nuit, au creux des cris de ce monde et de mes propres cris, pointe encore un extraordinaire appel à la vie.

Le beau demeure.... Le beau existe... Le beau résiste !

Malgré ses cataclysmes, la nature reste belle avec ses montagnes, ses océans et ses fleurs des champs, son soleil, sa lune et ses étoiles.

Malgré leur côté odieux, les hommes restent beaux ! Non-prisonniers du mal qui les étouffe, des hommes, des femmes, des jeunes s'unissent pour lutter et construire une terre moins laide, plus habitable : certains donnent leur vie, leur temps et leur intelligence à analyser les causes économiques et politiques de l'injustice. D'autres se risquent en des lieux insalubres pour secourir des exclus. Des savants mettent leur science au service de la recherche médicale. Beaucoup sur cette terre refusent la violence. Ce sont les grands noms de notre histoire, nos « saints » d'hier et d'aujourd'hui. Mais une foule de « saints » anonymes, croyant ou non en Jésus-Christ, sont capables de « quitter » pour un temps leurs propres épines, leur propre rancoeur et leurs propres « pourquoi ». Ils choisissent de se donner la main, de se pardonner, de s'épauler, de s'inviter, de créer un club, une association ; ou bien, tout simplement, ils se taisent longuement, et se laissent porter par leurs frères...

En moi, naît alors un mieux-être, parce que la route, je ne la fais plus tout seul. C'est ce qu'explique Gisèle :

> « *Je crois que sur les chemins tortueux de ma vie, je trouve des oasis et du miel, parmi les cactus et les abeilles, au point d'oublier pour un instant ce qui fait la dureté de ma vie. Certains ont marché à côté de mes pas et ont accepté de s'arrêter avec moi pour souffler, regarder, goûter, savourer, mais sans jamais nier le mal. Je continuerai de marcher avec, dans mes poches, des friandises et, dans mes souliers, des blessures au pied. Mais ce qu'il me paraît important de dire, c'est que la route, je ne la fais pas seule.* »

Faire silence, émerveillé, pour accueillir cette extraordinaire réponse de la vie aux forces du mal.

Faire silence encore face à ce mourant qui s'en va en paix ; face à ces pauvres, ces tout-nus qui, au creux de leur misère, savent encore sourire et aimer.

Faire silence quand Jacques, cet ami malade du Sida, déclare publiquement un mois avant sa mort : « *Je commence à être heureux* », alors que son corps se délabre, alors qu'il hurle de souffrance physique et morale, alors qu'il a perdu ce qui lui était si cher : travail, relations et réputation. Aurait-il trouvé quelque chose de plus précieux ? Quoi ?

Faire silence aussi pour accueillir **le paradoxe de la foi**... Dans l'enfer... Dans cet « enfer » scandaleux qu' à tout prix je rejette, il m'est encore possible de vivre quelque chose du « ciel », quelque chose de la paix, quelque chose de la tendresse. Mais parler à la fois de « l'enfer » et du « ciel », n'est-ce pas scandaleux ? (Voir encadré).

Des petits bouts de ciel dans l'enfer

Parler de « la » douleur, c'est parler de « ma » douleur. C'est parler de ce qui me ravine, m'implique et m'engage, de ce que je subis de manière continue, au quotidien et au nocturne, de ce qui me traverse de manière intense lors des examens ou soins. Parler de mon expérience de la douleur, c'est me donner à nouveau occasion de crier, alors que je dois lutter sans cesse pour laisser crier ce qui doit crier, mais aussi le maîtriser, afin de donner place à de l'humain. Car le cri — très humain — a quelque chose de la bête, et dans la grande douleur, je deviens bête, une masse de chair, sans coeur, sans esprit, sans âme. Laisser crier la bête se fait dans la solitude et le silence, afin de retrouver son coeur là où il en est, afin de s'unifier soi et avec les autres absents-présents. Parler de ma douleur, c'est vous dire qu'un jour, je lui dirai définitivement non...

Et pourtant...

***Parler de mon expérience de la douleur, c'est parler de « l'enfer » et du « ciel » en même temps !** En parler m'est devenu très pénible : qui va comprendre qu'il y a un grand bout de « ciel » bleu dans « l'enfer », sans croire que je justifie « l'enfer » ?*

***Ma douleur est devenue mon adversaire premier**, ma plus grande misère, mais elle est aussi ma complice : aujourd'hui, elle est ce qui combat mon enthousiasme à vivre et à donner la vie ; ce qui voudrait déchirer ma colonne vertébrale ; ce qui ébranlerait mon espérance en un avenir ici-bas plus souriant et tout simplement en un avenir encore humain. Elle m'isole des plus proches ; elle me coupe des discours généraux sur la souffrance ; elle me fait expérimenter l'impossible fusion affective, psychologique et spirituelle... Elle me dépossède en m'ôtant même les mots pour la dire avec précision... Elle est enfin ce qui bouscule ma foi et interroge sans cesse mon sens de la vie.*

***En même temps, elle est ma compagne de route :** elle fait désormais partie de moi, elle est bien intégrée à moi, si je peux dire ; elle m'unifie. Elle fabrique mon ossature, elle me « dompte », elle me relève tout en voulant me casser. Elle me rend pleinement responsable de moi-même et de mon avenir, tout en me rendant très dépendante du souffle de ceux qui me portent, abandonnée à leur amour ...*

Par là, elle me fait connaître la joie, tout en me faisant pleurer ou crier. Elle m'embarque sur un chemin assez lumineux, tout en me plongeant dans les ténèbres. Elle me fait vivre quelque chose des Béatitudes, en brisant ce qu'on croit communément être le bonheur. Enfin, elle devient le lieu d'attente et d'accueil d'un Dieu Père, exceptionnellement visible et proche. Elle me plonge dans sa tendresse infinie, jusqu'alors insoupçonnée.

*Parler de ma douleur est alors précieux. C'est me redire pourquoi je ne la subis pas mais m'y ouvre, tout en la combattant. C'est **lui redonner sa direction, son projet : vous aimer,** vous aimer encore et encore mieux, le plus longtemps* *possible ! C'est accueillir enfin, à bras ouverts, cette profonde* tendresse dont *vous me comblez, relais très concret de la tendresse de Notre Père.*

Tels sont mes « petits bouts de ciel » dans « l'enfer » ! Ils me donnent la Vie.

Pascale.

Se taire encore... et encore une fois.

Oser te demander, avec Maurice Bellet : « *Pourquoi faut-il que ce soit dans la douleur et la peine que nous venions aux choses premières ?* » Comment « *ce primitif bonheur peut cohabiter avec la douleur et même, je crois bien, avec la détresse ?* »[2].

Il me faut, certes, accueillir cette question radicale, tout en continuant à hurler contre tout ce qui ravage nos vies.

ALORS ?

« Peut-on encore y croire ? » Tel est le chemin que nous allons tenter de parcourir ensemble. Sans jamais parler de « la » souffrance en général, mais toujours de la souffrance de quelqu'un. C'est bien avec tous ces souffrants que nous partons en chemin, avec ceux qui crient, ceux qui croient ou ne croient plus, ceux qui espèrent ou n'espèrent plus. Ils auront largement droit à la parole dans ces lignes. Nous les citerons en italique ou en encadré. Ces souffrants, c'est chacun de nous.

Avant de commencer, j'ai besoin de nous mettre, moi qui souffre ou moi qui accompagne un souffrant, dans **les différentes attitudes du souffrant.**

— **Faire sans cesse grand silence...** Parce que, quoi qu'on dira et tentera d'expliciter en ces pages, la souffrance ne cessera d'entrecouper ma voix et mon langage. C'est par de grands points d'interrogation qu'il faudrait couvrir le grand blanc de certaines feuilles.

2. *L'Epreuve*, Desclée de Brouwer, 1988, p. 93-94. Cet ouvrage a été écrit sur un lit d'hôpital. M. Bellet, prêtre, philosophe, est l'auteur de nombreux ouvrages, tels que *Le Dieu pervers*, Cerf, 1987, d'accès plus difficile.

— **Ne cesser de serrer le poing,** signe de cette grande révolte d'humain qui bouillonne dans mon coeur. Contre ce Dieu obscur peut-être... mais surtout, contre tous nos péchés d'hommes. Serrer le poing, en signe aussi de révolte contre le hasard et contre les « pourquoi » sans réponses.

— **Ouvrir les yeux, tendre l'oreille**, en signe d'une grande attente, en désir de savoir encore voir le beau de nos vies.

— **Prendre des mains...** Accrocher la cordée des vivants, en signe d'un grand besoin de tendresse. Signe que je ne suis pas seul, ni dans la souffrance, ni dans la lutte contre elle, ni dans la quête de Dieu... Signe enfin que les autres, tous ces autres qui arrivent à « passer » à travers les drames, peuvent me faire espérant.

— **Ouvrir ma main,** en signe d'un grand désir de Dieu...

Vais-je pouvoir encore y croire ?

Question bien humaine... Besoin d'explication, besoin même de trouver un coupable. L'enfant fait de même, lorsque, plein de son désir déçu d'être bercé, il traite sa maman de méchante et la rend responsable du chagrin qu'elle lui provoque.

Nous aussi, tellement pleins du désir d'être heureux sans épines, nous avons besoin de trouver les responsables de nos épines...

Pour croire, nous voudrions bien comprendre, au moins un peu. C'est l'objet du chapitre suivant.

Chapitre 2

Y A-T-IL UN SENS ?

Le sens de la vie ? Le sens de la souffrance ? « *Donnez-moi la vie, je me chargerai du sens... Car c'est la vie qui me manque.* » s'exclame Maurice Bellet[1], prenant à son compte le cri des hommes et des femmes atteints par la morsure du mal. C'est la santé qui me manque. C'est la joie de l'amitié, c'est la douceur de l'amour, c'est la considération qui me manquent. C'est l'argent, le strict nécessaire pour vivre décemment. C'est le temps de vivre... Ce qui me manque, somme toute, « *c'est la vie quand elle a bon goût... Tout le reste va à contre-sens... Le sens de la vie, c'est un luxe pour les vivants...* ». Quel sens donner à ma vie quand elle va à contre-sens ? Que veut-elle dire ? « *C'est à croire parfois*, poursuit M. Bellet, *que le texte de la vie est écrit dans une langue étrangère ou même morte, le latin par exemple. On n'y comprend rien... Si c'est un langage chiffré, où est le chiffre ?* »

1. *Lumière et Vie* N° 191, Mars 1989, p. 5.

Que ceux qui peuvent croire en l'homme, en la vie, en Dieu, quand le sens résiste, se lèvent !... Quelles explications spontanées, quelles réflexions des philosophes, vont pouvoir m'aider à vivre ?

UNE QUESTION VITALE...

Lorsqu'une brûlure fait irruption dans ma chair, lorsqu'une blessure fendille mon affectivité, je ne suis pas en quête de sens ! Pas sur le coup, en tout cas. Mon irrésistible besoin de trouver du sens à tout ce non-sens ne vient qu'après le séisme, qu'après un certain temps de décantation, de mûrissement ou d'usure. Sur le moment, c'est au plus pressé qu'il me faut parer. Face au mal qui m'agresse, mes réflexes élémentaires de défense se mettent en place, selon ce que je suis, et selon ce que je crois aussi : révolte, fermeture sur moi-même, régression, désespérance peut-être, ou encore, tout au contraire, résignation passive. Ma façon de réagir est unique car je suis quelqu'un d'unique. J'ai ma manière personnelle de vivre ma souffrance, de buter contre elle ou de la traverser, de me laisser détruire par elle ou d'en sortir encore debout, grandi peut-être... Il n'y a pas de « grande » ou de « petite » souffrance. Il y a MA souffrance. Et c'est face à elle qu'en adversaire, je me place en position de lutte.

QUELLE QUESTION ?

Mais bien vite, au cœur de tout cela, je me trouve contraint à une explication décisive avec ce qui m'atteint. Avec le temps, mes questions rejoignent celles des philosophes[2] : *« D'où vient le mal de ce monde ? Quel en est l'auteur, Dieu, l'homme, qui encore ? Y a-t-il un sens caché à cette absurdité ? »* Ceci m'importe. Pourtant, mon face-à-face premier avec l'absurde est souvent au départ existentiel, c'est-à-dire très lié à ce que je vis : *« Pourquoi suis-je atteint, moi ? Pourquoi le mal, jusque-là réservé aux autres, a-t-il fait de moi sa victime ? »*

Un jour ou l'autre, j'en viens à lier ces deux types de questions : *« Pourquoi à moi ? »*, *« Pourquoi le mal en général ? »*.

2. Les philosophes sont des penseurs qui essaient de réfléchir les grandes questions de l'existence de façon rationnelle et cohérente.

En effet, le mal de chacun et de chacune est un mal singulier, qui s'accommode mal des explications générales. « *La souffrance frappe au détail* » comme on dit. Si on veut correctement en parler, on doit alors concentrer son attention sur la victime. Les réflexions philosophiques ou théologiques ont souvent eu du mal à tenir cet impératif. C'est en cela qu'elle peuvent paraître inutiles ou même odieuses à des souffrants. Ce chapitre un peu explicatif voudrait **ne jamais oublier leur cri**, car c'est lui qui est sous-jacent à toutes ces recherches...

Ainsi, quand c'est moi qui souffre, ma question n'est plus seulement : « *la vie a-t-elle un sens, la souffrance a-t-elle un sens ?* » mais ***« ma vie de souffrant a-t-elle un sens ? »***. C'est une question vitale qui me tenaille pour tenir, pour durer dans la lutte et pour trouver de l'air quelque part. Pourtant, il me semble que si je savais d'où vient le mal qui me frappe et frappe, sans raison, des vies humaines (question de l'origine du mal) et à quoi il sert (question de sa finalité), ma souffrance ne serait plus aussi scandaleuse et irrationnelle. En moi naît alors **l'invincible besoin de savoir.**

Ainsi, tout au long de l'histoire, les hommes, stimulés par ce même aiguillon, ont cherché des réponses. Tout au long de ces chapitres II, III et IV, nous laisserons alors courir ces questions. Nous écouterons les recherches d'explication des philosophes, des « religieux », des athées. Parce que ces recherches humaines sont bien le reflet de ce qui nous tenaille, moi et ceux avec lesquels je dialogue, il m'importe de m'y arrêter. Au fil des pages, nous laisserons aussi courir une autre question : si aucun coupable ne se levait, si les théories échouaient en partie dans leur quête d'explication, pourrais-je croire en Dieu gratuitement, sans raison et sans contre-raison, en dépit du mal qui déchire ma vie ? Ou encore, faut-il tout saisir du sens, tout pouvoir expliquer, pour pouvoir dire « oui » à la vie malgré ses horribles non-sens, dire « oui » à la mort, inéluctable pour chacun, et dire « oui » à Dieu ?

Tout d'abord, et avec beaucoup de sérieux, j'ai besoin de prendre en compte les recherches des hommes face à cette question du mal. Mais, de quel mal parlent-ils ?

QUEL MAL ?

Que les philosophes classifient le mal en catégories peut m'apparaître stérile, voire scandaleux. Quand j'ai mal, j'ai mal, je ne sais trop où. C'est tout mon être qui semble « désaxé ». Pourtant les distinctions qui suivent rejoignent bien mon expérience.

— Quand le mal atteint ma chair, quand il la fait se tendre et se tordre, le médecin me parle de **douleur**. C'est la dimension physique du mal, avec bien souvent son cortège d'horreurs incontrôlables. Les analgésiques, heureusement découverts par la science, sont là pour m'aider à tenir, à serrer les dents, sans être par trop déraciné. Mais ils ne sont pas toujours suffisants.

— Quand on me considère pour moins que ce que je vaux, quand on me met à la porte de l'usine, quand on me rejette parce que j'ai la peau noire ou un nom arabe, quand on me fuit parce que je suis atteint du sida, **le mal prend une dimension sociale**, avec son douloureux aspect destructeur et mortifère. En effet, je peux être socialement mort, quoique bien vivant.

— Quand tout cela me blesse en profondeur, de façon indélébile, dans les zones les moins accessibles par autrui, la douleur ou le mal social deviennent **souffrance**. Le mal n'est une question vitale dans ma vie qu'à partir du moment où il devient souffrance. C'est à ce moment-là que je proteste contre lui, le plus durement, et que se réveille en moi la question du sens donné à ma vie (Voir encadré). Alors, mon regard se fixe sur l'essentiel et bien des choses paraissent dérisoires.

Je découvre...

« J'ai perdu mon boulot. J'en avais bien besoin de ce boulot ! A la maison, on est loin d'être riches. On vient juste d'ouvrir un crédit pour la voiture.
En rentrant à la maison, j'ai dit : " J'ai perdu mon boulot..." Silence...
Depuis, je reste là, sans rien faire...
Mais je découvre ma femme et mes petits. Je n'avais jamais pris le temps de les regarder comme ça ! »

Antoine.

Mais de quel sens parlons-nous ?

QUEL SENS ?

Quand je dis : *« Ma vie de souffrant a-t-elle un sens? »*, je veux dire : a-t-elle une signification ? Est-elle autre chose que non-sens ? C'est la question des hommes, reprise surtout par des philosophes, mais aussi par des croyants de diverses religions.

Je peux comprendre aussi le mot « sens » comme celui de « direction ». Ma question devient alors : comment donner direction à ma vie de souffrant ? Qu'inventer, quels choix faire pour que la mort intérieure qui m'envahit ne me détruise pas, pour que ma vie garde un avenir ?

Nous emploierons donc **le mot « sens » dans ses deux emplois courants, celui de « signification », puis celui de « direction ».**

Mais notre attention va se porter tout d'abord sur le premier emploi : « sens » contraire de « non-sens ». Sur cette question, bien des hommes et des femmes ordinaires, bien des philosophes et des théologiens ont buté dans l'histoire : « *Quelle signification peut avoir ce qui semble absurde ? Qui est responsable de ce désastre ? Dans quel but ?* »

Depuis les débuts de la vie, **l'intelligence humaine n'a eu de cesse de chercher des bribes de réponse.** Cette quête sans fin souligne à quel point la question est constitutive de la condition humaine, et combien elle est vitale. Car c'est bien de vie qu'il s'agit, de celle de toute la communauté humaine, passée, présente et avenir, de la mienne.

C'est pourquoi, tous ces efforts d'intelligence méritent d'être entendus, même si parfois le « sens » échappe, et si la route du non-savoir se fait dans une certaine « nuit ». Ne baissons pas trop vite les bras dans notre soif d'explications. Nous avons une intelligence pour cela... Cependant, en attente de réponse satisfaisante, ne restons pas assis sur le bord de la route. Il y a toujours un chemin, une direction à prendre (Voir encadré)...

Il y a toujours un chemin...

« Il y a toujours un chemin. Il n'y a pas d'être humain dont la naissance soit condamnation. Et toute vie peut prendre sens, c'est-à-dire, en ultime instance, mériter d'être vécue.

Je le crois. Mais c'est une foi. Et une foi aussi risquée, aussi peu vraisemblable à l'esprit du monde, que de croire à la résurrection des corps. En vérité, c'est la même foi.

Et qu'est-ce qu'elle donne, qu'est-ce qu'elle change, comme disent les braves gens ? Ceci : qu'une telle foi m'interdit de désespérer de qui que ce soit. Elle ne me donne pas du tout de savoir en quoi la vie vaut mieux que la non-vie ; cela m'échappe (y compris pour les vies apparemment réussies, y compris pour ma propre vie). Mais elle me donne de ne pas me lasser d'espérer en tout humain.

Du coup, je ferai tout ce qui est en mon pouvoir, pour que toute vie humaine ait sa chance, son espace de liberté, le soin utile, le nécessaire à ses besoins. Je n'aurai jamais le droit de désespérer. »

M. Bellet en *Lumière et Vie* N°191, p. 11.

Avant d'entrer dans les débats philosophiques, qui seront l'objet de ce chapitre, écoutons un peu autour de nous. Spontanément, des tas de choses se disent, tentant de lever le mystère du mal. Nos multiples réactions à l'intrusion de la souffrance sont, de fait, très dépendantes de ces toutes premières analyses.

CE QUI SE DIT...

Les réponses des souffrants sont d'une extrême diversité, qu'ils soient affrontés eux-mêmes au mal ou seulement témoins impuissants. Les unes me font sursauter, les autres, au contraire, me permettent d'avancer dans ma recherche, tant elles sont pétries de bon sens et d'humanité.

LE MAL SERT AU BIEN...

Il y a ceux qui, par besoin irrésistible de trouver sens à ce qui leur arrive, s'évertuent à convertir le négatif en positif. L'échec n'étant pas de mise, ils l'animent d'une volonté secrète en faveur du meilleur. Pour se rassurer, peut-être, et par bon sens aussi parfois... Somme toute, le mal ne serait pas si grave !

— Il aurait déjà **valeur éducative**. En effet, c'est lui qui permet à l'enfant puis à l'adulte que je suis, de me mesurer avec l'effort, de déployer ma volonté, face à la douleur physique qui m'assaille ou face au chagrin qui me fend en deux. René Bazin dit ainsi : *« N'ayez pas peur des échecs. Le premier est nécessaire car il exerce la volonté. Le second peut être utile. Si vous vous relevez du troisième, vous êtes un homme »*. C'est en poussant cela à l'extrême que, volontairement, certains parents élèvent leurs enfants à la dure, dans la froideur du rigorisme. Pour élever leur âme peut-être...

— Sur un tout autre plan, la douleur éprouvée peut être **« douleur d'enfantement », promesse d'un bien :** la rage de dents ou la douleur au ventre ne sont-elles pas en effet signal d'alarme, bien utile avant la prolifération de l'infection ?

— Dans l'histoire de l'humanité, les douleurs provoquées par le froid, la soif ou la faim ont souvent été, il est vrai, **chemins de croissance,** sources de progrès et d'invention. Sans la nécessité de la survie, qui aurait trouvé le feu, creusé des puits, inventé les vêtements, répandu les engrais, accéléré les progrès en médecine ?...

— Certains soulignent encore que la souffrance fait partie du **mouvement mort-vie de l'existence**. Elle est étape nécessaire dans un processus qui amènera, de fait, des lendemains plus heureux.

C'est ainsi que l'enfant risque de mourir et souffre en quittant le sein de sa mère. Mais c'est pour vivre qu'il le risque.

Il pleure de vraies larmes quand, arraché à la tendresse de ses parents, il fait son entrée à l'école maternelle. Mais c'est pour grandir qu'il le fait.

Adolescent puis adulte, il ne cesse de passer, par étapes, de renoncements en renoncements. Mais c'est pour devenir plus homme qu'il le fait. De tout cela, nous faisons l'expérience.

— Cette foi en un bien qui finira par triompher peut étourdir. Ainsi, certains scientifiques et certains politiques ont justifié ce qu'ils ont appelé « une malheureuse erreur de parcours » comme étant une **inévitable contrepartie au progrès.** Si des milliers de gens ont payé « de leur peau », c'était regrettable mais utile pour l'avenir plus heureux de milliers d'autres...

— Certains « religieux », se réclamant du Christ ou d'un autre dieu, vont même jusqu'à justifier la souffrance, car, disent-ils, elle sert à **un bien futur, le paradis**.

Ecorché durement dans ma chair, sans l'avoir cherché, j'ai du mal à accepter cette sorte de masochisme ! Qu'ai-je à faire d'un tel paradis ? Je préfère encore la vie d'ici et tenter de la bâtir plus heureuse avec d'autres, afin qu'aucun être vivant de cette terre n'ait plus à crier.

Ainsi, dit J.Vernette, « *certains sages désireux d'apaiser les gens et leurs souffrances justifient le mal comme condition d'un plus grand bien* ». Ils s'évertuent à « *le dissoudre comme on dissout un morceau de sucre dans l'eau* »[3] !

L'ennui est que l'eau est souvent trop gelée pour que le sucre s'y dissolve...

Ce langage justificatif ne peut être pour moi une clé d'explication valable, capable de me faire tenir debout dans les orages de mon histoire. La résignation et la soumission passive qu'il entraîne me semblent en contradiction avec ma dignité d'homme. Je me trouve davantage apte à accueillir les cris de révolte de ceux qui refusent de justifier l'absurde.

3. *Si Dieu était bon*, Le Centurion, 1991, p.29. Ce livre est très accessible à tous. Nous nous y référerons souvent en ces pages.

LE MAL, C'EST UN NON-SENS

« Le sens a bien de la peine à émerger du non-sens » écrit Henri Bourgeois[4].

Les morts brutales d'êtres chers, les dépressions inguérissables, les atrocités du goulag, des guerres, d'Auschwitz, du sida, des accidents, plaident contre tout sens qui leur serait trop vite accordé. En effet, comment donner sens à l'horreur, à ce qui empêche de vivre et conduit à la mort ? (Voir encadré)

« La vie, c'est de la m... »

« J'ai connu Jacques, malade du Sida, dans un couloir d'hôpital. Assis sur un banc commun, nous attendions depuis une heure et quart. Il avait en effet le regard mort, comme beaucoup en ce lieu. Soumis, écrasé. J'écrivais sur du papier brouillon, dans tous les sens de la feuille, sans faire attention à lui, à part le bonjour premier. Au bout d'un moment, avec impertinence selon moi, il m'a demandé à qui je griffonnais ce qui lui semblait être un poème. — "A Dieu. Je lui envoie une lettre. Il saura lire, ne vous inquiétez pas", lui ai-je répondu. Ça a dû l'étonner. — "Ça coûte combien le timbre ?" a-t-il rétorqué un peu persifleur. — "Oh, je ne sais pas ; je pense que pour lui, c'est gratuit", ai-je répliqué sans réfléchir. Sans aucune convenance, il a pris ma feuille noircie, l'a retournée et a écrit en travers : "A Dieu... La vie c'est de la m... Signé : Jacques". Il est parti sombre, sans plus d'explications. J'ai souvent prié pour ce Jacques inconnu qui avait tant dit en peu de mots. J'ai envoyé ma lettre à Dieu... en petits confettis dans la Seine... »

Pascale.

— C'est alors **la révolte**, la révolte secrète, celle qui fait bouillir en moi mon sursaut de vie. Amis témoins, ne tuez pas trop vite cette révolte ! Elle est protestation... Elle est oxygène dans ma lutte... Elle est le temps de courber le dos, pour remettre en ordre mon univers intime bousculé... Elle est même prière...(Voir encadré). Elle est aussi parfois appel au secours, signe que, laissé trop seul un jour, j'y mettrai peut-être fin.

4. *La mort*, Desclée, 1988, p.19. On peut se reporter à ce livre accessible à tous pour approfondir la question de la mort d'un point de vue chrétien.

Laisse-moi ma révolte !

« Je connais bien la recommandation de Mgr Veuillot à ses prêtres, peu avant sa mort : "Devant un souffrant, de grâce, sachez vous taire. Vous ne savez pas le mal que vous pouvez faire" ...

Elle est entrée chez moi. Je l'ai écoutée. J'ai essayé d'accueillir sa souffrance dans la communion silencieuse... J'ai essayé de manifester que je la portais avec elle, sans avoir de réponse... Pourtant, je voulais intensément l'aider à vivre... Alors, dans un second temps, j'ai risqué quelques phrases... Elle les a accueillies avec un sourire. Je crois qu'elle les attendait. Mais elle ajoutait toujours : "Laisse-moi ma révolte !" ... J'ai compris peu à peu qu'elle en avait besoin pour lutter, pour ne pas se laisser aller. J'ai compris que cela ne supprimait pas le désir de vivre positivement. Il fallait tenir les deux ensemble ! »

Robert.

Soyons attentifs à ces révoltés qui nous entourent. Pour réguler leur rancœur et le dégoût de la vie qui les guette, sachons exprimer avec eux un cri solidaire de protestation. Par la force de la tendresse infinie offerte, quelque chose s'ouvrira peut-être dans ce qui est durci.

— L'excès de mal provoque aussi **la régression psychologique.** Je me retrouve alors en position de défense, comme dans l'enfance, à la recherche de lieux et de moments solitaires, « tordus » souvent, mais plus gratifiants. Je me plains, je geins sur moi-même, de manière incessante et j'éprouve parfois même un petit plaisir à être objet de souci pour mon entourage. Je redeviens « bébé », mangeant et dormant sans arrêt ou au contraire, je me saoule sans relâche par le travail.

Me voilà invité à l'humilité, à un brin d'humour sur moi-même, capable sans effroi de regarder en face tout cet infantilisme qui subsiste dans ma vie d'adulte.

— L'accumulation de non-sens peut conduire à **la désespérance.** Agissant sournoisement, à l'usure, de façon insidieuse, elle rompt mon équilibre, elle casse ma bâtisse. Tout n'est plus qu'échec et gâchis. Mon regard sur moi-même, les autres, et les choses même belles, est marqué par la sévérité ou la totale indifférence.

S'il est urgent que j'aide médicalement ma remontée à la surface, il est aussi urgent que j'accepte, sans honte, d'affronter ma propre angoisse et de l'analyser. Quant au reste, c'est à mes frères et sœurs de me prendre la main, pour me tourner vers l'extérieur et me réapprendre à vivre au jour le jour.

Cette logique du non-sens ne conduit pas toujours à de telles blessures. Elle conduit aussi à la lutte acharnée. Mais elle marque notre temps, au point qu'aujourd'hui, la mort elle-même est déniée et mise à défi par la science.

LA MORT, C'EST ABSURDE !

Mourir n'a pas de sens. « *Pourquoi être né si c'est pour mourir ?* » dit-on souvent dans les couloirs d'hôpitaux. « *On meurt par-dessus le marché* » écrit Jean-Paul Sartre, pour qui **la mort est l'absurde par excellence.**

Les images de l'enfer, du paradis ou d'une vie autre en Dieu ont perdu de leur force aujourd'hui. Elles pâlissent devant la valorisation de la vie présente. Dans notre société, la mort est alors perçue comme « un accident de parcours », « une maladie incurable provisoirement », « une panne du rein, du poumon ou du cœur »[5]. Un jour viendrait où la science la vaincrait. Tous les malades guériraient... Une prédiction court même : en l'an 2100, personne ne mourra plus. On saura supprimer la mort !...

Elle est alors vécue comme une agression de plus. L'homme moderne n'aime pas penser qu'elle est en germe en lui, en tant que loi constitutive de la vie. Les limites de son existence sont à ce point insupportables que la mort devient honteuse, signe d'échec de l'intelligence et de la science.

Ceux qui la considèrent comme inéluctable, comme une fatalité biologique, ou comme faisant partie de leur finitude, sont des faibles, des résignés. Simone de Beauvoir disait : « *On ne meurt pas d'être né, ni d'avoir vécu, ni de vieillesse. On meurt de quelque chose* ». La mort doit avoir ses raisons. Ces mutations du sens de la mort ont, bien sûr, des incidences sur notre société : la vie présente est valorisée à l'extrême. L'idéal de la « bonne mort » est de mourir maître de son destin, jusqu'au droit d'en décider soi-même quand on estimera le moment venu. Le culte du cadavre, lui aussi, s'est peu à peu modifié : autrefois, on respectait et saluait le mort en tant que sujet appelé à la Vie ; aujourd'hui, il est maquillé et préservé comme un objet, à l'allure de vivant. Ainsi, aux Etats-Unis, des rites funéraires laïcs organisent une réception autour du mort,

5. Voir l'article de L.V. Thomas, « La mort qui change », dans *Lumière et Vie* N°204, 1991, p.5-22.

embaumé, installé dans un fauteuil, cigare à la main... Il semble qu'on veuille masquer la réalité de la mort.

Dans cette ambiance scientiste, **l'existence limitée devient l'ennemi numéro un, insupportable.** L'homme n'accepte pas ses limites. C'est ce que dit J.C. Barreau[6] :

> *« Ce dont nous souffrons surtout, à mon avis, c'est de nous heurter sans cesse à des limites... L'homme n'aime pas l'incomplet, le partiel, le borné. Il se sent fait pour autre chose et juge inachevé cet univers limité. »*

Allons-nous oser dire que nous sommes mortels ? Que l'être humain, radicalement limité, est marqué par cette finitude ? Mais **reconnaître la limite de la mort**, comme signe de réalisme et refus d'une imaginaire prétention à se croire autre chose qu'humain, n'est-ce pas lui ôter son côté scandaleux ? N'est-ce pas la banaliser ?

LA MORT, C'EST NORMAL...

A l'inverse, beaucoup aujourd'hui disent, du moins à froid et quand ils en sont loin, que la mort est un phénomène normal, **une loi de la nature ;** un fait, c'est tout ; l'aboutissement de notre condition d'hommes. Il n'y a rien d'autre à faire qu'à essayer de l'assumer, et en attendant, de vivre au maximum.

Je m'interroge... N'est-ce pas occulter le fait que, dans bien des cas, je peux lutter contre elle ? N'est-ce pas aussi une manière de la **banaliser**, de dénier à quel point elle me pose question ?

Tout en joignant mes énergies à celles des autres pour prévenir les morts prématurées ou douloureuses, tout en détestant la souffrance et la rupture de la mort, vais-je pouvoir m'accepter mortel et dire encore : *« J'aime la vie ? »* (Voir encadré).

6. J.C. Barreau, *Où est le mal ?* cité dans J. Vernette, *Si Dieu était bon*, ouv. cité p. 26.

J'aime la vie !

J'aime la vie..., la pleine santé, les amis avec qui parler, avec qui vivre de bons moments, l'amour qu'on me donne et que je donne. J'aime la bonne nourriture, les joies de l'esprit, le voyage, la maison, le soleil et la pluie. J'aime ce monde et toute créature.
J'aime les humains...
J'aime le spectacle, ce qui distrait, ce qui amuse. Et le bon travail et la création et l'œuvre...
J'aime qu'on m'aime.

Il ne me plait guère, il ne me plait pas, qu'on me parle de frustration (la version psy), de renoncement et mortification (la version pieuse), de dépassement de soi (la version morale).

Je déteste la souffrance et la mort.
Si je prétendais le contraire, je serais un hypocrite.
Je n'aime pas cette devise lue sur le mur d'un cloître : "Le plaisir de mourir sans peine vaut bien la peine de vivre sans plaisir."

La mort, je ne sais pas ce que c'est. Je ne sais pas ce que j'en pense, puisque je ne sais pas ce que c'est.
Mais la mort dans la vie, oui, je sais ce que c'est.

M. Bellet, *L'épreuve*, Desclée de Brouwer, 1989, p. 49.

Entrer dans cette logique de dénégation de la mort et rêver d'une victoire sur elle, ou tout au contraire s'y soumettre comme quelque chose de non scandaleux, ne fait pas taire, pour autant, ma quête de sens ! Je reste pris d'un désir fou de trouver des coupables.

COUPABLES, DEBOUT !

En cherchant des boucs émissaires à ma souffrance, j'exorcise ma peur contre l'irrationnel. Je me rassure un peu. Cinq « coupables » reviennent souvent autour de moi : le hasard, le destin, Dieu, les hommes ou Satan.

— « C'est le hasard » !

Bien des phénomènes s'expliquent scientifiquement, ils sont le fruit de causes « nécessaires ». Pour le reste, quand je ne comprends pas, j'invoque le hasard : pourquoi, par exemple, les uns naissent-ils dans un bidonville et les autres dans une chambre de roi ?

Pourquoi certains partent-ils dans la vie avec un chromosome en moins ou en plus ?

Mais cette réponse ne m'avance guère et je suis tenté de tomber dans le fatalisme...

— « *C'était écrit* » !

Quand on accuse le destin, ou encore la fatalité, quand on me dit avec un petit air résigné : *« Ça devait arriver »*, *« On ne lutte pas contre les forces du destin »*[7], je prends peur, parce que dans mon histoire, il y a un côté fatalité qui me fait peur. C'est ce qu'exprime une maman :

> *« La fatalité, je n'y avais jamais cru !*
> *Je lui avais toujours fait le pied de nez,*
> *avec insolence et sourire...*
> *Je lui avais dit : zut !*
> *Et je suis partie avec mon sac*
> *sur une route que je croyais ouverte.*
> *Je me suis battue contre elle.*
>
> *La fatalité, je n'y avais jamais cru.*
> *Et voilà que, d'un coup, elle m'apparaît*
> *comme étant là.*
> *Elle a barré la route.*
> *Elle a des racines que rien n'a pu combattre.*
> *Elle a des ramifications, loin dans les générations.*
> *Et voilà, cela est :*
> *les mêmes vagues sont revenues dans mes enfants,*
> *l'histoire a reproduit la même histoire,*
> *et moi, j'avais tout fait pour l'éviter... »*

Et pourtant, je sais bien qu'en tant qu'homme ou femme, je suis appelé à maîtriser cette histoire, à la construire avec les autres, pas en maître absolu, il est vrai, mais en responsable. C'est bien moi et non la fatalité qui, au volant de ma voiture, grille ou non un feu rouge, heurte ou non un passant.

« Qu'est-ce que j'ai fait au Bon Dieu ? »

Quand j'entends cette phrase devenue si populaire, je la prends en compte mais j'ai un frisson dans le dos. Dieu pourrait-il me détruire, m'écraser s'il est Dieu ? Ma conscience s'élève contre cette explication spontanée. Je rejoins la protestation de F. Varillon : *« Une conscience qui refuse le mal est supérieure à un Dieu qui le tolère »*[8].

---

7. Eschyle, en 480 avant Jésus-Christ.
8. *Joie de vivre, joie de croire*, Le Centurion, 1981.

Et pourtant... La phrase trotte dans ma tête de coupable. « J'ai dû faire quelque chose de mal quelque part, et je dois bien payer. » Combien de sidéens reçoivent cette explication publique en pleine figure, au lieu d'être invités à lutter, corps et esprit, contre les forces de mort en eux ?

« C'est ma faute »

Là, je me tais. Désigner les hommes comme responsables du mal, c'est ce qui me convient le mieux dans ces quêtes de sens. Bien que je me sente peu co-responsable du gâchis de cette terre, je me sais capable de méchanceté, d'imprudence ou de bêtise. Je me sais responsable d'une amitié brisée, d'un pardon refusé ou mal donné, d'une blessure provoquée par manque de respect des consignes de sécurité.

Pourtant, pourquoi mon enfant est-il myopathe ? A qui la faute ?

Je ne sais plus... Le non-sens déborde. Je vais m'en prendre au diable en personne.

« C'est la faute du diable »

Le diable, c'est celui qui sabote. C'est cet inconnu tout-puissant qui rôde dans ce monde, les fourches de la méchanceté à la main. C'est surtout celui qui, intérieurement, m'incite à la tentation de me prendre pour un dieu. Le diable, c'est moi, c'est lui, c'est elle, c'est nous tous, complices du mal. Le diable, c'est le mal en moi, plus fort que moi.

Pourtant, n'est-il pas aussi un inconnu mystérieux, extérieur à moi ? Pourquoi existe-t-il ? Dieu l'a-t-il permis ?

Affrontés à ce mystère et, comme nous tous, marqués par ces réponses populaires, les philosophes, de tous temps, ont tenté de fonder tout cela et de le rendre cohérent. Leurs élaborations diverses ne sont pas sans intérêt pour ma question : *« Ma vie de souffrant a-t-elle un sens ? »*

D'OÙ VIENT LE MAL ?

Le mal est un véritable défi à la raison. Tout au long de l'histoire, on a tenté d'en élucider l'origine, d'en cerner les auteurs. De diverses manières, selon les époques, les cultures et les modes de pensée : récits mythiques dans le monde antique, discours de sagesse, essais philosophiques ou religieux plus élaborés. Ces recherches montrent que les hommes de tous les temps n'ont jamais pu renoncer à se poser des questions, à chercher des réponses, bref, à « penser », face au scandale du mal. Ces penseurs, c'étaient et ce sont aussi des souffrants comme nous. Ils ont pensé avec leur expérience.

N'oublions pas non plus que jusqu'à une ère toute récente, les sociétés étaient religieuses : pas seulement les écoles et les hôpitaux, les associations et les partis politiques, mais tout le système de pensée. On se référait à Dieu pour tout. Ainsi, les essais de réponse rationnelle abordés ici, étaient eux aussi pétris de culture religieuse. Le mot « Dieu » n'était pas l'inconnu ou le rejeté qu'il est souvent aujourd'hui autour de nous. Nommer Dieu dans un questionnement humain, c'est évoquer l'être supérieur, le maître du monde, le créateur de la vie. C'est à ce titre qu'il est lui aussi appelé à la barre dans ce procès contre le mal.

DES TRACES ANCIENNES DE LA QUESTION

Nous avons peut-être souvenir de l'histoire d'Adam et Eve[9], l'histoire d'un homme et d'une femme, créés dans un jardin merveilleux, pour y vivre en harmonie parfaite avec la nature. Nous en parlerons aux chapitres 3 et 4. C'est un mythe, c'est-à-dire un récit imagé qui vise à répondre aux questions les plus fondamentales de l'humanité. **Les mythes** étaient d'emploi courant dans les civilisations très anciennes et le sont encore dans les sociétés traditionnelles.

Ainsi, par exemple, on a trace d'un récit de création mis par écrit à Babylone au moins 12 siècles avant Jésus-Christ. Il nous raconte que les dieux sont nés de deux principes sexués : les eaux douces et les eaux salées. Mais il y a conflit entre les dieux. C'est avec le sang d'un dieu révolté qu'est constitué l'homme, chargé d'exécuter les travaux de la terre et le service des dieux. Dans un autre récit, le roi Gilgamesch, angoissé par la mort de son ami, entreprend un voyage à la recherche de la « plante de vie ». Mais la plante lui est ravie par un serpent. Il mourra donc.

Ces histoires ne sont pas des légendes sans importance. Elles cherchent à prendre en compte l'existence mystérieuse du mal et à tenter d'en trouver les origines pour expliquer aux hommes de leur temps comment la condition humaine est devenue ce qu'elle est. Ainsi, dans le premier récit cité, les hommes se comprennent comme esclaves des dieux et des forces du monde, et en même temps comme issus du sang d'un dieu. Dans le deuxième, ils expriment

9. Genèse ch. 2 et 3.

leur condition mortelle, désireux de vivre toujours, mais la source de la vie leur ayant été ravie, ils doivent mourir.

Ces mythes sont écrits selon des règles littéraires à peu près identiques. Ils expriment souvent **le rêve d'un monde autre, heureux, harmonieux**, représenté comme l'origine lointaine mais inaccessible. Ils expriment d'autre part **une rupture mystérieuse :** les dieux s'entre-tuent, des anges deviennent démons, les hommes sont leurs esclaves. L'harmonie est brisée. La souffrance s'abat sur leur existence. Désormais ils connaîtront l'angoisse...

Que signifie ce langage symbolique ? Est-ce déjà de la philosophie ? Pas vraiment. Mais ces récits sont d'une grande richesse. Ils posent des questions de façon bien structurée. Ils révèlent l'angoisse de nos ancêtres affrontés à ce mal agressif, omniprésent, partout et nulle part, insaisissable, déjà bien semblable à celui que nous subissons aujourd'hui. Notre question : « Pourquoi le mal ? » n'est pas loin. Quand je relis par exemple le mythe d'Adam et Eve, à la fois étrangement beau et triste, je ne peux qu'être atteint de nouveau par cette sorte d'inquiétude qui nous habite tous : la vie aurait pu être belle. Un certain équilibre au sein du cosmos semblait possible ! Qui l'a rompu ?

En même temps, les auteurs de ces « contes » tentent d'exorciser le non-sens. Ils veulent rassurer, ils affirment à leur manière une organisation sensée de l'existence.

Dans une même soif d'exprimer et d'intégrer ce tourment de l'humanité, la peinture, le théâtre et la littérature antiques ont inventé des personnages en conflit les uns avec les autres, affrontés à un mal, commis par eux, mais aussi subi : de tout temps, **l'art** a été révélateur de notre angoisse de vivre. On trouve cette même question radicale dans des « **discours de sagesse** » ou des « gnoses » : on y cherche à mieux vivre grâce à la connaissance des choses cachées et incompréhensibles au commun des mortels.

Ces essais très anciens, antérieurs à la philosophie au sens strict, manifestent combien l'homme, aussi intelligent qu'il puisse être, est toujours resté très limité face à la question du mal. En même temps, il apparaît perpétuellement en quête de comprendre. C'est assez extraordinaire de découvrir cela : même s'ils n'y répondent pas parfaitement, les humains ne baisseront jamais les bras devant des questions aussi vitales, toujours liées à leur quête permanente de bonheur.

Cela vaut le coup de poursuivre notre réflexion en compagnie des philosophes : ils ont donné de leur temps et de leur intelligence, pour nous aider à vivre une vie d'aplomb. Ils ont toujours voulu comprendre le problème du mal, tout en respectant la profondeur de son mystère[10].

LE MAL, QU'EST-CE QUE C'EST ?

Nous ne garderons volontairement de leurs questions et de leurs recherches que quelques-unes d'entre elles, celles qui répondent à l'attente de chacun : « *Ma vie de souffrant a-t-elle un sens ? Qui me veut et qui nous veut du mal ?* » L'objectif n'est pas d'être exhaustif mais de réfléchir, pour comprendre mes réactions spontanées et celles que j'entends couramment autour de moi. Il est en effet nécessaire de les creuser et d'être plus armé pour en parler avec les gens concernés qui m'interrogent.

• Nature du mal

« Pourquoi le mal ? D'où vient le mal ? » Pour prendre en compte cette question avec leur intelligence, les philosophes de tous les temps ont d'abord essayé de définir sa nature : pour penser son origine, il faut tenter de dire ce qu'il est.

Platon, un grec, philosophe païen du 4ème siècle avant J.C., disait que tout l'être tend vers le bien. Depuis, et de façon classique, **le mal est défini comme le contraire du bien.** M. de La Palice aurait sûrement dit la même chose. Mais cette formule a pourtant beaucoup donné à penser, parce qu'il a fallu, du coup, définir le bien, et en avoir une certaine représentation.

Le mal serait alors un manque, une absence de bien. Cela ne veut pas dire qu'il est zéro, qu'il n'est rien, mais qu'il n'a pas de réalité à lui seul, ou encore qu'on ne peut le comprendre que par rapport au bien. En fait, il serait un parasite dans un être bon en lui-même. Le mal est ce qui dégrade l'être, le diminue, le replonge dans ce que savamment on appelle « *un néant d'être* ». Nous dirions, nous, qu'il « dé-crée » ou détruit l'homme.

Paul Ricœur, un philosophe de notre temps[11], rappelle que « *le mal n'est pas une chose, un élément du monde, mais qu'il ressortit à une problématique de la liberté* ». Cela veut dire que **le mal,** dans son versant inconnu, **est ce que je subis sans raison.** Mais, dans

---

10. Socrate, maître de sagesse du 4ème siècle avant J.C., a assumé sa vie et sa mort de façon stoïque. Pourtant une de ses dernières paroles a été : « *Vaut-il mieux vivre ou ne pas vivre ? Seuls les dieux connaissent la réponse* »...

11. Pour ceux qui voudraient approfondir cette question, voir P. Ricoeur : *Le mal*, Labor et fides, 1986. Ce petit livre est à recommander à ceux qui voudraient aller plus loin dans une réflexion philosophique. Voir aussi le livre plus théologique, moins difficile, de M. Neusch : *Le mal*, Le Centurion, La Croix, 1988. Nous citerons souvent ces deux ouvrages.

son autre versant, **il est ce dont je peux être responsable :** « *je peux le prendre sur moi, en faire l'aveu et le combattre.* »[12]

P. Ricœur explique ainsi que « *le mal est inscrit au cœur du sujet humain, au cœur de cette réalité hautement complexe qu'est le sujet humain responsable* ».

Tout cela me laisse perplexe. Je me sais en effet capable du bien et du mal. Je me sais en mouvement vers une liberté jamais acquise, à conquérir. Mais je me sais aussi marqué par l'angoisse, parce que le mal dont je suis en partie responsable ne relève pas totalement de moi. P. Ricœur dit qu'« *il relève de "l'arrivé-une-fois-pour-toutes", devant quoi ma liberté est sommée, appelée et provoquée à exister* ».

Voilà un élément de réponse très important à ma question : **le mal est dans toute vie.** Je ne sais pas encore pourquoi il est, ni de qui il vient, mais je sais que je suis provoqué à le refuser et à le combattre parce que je suis un être humain.

• Formes du mal

La philosophie classique a cru nécessaire d'introduire quelques distinctions dans le mal, afin de mieux en cerner les origines. Intuitivement, nous avons déjà perçu cela. Il y aurait trois formes du mal : le mal moral, le mal physique et le mal métaphysique.

— Le mal moral

En langage chrétien, on dirait le péché. En philosophie, parler du mal moral, c'est **parler d'un mal dont on peut cerner l'origine : ma liberté d'homme.** C'est ma liberté qui me permet de commencer quelque chose en vue du bien. Si je refuse cela, si ma liberté reste en-dessous de son devoir, je provoque le mal moral.

Ce mal moral, je le connais bien. C'est lui qui engendre certaines de mes douleurs physiques (par exemple quand je néglige de me soigner à temps ou avec sérieux), ainsi que tout ce cortège de malheurs dont l'humanité est responsable (l'injustice, l'exclusion, le racisme...), et ce dont moi-même, dans ma vie au quotidien, je suis responsable.

Mais me renvoyer à ma **liberté** me laisse aussi perplexe car je sais qu'elle n'est **jamais absolue.** St Paul, ce chrétien des années 60, n'était pas, à proprement parler, un philosophe, mais il avait été formé par la sagesse grecque. Il connaissait bien le cœur de l'homme. Il disait : « *Le bien que je veux, je ne le fais pas, et le mal*

12. P. Ricoeur, *Le mal*, ouv. cité p. 9.

que je ne veux pas, je le fais. »[13] C'est bien mon expérience. Voilà de quoi me faire méditer. Voilà une question posée comme un défi à la philosophie et à la foi : qui me fait faire ce que je ne veux pas faire ? **Le mal moral ne relèverait donc pas tout entier de l'homme !** Qui en est l'auteur ?

— Le mal physique

Je connais bien aussi ce qu'on appelle **douleur** du corps, source de souffrance en tout l'être. Ce mal est souvent **lié à ma liberté, à ma responsabilité,** on vient de le dire. Mais il est aussi dépendant des responsabilités collectives. Ainsi, le nazisme ou la bombe d'Hiroshima, certaines conditions déplorables de travail et de transport, fruits de décisions humaines, ont engendré plus de maux physiques que l'éruption d'un volcan.

Mais ce mal est aussi **lié à ma condition d'homme et de femme :** mon corps avec le temps répond à la loi de la dégradation, de la vieillesse et de la mort. Je n'en suis pas responsable. Voilà la question redoutable à laquelle la philosophie et la foi sont aussi affrontées : pourquoi le mal physique est-il inscrit dans la vie ? Par qui ?

De plus, il y a **le mal physique sans raison.** On dit alors que c'est le hasard... M. Neusch dit avec justesse : « *Avec le mal physique, nous sommes souvent les témoins d'une pièce sans auteur.* »[14] Voilà que ma quête de savoir renaît : où se cache cet auteur sans visage ?

— Le mal métaphysique

Ce terme complexe souligne tout ce qui fait partie de **l'imperfection humaine,** on dit aussi de sa « *finitude* ».

Certes, ne pas être parfait n'est pas forcément un mal, contraire au bien ! J'ai souvent fait l'expérience, par exemple, que c'est dans un certain manque que je grandis. Mais l'imperfection, installée en moi avant le jour de ma naissance, (par le fait que je ne suis qu'un homme et non un dieu), est en moi source d'inquiétude et d'angoisse. Voilà encore une question à laquelle s'affrontent la philosophie et la foi : pourquoi l'homme a-t-il été créé limité ? J'ai bien du mal à m'accommoder de mes limites. Qui n'aimerait être tout à fait réussi ! Cette insatisfaction révèle aussi chez les hommes la quête permanente d'un « plus », d'une sorte d'absolu. C'est parce qu'elle est lieu de souffrance dans ma vie, que l'imperfection est apparentée à un mal.

13. Rm 7, 19.
14. *Le mal*, ouv. cité p. 36.

Ce « classement » relevant trois formes du mal peut paraître abstrait. Pourtant, il permet de distinguer les maux dont nous sommes responsables, afin de lutter. Par contre, il donne peu de réponses au « pourquoi » qui me talonne... Je peux comprendre le mal moral comme fruit malheureux de ma liberté d'homme. Je peux m'accommoder du mal physique tant qu'il relève de ma responsabilité. Là, je sais désigner le coupable ! Mais que dire de ce mal métaphysique qui, sans raison apparente, altère ou détruit les corps (et les âmes !), parfois dès la conception ? Est-il possible de remonter jusqu'à l'ultime responsable ? C'est une des quêtes de la philosophie.

QUI EST RESPONSABLE ?

A. Camus disait : *« Je cherchais d'où vient le mal et je n'en sortais pas »*[15]. C'est dire combien la question est exténuante, peut-être même stérile. Ai-je besoin de connaître à tout prix qui me veut du mal pour donner sens à ma souffrance ? Je ne sais...

Mais cette question garde un double intérêt :

— D'abord, elle révèle une question permanente dans l'histoire, liée à l'existence même. En tant qu'homme, personne n'y échappe et les tentatives philosophiques nous concernent tous.

— De plus, elle court dans notre entourage. Pas sous forme de questions, d'ailleurs, mais sous forme d'affirmations spontanées telles que nous les avons relevées plus haut : *« c'est la faute de... c'est la faute de... »* Voulant prendre en compte ces réponses « populaires », il nous faut les expliciter maintenant.

• Une divinité supérieure ?

Bien avant nous, les philosophes grecs païens ont constaté que le malheur était collé à l'existence, qu'il était un *« déjà-là »* présent avant toute initiative humaine. Pour eux, **il ne peut y avoir d'autre responsable qu'un être supérieur,** auteur de l'existence.

Depuis l'avènement du Christ, le procès de Dieu, souffle de vie, n'a fait que s'envenimer jusqu'à aujourd'hui. Dostoïevski, un écrivain russe du 19ème siècle, et bien d'autres aussi, l'ont mis au défi : comment peux-tu, si tu es Dieu, être à la fois maître bon de la vie et maître impuissant devant la souffrance des innocents ?

Voilà une question dont la réponse m'intéresse au plus haut point. Elle rejoint mon cri et celui de mes proches : *« mais que fait*

15. A. Camus, « L'incroyant et les chrétiens », dans *Essais*, La Pléiade, Gallimard, 1965, p. 374.

Dieu s'il est Dieu ? » Face au mal, je suis toujours tenté de douter de sa bonté et même de son existence !

— Au 3ème siècle après J.C., Manès, un penseur vivant en Perse, a tenté d'expliquer l'angoisse du mal autrement, en « sauvant » la bonté de Dieu. **Notre vie serait née de deux forces opposées : d'une force bonne, force de l'esprit du bien et de la lumière, et d'une autre, son égale, force du corps, de la méchanceté et des ténèbres.** Ces deux puissances, bien sûr ennemies, se seraient livré bataille dans les cieux, pour sauvegarder leur empire respectif. Aucune n'aurait gagné de façon décisive. L'existence humaine ainsi créée par elles, porte en elle-même les traces de ce combat inachevé : le corps créé par la force du mal est mauvais, l'esprit créé par la force de bonté est bon. L'homme se retrouve tiraillé entre ces deux forces.

Le courant philosophique né de cette théorie s'appelle le manichéisme. Aux 12ème et 13ème siècles, il était très en vogue en milieu cathare[16].

Que penser de cela ? Entendre dire : « Le bien ne peut venir que d'une puissance bonne et le mal que d'une puissance méchante », me paraît assez séduisant à première vue. Voilà enfin quelque chose de clair et de simple, avec un coupable bien ciblé ! De plus, mon idée d'un Dieu bon est sauvegardée ! Me voilà aussi complètement déculpabilisé du poids du mal, puisque ma responsabilité est mise hors de cause, le mal étant attribué à cette puissance extérieure à moi. N'est-ce pas plus confortable, somme toute, d'avoir du ressentiment contre un agresseur inconnu, plutôt que de l'éprouver contre soi-même ?

St Augustin[17] a adhéré à cette théorie pendant sa jeunesse, lorsqu'il était païen. Mais, devenu chrétien, il l'a combattue avec vigueur, parce qu'un chrétien ne croit qu'en un seul Dieu, parce que le Christ révèle un Dieu bien différent.

On peut ajouter que si l'homme est effectivement soumis à un mal d'origine inconnue, il a été créé libre, capable de lui résister ou de le commettre à son tour.

La même question revient cependant : si l'auteur du mal n'est pas hors de l'homme, situé dans une force extérieure, qui est-il

16. Les cathares sont les membres d'une secte hérétique du Moyen-Age, répandue surtout dans le Sud-Ouest de la France.

17. St Augustin (354-430), fils d'un païen et d'une chrétienne, se convertit au christianisme en 386. Il devient évêque et écrit de très nombreux ouvrages dont l'influence reste considérable.

alors ? Pascal disait ainsi : *« Il faut que nous naissions coupables ou Dieu serait injuste »*[18]. A cela, un philosophe d'aujourd'hui répond : *« Nous savons maintenant que Dieu fut injuste avant que nous fussions coupables. La croyance en un Dieu bon et créateur ne peut être moralement supportable »*[19].

Sur le plan philosophique, ***« le mal met en déroute l'existence même de Dieu »***[20]. Nous disons la même chose de façon plus existentielle quand, au creux de notre souffrance, nous crions : *"Mon Dieu, où es-tu ?"* C'est un appel au secours, dans la foi, mais aussi un doute, dans la foi.

Nous voilà devant le dilemme : ***« Si Dieu est bon, pourquoi tolère-t-il le mal ? S'il est tout puissant, pourquoi le mal semble-t-il plus fort que lui ? »*** Conclusion de cette logique : Dieu n'est pas en même temps bon et tout-puissant. Cette question reste posée avec la même vigueur depuis des siècles (nous y reviendrons forcément).

J'ai aussi le sentiment que c'est une question sans issue. Tout en continuant à me la poser, je vais me tourner vers les philosophes qui font seulement le procès de l'homme.

• L'homme ?

Si l'on ne veut pas accuser Dieu, il faut convoquer l'homme à la barre, l'homme enchaîné par une liberté défaillante.

Oser dénoncer l'homme me paraît important, en ce monde où le mal a pris des dimensions jamais atteintes : Auschwitz, la bombe, le chômage... Ces faits signent les possibilités d'extrême cruauté et d'extrême perversion des hommes. Nous ne pouvons que prendre à notre compte cette triste interrogation de M. Neusch : *« Hemingway disait : "Les yeux qui ont vu Auschwitz et Hiroshima ne pourront plus contempler Dieu". Peuvent-ils encore sans sourciller contempler l'homme ? »*[21]

L'homme est un grand sujet de débat de la philosophie. Celle-ci a fait un effort formidable pour conjurer le mal. Pour Platon, on peut le faire par la connaissance ; pour Kant, par la volonté...

Platon et la philosophie classique ont insisté sur **la nécessité pour l'homme, de connaître et de savoir**, pour agir en direction du bien. La connaissance permet d'éviter le mal que l'on fait, car

18. *Pensées*, 203-489, Ed. Lafuma. Pascal (1623-1662) est un philosophe chrétien français.
19. A. Comte-Sponville, *Une éducation philosophique*, PUF, 1989, p.153.
20. M. Neusch, *Le mal*, ouv. cité p. 6.
21. *Le mal*, ouv. cité p. 8.

« nul n'est mauvais volontairement ». L'ignorance, l'absence de recul, la précipitation dans une action irréfléchie, sont souvent des facteurs aggravants dans la conduite humaine. En revanche, celui qui a atteint un certain niveau de conscience peut modifier ses passions et mieux assumer les fardeaux de la vie. Mais connaître le bien suffit-il pour que je le fasse ? La question du mal semble peu prise en compte.

E. Kant[22], qui a beaucoup influencé la pensée moderne, a relevé cette question. Il a compris que l'homme, divisé en lui-même, ne peut connaître son devoir comme il connaît un objet. La conduite morale n'est pas seulement affaire de connaissance : il faut ériger en principe absolu le « il faut » ou le « tu dois », comme **un « impératif catégorique » qui semble s'imposer à notre liberté.** Cette dernière en a besoin pour accéder à sa maturité. Mais cela suffit-il ?

La philosophie moderne prend davantage en compte **l'aspect dramatique de l'existence**, la question de l'angoisse, des limites humaines, de la mort. Dès lors, elle devient beaucoup plus « humaine » et se rapproche de l'expérience générale. Le « sens » donné à la conduite ne peut pas découler d'une « raison absolue ». Il n'est pas non plus le produit du hasard. Il est porté par une liberté toujours en situation, bien exprimée par A. de Saint Exupéry quand il écrit : *« Tu loges dans ton acte même. Ton acte, c'est toi... C'est ton devoir, c'est ta haine, c'est ton amour, c'est ta fidélité, c'est ton invention... »*[23]

Une autre question est en débat : **l'homme est-il bon ?** J. J. Rousseau[24] surtout a soulevé cette question.

Après avoir rejeté l'idée d'un Dieu bon, on s'est mis à croire en un homme bon, capable d'inventions sources de progrès. Le 18ème siècle s'est cru sûr de lui : il allait infliger au mal une correction décisive. Nietzsche, un philosophe devenu athée, a même rêvé à l'avenir du *« surhomme »*. On est revenu de tout cela : le 20ème siècle a produit trop d'atrocités. Désormais, ce n'est plus seulement l'idée de Dieu qui est giflée par la question du mal, mais l'idée de l'homme.

L'homme bon, où est-il ? Quand je souffre, je n'y crois plus. Je crois en un homme capable d'infinie bonté comme d'infinie cruauté, en un homme libre, ou plutôt en chemin vers la liberté. Il me semble que cela peut m'aider à donner sens à ma vie de souffrant. Me voilà

22. E. Kant (1724-1804), philosophe allemand, est surtout connu pour son « impératif catégorique », fondement de la morale.
23. *Pilote de guerre, Oeuvres complètes*, La Pléiade, 1953, p. 345-346.
24. J.J. Rousseau, écrivain et philosophe français, 1712-1778.

bien prêt à endosser le mal moral qui relève de ma responsabilité et prêt à dénoncer aussi ceux qui engendrent tant de malheur sur cette terre.

Mais **je refuse absolument d'endosser le mal incompréhensible,** le « *pré-mal* », les ratages. Je me dis complètement lavé de ce qui semble détraqué à la source, de ce qui frappe sans raison, sans distinction, tous les hommes, à tort et à travers !

Refuser qu'on charge mes épaules laisse ouverte la question de l'origine du mal inexplicable. Une autre théorie est née, déplaçant l'interrogation vers la nature humaine.

• Les limites de l'homme et du monde ?

— « *Il n'existe pas pour nous de raison compréhensible d'où le mal moral aurait pu d'abord venir* » disait Kant. C'est le mal déjà-là, déjà à l'œuvre, avant que la liberté de l'homme entre en action, qui est visé. On l'a alors logiquement rattaché à la finitude même de l'homme. Les philosophes parlent du « *mal structurel* ». Quand nous parlons de « racine du mal », nous disons un peu la même chose. Nous reconnaissons que **le mal est lié à la vie, dès l'origine.**

Me voilà insatisfait de nouveau, un peu lassé peut-être par toutes ces recherches sur l'origine de ce mal et pourtant encore en quête de comprendre... Comme les philosophes, je reste sur ma faim. Si ce n'est ni l'homme, ni un être créateur bon, ni deux êtres créateurs (un bon et un mauvais), qui en est l'auteur ?

— Certains philosophes modernes ont élargi ce « *mal structurel* » aux **déficiences d'une société mal faite.** C'est ainsi qu'au 18ème siècle, dit siècle des Lumières, Rousseau n'accuse pas la nature de l'homme mais la société. Marx a fait de même.

Aujourd'hui, en réunion de chrétiens, en équipes d'Action Catholique, quand nous parlons de ***« péché du monde »,*** nous dénonçons à la fois ce qui relève des hommes et ce qui relève des structures d'un monde fini. Nous laissons ainsi supposer que le monde est déficient dans sa nature, mais, disant cela, nous n'élucidons toujours pas l'origine du mal. Nous risquons aussi de fondre notre responsabilité dans un grand fourre-tout anonyme, et de trouver, là, justification à baisser les bras.

J'ai du mal à opter pour cette philosophie, malgré son côté confortable. Il me semble que ma vie de souffrant prend davantage de sens quand on ne lui ôte pas toute sa liberté, même si être libre et responsable pèse lourd... Bernanos, écrivain du 20ème siècle, osait dire que la liberté est le premier scandale offert à l'homme, source de tous les scandales suivants. Pourtant, me savoir libre, en partie seulement, me donne désir de lutter comme un fou, pour donner sens à ce qui a foncièrement non-sens.

VIVRE EN ACCEPTANT LE MAL ?

Bien d'autres théories ont été proposées. Quelques-unes d'entre elles nous importent, car elles ont un lien très fort avec les explications spontanées véhiculées autour de nous, présentées ci-dessus.

• Résigne-toi !

— Le stoïcisme

Ne pouvant expliquer l'origine du mal, certains philosophes l'ont réduit à un presque rien dans une logique du bien. Pour eux, le cœur de l'homme éprouve des désirs qui sont en dysharmonie avec le monde, créé bien ordonné. Si le destin m'a attribué d'être pauvre ou malade, moi, je désire être riche ou bien portant : c'est de là que naît mon malheur. La clé de mon bonheur : « *Supporte ce qui ne dépend pas de toi.* » Pour ces stoïciens, la sagesse consiste à cultiver ce qui dépend de moi et à supporter le reste vaillamment. Ils disent ainsi : « *Ne demande pas que ce qui arrive, arrive comme tu veux ; mais veille que les choses arrivent, comme elles arrivent, et tu seras heureux.* »[25]

Cette philosophie a eu une grande influence dans la pensée occidentale et même en christianisme.

Voilà une proposition bien respectable qui a permis à des souffrants de tenir debout. Pour ma part, je me sens peu capable de m'accommoder, par pur exercice de ma volonté, à supporter la terrible présence de la souffrance dans ma vie. Cette résignation passive qui en découle me semble incompatible avec mon insoumission et mon désir de lutte.

— Le bouddhisme

En Orient, le bouddhisme suit la même ligne : renonçons définitivement à expliquer le mal, c'est sans issue. La seule porte de sortie proposée est d'étouffer en moi les faux espoirs et le désir. Là sont les vraies racines de ma douleur.

En Occident, des jeunes sont aujourd'hui de plus en plus attirés par cette voie de la sagesse, allant parfois jusqu'à la négation d'eux-mêmes. D'autres, en opposition à ces courants, valorisent au

---

25. Epictète (1er siècle ap. J.C.), cité en *Fêtes et Saisons* « Le mal et la souffrance » p.17.

contraire le désir au maximum : puisque le mal est là, autant l'oublier en s'étourdissant et en jouissant de la vie !

Que faire de toutes ces propositions ? Me mutiler en me défaisant du désir qui vibre en moi ? Non ! M'étourdir pour échapper à la réalité ? Non encore ! En revanche, chercher une voie qui ouvre ce désir, qui l'éduque, qui ne fait pas de moi une victime du mal, mais quelqu'un qui, en dépit du mal, donne un but à sa vie...

• Le mal en vue d'un bien

— Au 18ème siècle, le philosophe Leibniz[26] a aussi voulu faire perdre au mal sa radicalité. Il voulait relever les objections courantes contre la bonté de Dieu et sa puissance. Pour lui, Dieu reste l'être créateur, vraiment Dieu et infiniment bon. En cela, il n'a pu résister au désir de créer le meilleur des mondes possibles. Certes, **ce monde comporte le mal, mais c'est à un degré minimum, en vue d'un bien.** Ce philosophe raconte ainsi que Dieu aurait pu créer un monde sans Néron, ce tyran sanguinaire de l'Empire romain. Mais un monde sans Néron aurait nécessairement souffert de maux plus horribles encore. Donc Néron n'est pas un mal. Nous retrouvons bien là ces boutades populaires déjà évoquées : « *Ne nous plaignons pas, cela aurait pu être pire* ».

Cette théorie a connu un immense succès. « *Sauver Dieu* » et intégrer le mal dans une harmonie, est une constante de l'histoire de la pensée humaine.

— Dans la même ligne, Hegel, un philosophe allemand[27], inclut la négativité du mal dans un mouvement de raison qui nous emmène vers du positif. Le mal est fécond si nous dépassons ce temps de la négativité. Pour comprendre, pensons à la succession « thèse/antithèse/synthèse ». De même, dans la vie humaine, **il y aurait toujours enchaînement positif / négatif / positif plus grand.** « *Il faut que quelque chose meure pour que quelque chose de plus grand naisse. Le malheur est partout mais partout dépassé, dans la mesure où la réconciliation l'emporte toujours sur le déchirement* » écrit P. Ricœur pour expliquer Hegel[28]. Tel est le mouvement de l'histoire, mouvement de l'Esprit universel.

26. Leibniz (1646-1716), philosophe allemand. Pour lui qui est aussi mathématicien, le « meilleur des mondes » est finalement le résultat d'un calcul de probabilités...
27. Hegel (1770-1831). Il a beaucoup marqué la philosophie moderne.
28. *Le mal*, ouv. cité p. 30.

Mais que pèsent ces théories face à ma souffrance concrète ? Voilà que les discours généraux sur le mal risquent de me scandaliser. En quoi, dites-moi, la souffrance de ma voisine, témoin impuissante devant la cancer de sa jeune fille, contribue-t-elle à l'harmonie de l'univers ? Si mon rôle est d'exister dans le mal et d'être occasion pour le bien, je refuse ! De plus, de tels discours peuvent permettre de justifier n'importe quelle atrocité de l'histoire : Hitler, supprimant six millions de juifs, en vue du progrès de l'humanité ou Staline, piétinant les libertés, au profit d'un avenir meilleur... Enfin, l'histoire dans laquelle nous sommes n'est jamais une histoire de bonheur, mais une histoire de passion... Inclure la négativité comme un temps de réalisation ne change rien à ma vie de souffrant. J'aime assez cette boutade d'un autre philosophe : *« Hegel nous parle de palais, mais nous restons dans la chaumière malheureuse »*[29].

PEUT-ON CONCLURE ?

Toutes ces recherches ont essayé de « penser » et de comprendre pour que nous vivions mieux face au mal : elles ne sont pas sans grandeur. Elles ont aidé des hommes et des femmes à faire face. Elles témoignent de l'irrépressible besoin humain de chercher, à l'aide de la raison, et pas seulement de la foi. Elles nous importent et ne nous laissent pas indifférents, même si elles restent sans réponse satisfaisante jusqu'à ce jour.

Mais une question perce en conclusion : le problème de la souffrance serait-il difficile, voire impossible à traiter sereinement, de manière seulement intellectuelle, au risque de produire des discours odieux pour les souffrants ? L'intelligence resterait-elle en panne face à l'origine du mal ? *Le débat serait-il sans issue* (Voir encadré) ?

29. Kierkegaard, philosophe et théologien danois (1813-1855).

Le débat est sans issue

« Ou Dieu est bon mais il est impuissant.
Ou il est tout-puissant, mais il est cruel.
Notre Bon Dieu a été pris entre ces deux mâchoires.
Les bonnes âmes ont voulu le défendre,
attitude compréhensible.
Il fallait sauver à la fois son existence et son amour.
L'amour de Dieu pour nous, ça croise évidemment la question du sens de nos vies...
Les bonnes âmes veulent répondre,
mais le débat est sans issue. »

M. Bellet, dans *Lumière et Vie* N°191, p. 13.

Pourtant, des philosophies, prenant en compte le cri de l'homme, proposent des chemins de lutte. Pourtant, en moi, en tout homme depuis toujours, la quête de comprendre demeure. Alors, comment continuer à chercher, avec nos raisons d'hommes et avec notre foi ?

On dit que les « religions », influencées par ces recherches de la pensée, ont tenté de justifier et Dieu et le mal, en lui donnant une finalité. N'est-ce pas cela qui, entre autres, aurait produit l'athéisme ? Laquelle de ces propositions « religieuse » ou athée, va donner sens à ma vie de souffrant ? Ce sera l'objet du chapitre suivant.

Chapitre 3

JUSTIFIER DIEU OU LE NIER ?

Pour le croyant, plongé dans le désarroi de sa souffrance, le mal est une provocation : pour lui comme pour l'athée, il contredit Dieu, sa bonté et sa puissance.

Je ne sais si ce qui m'arrive contredit Dieu dans ce qu'il est, ou si cela me contredit moi, dans l'idée que j'ai de lui... Je ne sais plus, mais je sais que je souffre et j'attends que quelqu'un me tire de là.

J'en veux à Dieu.

S'il existe, je lui en veux de ne pas être ce qu'on dit de lui : le Créateur foncièrement bon, capable de m'offrir le bonheur, en m'évitant le pire.

S'il n'existe pas, je lui en veux, somme toute, de ne pas exister selon mon rêve.

Dans les deux cas, Dieu reste objet de ressentiment.

Certains « discours religieux » — pas seulement chrétiens — ont tenté de le justifier, afin que les hommes ne se révoltent pas contre lui, afin qu'ils trouvent un sens à leurs souffrances. Ils ont risqué une double réponse, quant à l'origine du mal et quant à sa finalité.

En voulant ainsi « sauver Dieu », on a parfois perdu l'homme ! François Varone dit avec regret qu'il en est de la théologie comme de certains avions parfois : « *Il lui arrive d'être détournée de son but premier et de voler en sens inverse de sa destination normale.* »[1]

Si c'est le cas, il me faudra comprendre certaines explications, les replacer dans leur époque, puis fuir peut-être à toutes jambes, et aller interroger ceux qui nient l'existence d'un Dieu si « pervers »[2].

Des caricatures religieuses et des explications athées, lesquelles vont pouvoir répondre à mes deux questions : « *Y a-t-il un sens à ce qui m'arrive ?* » et « *Comment donner direction à ma vie de souffrant ?* ».

JUSTIFIER DIEU

Les croyants de la tradition judéo-chrétienne connaissent bien ce livre qu'est la Bible. Si je l'ouvre, je ne suis pas dépaysé. Voilà des pages qui n'ignorent pas le cri de l'homme, qui le laissent se plaindre, s'indigner, chercher, se taire, tenter des explications, se taire de nouveau, quand la question reste sans réponse. Le mal, la mort et la souffrance ne sont nullement esquivés.

C'est l'histoire du petit peuple d'Israël, cassé par l'esclavage et l'humiliation, tracassé de façon constante sur ses frontières, affronté aux guerres et aux rivalités internes. Il fait régulièrement « révi-

1. F. Varone, *Ce Dieu censé aimer la souffrance*, Cerf, 1985, p. 176.
2. *Le Dieu pervers* est le titre d'un livre de M. Bellet, déjà cité.

sion de vie » si l'on peut dire, cherchant à expliquer les faits ; et, rongé par le remords ou désireux d'une conversion, il passe tour à tour de la désespérance à l'espoir d'une libération.

Au creux même d'une impression d'absurde, **les auteurs bibliques se risquent à interroger Dieu.** Leurs supplications et réponses se succèdent de manière diverse, selon les étapes de l'histoire d'Israël et selon l'évolution de la conscience collective. Pour autant, le raisonnement ne suit pas une ligne droite. Au cours des siècles, on note des constantes dans l'interprétation religieuse des événements, mais aussi des pas en avant et de nouveau des pas en arrière. Une toile de fond demeure, celle d'une foi forte en un **Dieu radicalement bon**, en ce Dieu qui a voulu un monde beau en vue du bonheur de l'homme.

C'est pourquoi « *il créa l'homme à son image* », « *il créa l'homme et la femme* », *afin qu'ils s'aiment, puis* « *il les bénit et leur dit : Soyez féconds, multipliez, remplissez la terre et dominez-la* »[3]. Faites tout ce qui est de votre responsabilité d'hommes pour rendre ce monde de plus en plus viable, plus beau encore ! Fort de ce don premier, l'homme commença à vivre heureux dans l'harmonie de l'amour. « *Dieu vit tout ce qu'il avait fait : cela était très bon.* »[4]

Au fil des récits bibliques, **les bonheurs de cette terre seront peu à peu compris comme des bénédictions** d'un Dieu non seulement bon, mais juste. Il comble ceux qui lui sont fidèles. Avoir de l'argent, des troupeaux, de la considération sociale, des enfants, la santé, en est le signe public. Chacun reçoit, dès cette terre, ce qu'il a mérité personnellement. Cette idée a traversé les siècles. Aujourd'hui, certains courants religieux, surtout aux USA, la reprennent à leur compte : la réussite sociale serait signe de la bénédiction de Dieu.

De cette conception première héritée de l'Ancien Testament, sont nées dans l'Eglise **trois justifications de Dieu face au mal**, irrecevables pour nous aujourd'hui, irrespectueuses, et de l'homme et de Dieu. Sans vouloir les défendre — surtout pas ! —, il faut cependant bien les comprendre : ces conceptions sont marquées par des traces de paganisme ou de religions archaïques, que la foi en Jésus-Christ n'a pas totalement extirpées. De plus, elles sont toujours plus ou moins reflet de la pensée d'une époque. Elles sont réponse partielle, étape, face à la question imperméable du mal. Elles gardent sans doute une certaine valeur mais elles ont besoin d'être sans cesse ré-interpellées. Aujourd'hui, la foi au Dieu de

3. Gn 1, 27-28.
4. Gn 1, 31.

Jésus-Christ exige de parler haut et fort, de dénoncer les errances, afin qu'aucun souffrant n'y trouve encore refuge et ne s'y aliène !

« DIEU M'ÉPROUVE PARCE QU'IL M'AIME »...

Cela fait toujours plaisir de se savoir aimé, de façon unique. Alors, pourquoi ne pas donner valeur à ce mal qui m'arrive, à ce qui certes, me détruit dans ma chair et ma psychologie, mais qui serait **don de Dieu,** marque privilégiée de son attention pour moi, son fils ou sa fille ?

Un proverbe biblique pourrait d'ailleurs justifier ce « *merci Seigneur* » et la soumission qui en découle :

> « *Ne méprise pas, mon fils, la correction du Seigneur,*
> *et ne prends pas mal sa réprimande,*
> *car le Seigneur reprend celui qu'il chérit,*
> *comme un père son fils bien-aimé.* »[5]

Dans le passé, certains courants religieux, hors christianisme ou dans l'Eglise, ont ainsi justifié la souffrance et étouffé bien des cris.

Aujourd'hui, qui n'a pas mal quand des hommes et des femmes supportent encore cette récupération de la souffrance, et cela au nom même de l'amour de Dieu ?

Quel enfant, frappé justement ou injustement par son papa, peut accepter son châtiment sans crier, avec reconnaissance même, et comprendre ses coups comme des gestes empreints d'un amour attentif ?

Quel malade peut supporter la torture qu'il vit avec sourire ? Peut-il accepter cette phrase de Mère Thérésa, rapportée par M. Neusch : « *J'ai dit un jour à une personne qui souffrait du cancer : "C'est un baiser que Jésus vous donne, signe que vous arrivez près de lui sur la croix, qu'il peut vous embrasser". Elle m'a regardé et m'a dit : "Dites à Jésus qu'il cesse de m'embrasser".* »[6]

Certes, j'ai beaucoup d'admiration pour Mère Thérésa et je sais combien elle donne de sa personne pour lutter contre la souffrance. Mais autrefois et durant des décennies, cette même idée de Dieu a **justifié une honteuse soumission** des ouvriers et des pauvres. La

5. Prov 3, 11-12.
6. M. Neusch, *Le mal*, ouv. cité p. 83.

condition sociale dans laquelle on naissait était don de Dieu. On devait s'en accommoder avec sainteté, fut-ce dans le dénuement le plus extrême. La pauvreté était d'ailleurs double porte de salut : pour l'ouvrier, à condition qu'il l'accepte en l'offrant ; pour son patron, puisque lui était ainsi donnée l'occasion de faire l'aumône, geste religieux par excellence. Ainsi, le pape Léon XIII écrivait en 1882 :

> « *Enfin, la question des rapports du riche et du pauvre, qui préoccupe tant les économistes, sera parfaitement réglée, par cela même qu'il sera bien établi et avéré que la pauvreté ne manque pas de dignité ; que le riche doit être miséricordieux et généreux ; le pauvre, content de son sort et de son travail, puisque ni l'un ni l'autre n'est né pour ces biens périssables, et que celui-ci doit aller au ciel par la patience, celui-là par la libéralité.* »[7]

Trop d'affirmations politico-religieuses ont ainsi éteint la révolte de nombre d'opprimés.

Seigneur, j'ai mal, encore. Va-t-on définitivement cesser de mettre la cruauté du côté de Dieu ? Comment peut-on tenir encore l'affirmation d'« *un Dieu cruel, badigeonné d'amour... un Dieu cruel qui nous aime tellement que nous ne pouvons que mourir pour répondre à son amour* »[8]. J'ai mal, mais j'ai confiance et j'espère, car **le discours de l'Eglise s'est détourné peu à peu de ces déviances faciles**. Aujourd'hui, elle crie souvent avec les opprimés : Dieu ne veut pas ce qui vous arrive ! Luttez pour la vie ! Là est votre devoir sacré, là est la volonté de Dieu (Voir encadré).

---

7. Encyclique sur le tiers ordre de St François : *Auspicato concessum*, 17/9/1882, cité dans Actes de Léon XIII, Bonne Presse, tome 1, p. 177.
8. M. Bellet dans *Dire Dieu dans la souffrance*, Christus N° 152, oct. 91, p. 422.

Lutter pour la vie, la volonté de Dieu

« Vous devez lutter pour la vie, tout faire pour améliorer les conditions dans lesquelles vous vivez. C'est là un devoir sacré, parce que telle est aussi la volonté de Dieu. Ne dites pas que c'est la volonté de Dieu que vous demeuriez dans une situation de pauvreté, de maladie, dans des logements qui contrarient souvent votre dignité de personnes humaines. Ne dites pas : "C'est Dieu qui le veut" ... Je sais que cela ne dépend pas seulement de vous. Je sais que beaucoup de choses devront être faites par d'autres, pour en finir avec les mauvaises conditions qui vous affligent, pour les améliorer. Mais c'est vous qui devez être toujours les premiers à améliorer votre vie sous tous ses aspects. »

Jean Paul II, 7/7/1980,
s'adressant aux habitants d'un bidonville du Brésil.

Voilà qui interpelle ma vie de souffrant. Je n'ai plus le droit de dire ou de laisser dire autour de moi : « *C'est Dieu qui...* » Certaines expressions courantes de notre langage influent peu à peu sur nos mentalités : elles laissent entendre que Dieu est le sujet actif de ma souffrance. J'ai aussi le devoir de dénoncer toute structure politique, sociale ou religieuse qui serait auteur direct d'une partie du mal qui nous arrive. Enfin, je suis moi-même appelé à l'humilité et à la conversion, quand je ne vaux pas mieux. St Jacques, au premier siècle, s'est risqué à remettre les idées en place :

> **« Que nul, s'il est éprouvé, ne dise : "C'est Dieu qui m'éprouve".**
> *Dieu, en effet, n'éprouve pas le mal, il n'éprouve non plus personne.*
> *Chacun est éprouvé par sa propre convoitise qui l'attire et le leurre. »*[9]

Cependant, lisant la Bible, une question continue de trotter en moi, et un certain malaise demeure. Dieu m'apparaît empreint de bonté quand le peuple marche droit, mais vengeur et punisseur quand il dévie de sa route. Quand Isaïe fait parler Dieu ainsi : « *Je fais le bonheur et je crée le malheur* »[10], je m'interroge. Quelle image de Dieu avait-il ? Dans le livre de la Sagesse, je peux lire aussi :

9. Jc 1, 13.
10. Is 45, 7.

« Comme ils avaient résolu de tuer les petits enfants des saints,
et que, des enfants exposés, un seul avait été sauvé,
tu (Dieu) *leur enlevas pour les châtier*
la multitude de leurs enfants,
et tu les fis périr tous ensemble dans l'eau impétueuse. »[11]

St Paul, vers l'an 60, parle même de « *mort, salaire du péché* »[12]. Comment comprendre ? Dieu utiliserait-il la mort et la souffrance comme châtiment, ou encore comme chemin de salut. Qui croire ?

« DIEU ME PUNIT »...

• Qu'ai-je fait ?

Qui n'a pas dit un jour à son enfant, revenant en sang d'un jeu interdit : « *Le Bon Dieu t'a puni !* » Voilà associées sans difficulté deux idées pourtant contradictoires : la bonté et la punition.

Quand on souffre soi-même, on associe bien n'importe quoi. Je vois encore Xavier, effondré à l'annonce de la mort de sa petite Stéphanie : « *Dis-moi ce que j'ai fait de mal dans ma vie !* » J'entends encore Françoise, en phase terminale de son cancer, chercher des explications : « *J'ai été trop gâtée durant 49 ans : ma famille, la JOC, le syndicat, les copains et copines multiples ; ça ne pouvait durer et je n'ai peut-être pas fait tout ce qu'il fallait. Je dois payer.* »

Je sais que quand on souffre, on dit n'importe quoi, mais j'ai envie de me sauver. Certes, le sentiment de culpabilité est présent en tout homme. Mais qui a bien pu ancrer de telles réactions dans des têtes pourtant sensées et croyantes ?

J'entends résonner en moi une explication de même type, dont la Bible nous laisse trace : **l'explication des amis de Job**[13], ce patriarche oriental connu pour son intégrité et sa foi en Dieu. Selon la doctrine de son temps, ses richesses fabuleuses, sa bonne santé et son bonheur public sont signes qu'il est un juste innocent, comblé par Dieu. Cette réussite émerveille Dieu lui-même, qui permet à Satan de l'éprouver.

Successivement, Job perd ses troupeaux et ses enfants, anéantis par la foudre et la tempête. Atteint d'un ulcère malin, il se retrouve paria, installé sur la décharge publique, condamné à

11. Sg 18, 5. On pourrait lire aussi Ex 12, 23-34...
12. Rm 6, 23.
13. Livre de Job, 5ème siècle avant J.C.

mendier. Le scandale est tel que la seule réponse devrait être ce blasphème proposé par sa femme : « *Maudis Dieu et meurs. Pourquoi persévérer dans ton intégrité ?* » La nouvelle de tous ses maux parvient à ses trois amis, qui décident d'« *aller le plaindre et le consoler. De loin, fixant les yeux sur lui, ils ne le reconnaissent pas... Puis, s'asseyant à terre près de lui, ils restent ainsi sept jours et sept nuits... Aucun ne lui adresse la parole en spectacle d'une si grande douleur* »[14]. Job hurle sa souffrance et maudit le jour où il est né : « *Ce jour-là, qu'il soit ténèbres ! Pourquoi n'ai-je pas péri, aussitôt enfanté ?* »[15] Ces cris de Job résonnent encore aujourd'hui (Voir encadré).

Cassée...

« Ils m'ont cassée.
Ils ont cassé mon sourire.
Je ne saurai plus chanter.
Je ne pourrai plus espérer.
Mon ossature va craquer.
Ma foi va exploser en blasphème.
Je vais crever de désespérance.
Je ne pourrai plus lutter.
Je t'en prie,
Père des paumés, Père des cassés,
Père des oubliés,
Envoie-moi tout ce que tu es,
tout ce que tu as.
Je voudrais encore aimer,
me laisser aimer
et chanter !
Je voudrais encore croire en toi.
Je voudrais aussi sauter du train. »

Pascale.

14. Job 2, 11-13.
15. Job 3, 3-26.

Face à un tel cri, on devrait faire silence. Mais les amis du vieil homme n'y parviennent pas. Sûrs de savoir et de parler au nom même de Dieu, ils déversent des flots de considérations, d'explications, de consolations à peu de frais, pour eux qui ne souffrent pas. Agacé, Job leur dit :

> « *Moi aussi, je pourrais parler comme vous,*
> *si votre âme était où en est mon âme.*
> *Je saurais vous accabler de discours,*
> *en hochant la tête sur vous,*
> *vous réconforter en paroles,*
> *puis cesser d'agiter les lèvres.* »[16]

Leur discours est simple : si tu souffres, c'est que tu n'es pas si bien qu'on le croyait. Dieu, lui, le sait. Il t'a puni. Tu as péché, tu as marché de pair avec les malfaiteurs. A ta faute s'ajoute ta révolte. « *Dieu rend à l'homme selon ses œuvres* ».

Job proteste avec vigueur, clamant haut et fort son innocence : « *En conscience, je n'ai pas à rougir de mes jours* », dit-il[17]. Mais, il ne parvient pas à se disculper aux yeux de ces hommes, enfermés dans l'idée d'un **lien étroit péché-châtiment.** Il en appelle alors à un face-à-face avec ce Dieu juste auquel il continue de croire : « *Je sais que mon défenseur est vivant* »[18]. Lui seul peut trancher le débat. Lui seul peut lui dire pourquoi, quoique innocent, il endure tant.

Les argumentations des amis de Job se résument en trois idées-clés[19] :

— Le malheur cache toujours un péché.

— La vertu engendre inéluctablement la récompense.

— Enfin, aucun homme ne peut se dire pur devant Dieu.

Ainsi, la question de l'origine du mal est réglée : le monde de Dieu ne peut qu'être ordonné par une justice parfaite. **Aucun malheur n'arrive qui ne soit la sanction d'une faute.**

Job a grandi dans cette logique : « *Ce que vous savez, je le sais moi aussi* »[20] dit-il, mais son expérience contredit ces théories : « *Quelle tromperie que vos réponses !* »[21] D'ailleurs, tandis que des

16. Job 16, 4-5.
17. Job 27, 5-6.
18. Job 19, 25-27.
19. Voir l'analyse qu'en fait M. Neusch dans *Le mal*, ouv. cité, p. 15-19.
20. Job 13, 2.
21. Job 21, 34.

innocents connaissent la mort, « *les méchants restent en vie.* »[22] Dieu qu'il croyait proche s'est absenté.

C'est pourtant vers lui que Job se tourne. Sa question n'a rien de théorique : « Pourquoi la souffrance, d'où vient-elle » ? Mais elle est vitale, très proche de celle que je crie moi-même, lorsque je suis plein de griefs : pourquoi est-ce moi qui souffre ? Quelle est ton intention, si c'est toi qui m'accables ? Serais-tu mauvais, prêt à traquer ta proie avec fureur ? Serais-tu injuste, ne sachant ni récompenser les bons ni punir les méchants ? Qui peut encore croire que tu es saint, puisque ce monde, privé de sagesse, ne semble pas respecter l'ordre moral ?

C'est en lisant Job que Kant a systématisé les trois griefs des hommes de son époque contre Dieu : à cause du mal moral, Dieu n'est pas saint. A cause du mal physique, il n'est pas bon. A cause du mal métaphysique, il n'est pas juste (il tentera cependant de « défendre » Dieu).

Le mal absurde semble échapper à toute logique rationnelle et religieuse. Job reste croyant, mais il découvre un Dieu terrifiant, hostile à l'homme : « *Plus j'y songe, plus il me fait peur* », gémit-il[23]. Tout en accusant Dieu de tous les maux, il attend de lui des comptes. Dieu doit s'expliquer ! Mais à cette sommation, Dieu restera silencieux. Nous reparlerons de ce face-à-face de Job avec Dieu au chapitre suivant.

Job, c'est un peu mon frère dans l'épreuve. Sa plainte et ses griefs me sont proches. Je me sais impur aux yeux de Dieu, je me sais plein de failles. Mais comment continuer à croire en un empereur de ce monde qui règlerait la vie des hommes selon leur degré de vertu ? Des siècles après Job, j'ose espérer en un Dieu autre, car s'il était ainsi, il serait de mon devoir de m'en éloigner au plus vite...

D'un autre récit biblique est née une autre explication religieuse du mal en ce monde : tout s'est détraqué dès l'origine de la vie humaine, mais ce n'est pas Dieu qui l'a voulu. C'est Adam qui en est responsable.

• Qu'a fait Adam ?

Adam et Eve, en effet, créés par Dieu dans un monde voulu beau, sont un jour poussés par l'Esprit du mal. Séduits par l'idée

22. Job 21, 7.
23. Job 23, 15.

de déterminer par eux-mêmes ce qui est bien et mal[24], **ils se coupent de Dieu et se croient capables de tout construire et de tout réussir par leurs propres mains d'hommes.** Leurs yeux s'ouvrent et ils découvrent qu'ils sont nus, incapables de s'en sortir seuls. Désormais, leur vie devient difficile : l'enfantement se fait dans la souffrance, le pain est gagné avec sueur, la mort les attend.

Ce mythe, sur lequel nous reviendrons d'ailleurs, ne donne, bien sûr, aucune réponse scientifique : la biologie nous a dit déjà que la mort est un phénomène naturel constitutif de la vie. Elle n'est pas le fruit du péché de l'homme.

Son péché, par contre, ajoute à la souffrance de la rupture physique, la souffrance de la mort « intérieure ». La vie, coupée du souffle de Dieu, coupée de l'Amour, nous dit la Bible, devient enfer : elle engendre les conflits, la jalousie, la tristesse, la honte, la désespérance, l'ignorance... Elle s'oriente vers le mal, elle est tournée vers la mort.

Lorsque l'auteur biblique décrit le splendide paradis terrestre, il vise à mettre hors de cause ce Dieu créateur que les théories païennes accusaient. Pour lui, le bien, don de Dieu, est antérieur au mal. Tous les maux décrits ci-dessus ne relèvent que de la perversité des hommes. Dans le mythe, ils sont nommés Adam et Eve mais aujourd'hui nous pourrions les appeler François, Mélanie, ou Jean-Pierre. En effet, **le terme « Adam »** ne désigne pas le premier homme, ni **« Eve »** la première femme, mais **le genre humain, tout homme coupable de transgresser la loi d'amour**, de se prendre pour plus fort qu'il n'est, de refuser la main de Dieu[25]. Tel est le sens profond de ce qu'on appelle **le « péché originel »**.

A la suite de St Augustin, l'Eglise a compris le mythe autrement. Elle a fait d'**Adam notre ancêtre**, le premier individu de cette terre, coupable de s'être détourné de Dieu, **responsable de tous nos maux futurs**. Adam, auteur de ce péché, est ainsi à l'origine de tous les autres. Désormais, toute l'humanité héritera de sa faute et en payera les conséquences éternellement.

C'est par cette théorie que St Augustin a tenté de mettre Dieu hors de cause de la souffrance des innocents, de cette souffrance qui échappe au raisonnement humain, de cet excès de mal resté

24. Gn 3, 4-5.
25. Pour approfondir la question du péché originel, lire M. Neusch, *Le mal*, p. 40-51. Voir aussi G. Martelet, *Libre réponse à un scandale*, Cerf, 1986.

inexplicable. « *Les innocents ne meurent pas à cause des péchés qu'ils ont fait ; ils meurent toujours coupables pour le péché originel* » explique un disciple de St Augustin[26]. Le mal physique a ainsi son explication ! Il est la conséquence de ce mal lointain, originel, imputable au premier homme : Dieu n'en est pas responsable.

Qu'en penser aujourd'hui ? La manière de comprendre le récit de la Genèse a évolué avec les époques et les étapes de la pensée. « *Le péché originel,* écrit M. Neusch, *permet d'innocenter Dieu. Mais... on prend le parti... d'introduire en Dieu la pire des injustices puisque l'innocent paye pour le coupable* »[27].

En moi, en effet, les questions fusent. Pourquoi devrais-je payer pour mes ancêtres ? En quoi l'enfant que je vais mettre au monde aurait-il quelque chose à voir avec le péché d'un seul ? Dieu me paraît bien rancunier. Pour moi, il n'est pas du tout innocenté. Il est injuste, méchant.

D'ailleurs, tout est de sa faute car, si le mal est le fruit du péché, pourquoi a-t-il créé des hommes et des femmes imparfaits ? Ou, du moins, pourquoi l'a-t-il permis ? Comme le note Pierre Bayle : « *Si Dieu a prévu le péché d'Adam et qu'il n'ait pas pris des mesures pour le détourner, il manque de bonne volonté pour l'homme.* » Il dit encore que « *s'il a fait tout ce qu'il a pu pour empêcher la chute de l'homme, et qu'il n'ait pu en venir à bout, il n'est pas tout-puissant comme nous le supposions* »[28].

Je préfère encore le silence à toutes ces tentatives d'explications religieuses. Elles cherchent à justifier Dieu. En fait, elles aggravent son cas ! De plus, en détruisant quelque chose de Dieu, elles détruisent quelque chose de l'homme : elles font de lui un soumis.

Alors, faire silence de nouveau ? **En tout cas, refuser à tout prix que la théologie justifie le mal,** comme le fait F.Varone :

> « *Dès qu'un langage de la foi se met non seulement en porte-à-faux avec les représentations scientifiques inévitables mais encore en contradiction avec ce que la foi sait de meilleur sur Dieu, à savoir sa bienveillance et sa liberté, il doit être temps d'en chercher un autre, même s'il faut pour cela se mouvoir en terrain miné.* »[29]

26. Cité en J. Delumeau, *Le péché et la peur*, Fayard, 1983, p. 273.
27. *Le mal*, ouv. cité p. 47-48.
28. P. Bayle, *L'obsession du mal*, Aubier-Montaigne, 1977, p. 92.
29. *Ce Dieu censé aimer la souffrance*, ouv. cité, p. 175.

Avec St Paul, je préfère humblement avouer : « *Je ne comprends rien à ce que je fais. Ce que je veux, je ne le fais pas, et ce que je ne veux pas, je le fais* »[30].

Hélas, les explications religieuses ne se sont pas limitées à ces seules déviances. Elles ont encore fait du mal la clé du paradis.

« JE T'OFFRE MA SOUFFRANCE »

• « La douleur que je subis me sauve »...

En octobre 1989, Mgr Lehmann, président de la Conférence épiscopale de l'Allemagne fédérale, s'attira un beau succès médiatique. Lors du Symposium des Evêques européens, il déclarait : « *La culture des analgésiques, en définitive, n'est pas au service de l'homme. Elle sert les idéaux d'une vie sans douleur* »[31]. C'est, du moins, ce que la presse retint d'une déclaration plus longue et plus équilibrée où il reconnaissait la nécessité de combattre la douleur « *dans certaines circonstances, comme condition nécessaire à ce que l'homme l'assume* ». Cependant, une autre phrase de son intervention faisait l'effet d'une bombe : « *On ne peut pas complètement bâillonner la douleur sans enlever à la vie cette nécessaire anxiété intérieure qui l'aiguillonne.* »

Bien des souffrants et des soignants considéraient comme acquis le droit d'apaiser les souffrances liées à la naissance et à la mort. Ils ont jugé ces propos intolérables. Mgr Lehmann craignait, lui, qu'« *en anesthésiant* » les grands passages et les grandes épreuves de la vie humaine, les enjeux et les chances de l'existence échappent à l'homme.

Un dossier ancien venait d'être rouvert, celui d'une certaine valeur de la souffrance : **selon ce point de vue, le mal aurait une finalité dans le plan de Dieu. Il servirait à quelque chose :** le chrétien qui souffre participe à la croix du Christ. Sa souffrance peut le sauver et sauver le monde. Comment comprendre cela sans justifier la souffrance ?

Dans les couvents, on a ainsi mortifié sa chair pour participer aux épreuves du Christ, sauver l'Eglise et guérir les péchés du monde. Là encore, comment comprendre ces actes d'une autre

30. Rm 7, 15.
31. Cité dans *Actualité Religieuse dans le Monde*, 15/2/90, p. 21.

époque : en leur donnant sens, ces hommes et ces femmes ne conduisent-ils pas à déifier la souffrance ?

Par ailleurs, l'Eglise a parfois étouffé la colère des pauvres et a fait de leur résignation la porte d'un dédommagement éternel. Comment comprendre certains textes d'évêques de l'époque (Voir encadré) ?

La résignation, première vertu chrétienne[32]

« Nous vous apportons, pauvres, les espérances de la Religion, comme une magnifique compensation de ce que la fortune vous refuse et un motif puissant de résignation et de patience. »

Mgr Sibour, archevêque de Paris, en 1850.

« Au pauvre, à l'indigent, et à tous ceux que la crainte de manquer des choses nécessaires à la vie, inquiète et agite, la Religion dit : pourquoi tant de sollicitudes, pourquoi tant de préoccupations pour les aliments qui doivent nourrir votre corps, pour les vêtements qui doivent le couvrir : votre Père céleste ne sait-il pas ce qui vous convient ? Voyez les lis des champs... C'en est assez pour que le malheur qui accable soit supporté avec résignation, avec courage, avec reconnaissance, avec joie même, comme un moyen de ressembler à Jésus-Christ sur la terre et de se réunir à lui dans le ciel. »

Evêque de Bayonne en 1850.

Dans sa Lettre apostolique de 1984, intitulée « Salvifici doloris », Jean Paul II semble aussi, à première lecture, avoir développé un thème doloriste :

« La souffrance est, en effet, par-dessus tout un appel. Elle est une action. Le Christ n'explique pas les raisons de la souffrance, mais, avant tout, il dit : Suis-moi ! Viens ! Prends part avec ta souffrance à cette œuvre de salut du monde qui s'accomplit par ma souffrance ! par ma croix ! Au fur et à mesure que l'homme prend sa croix, en s'unissant spirituellement à la croix du Christ, le sens salvifique de la souffrance

32. Expression de Montalembert, discours du 20/9/1948.

se manifeste davantage à nous... L'homme ne découvre pas cette signification au niveau humain, mais au niveau de la souffrance du Christ. »[33]

Le pape laisserait-il entendre, lui aussi, que Dieu se satisfait de la souffrance, se plait en celui qui souffre, et en fait un outil de salut ? Ne sait-il pas combien la douleur physique déchire tout l'être, combien la souffrance écrase et déshumanise ?

Xavier Thévenot s'insurge : « *Comment peut-on dire que ce qui déshumanise est libérateur pour soi et pour les autres, est rédempteur, est en train de continuer à sauver le monde ?* »[34]

Certains, dans un premier temps, s'accrochent encore aujourd'hui à la **valeur rédemptrice de leur souffrance**, comme on s'accroche à une bouée, dit encore X. Thévenot dans le même passage :

> « *Au moins, ce genre de convictions enlève de l'absurdité à mon mal, lui donne un certain sens, même si c'est un sens que je fais, en quelque sorte pénétrer de force dans mon épreuve. Ce qui en moi est source de désespoir, peut devenir espoir pour les autres...*
>
> *Seulement, au bout d'un moment, le doute s'infiltre, sapant quelque chose de cette si belle conviction de foi. J'expérimente que ma souffrance casse mes forces de vie. Elle pèse terriblement sur mon entourage. Dans les cas les plus extrêmes, elle me fait même désirer d'en finir avec mes jours...*
>
> *Alors, la si belle formule : "La souffrance est rédemptrice" m'apparaît dans toute sa fragilité. J'y perçois des côtés pernicieux, parce que j'ai le sentiment qu'elle cherche à dénier la réalité...*
>
> *Mais, paradoxalement, j'éprouve comme une certaine difficulté à m'en détacher, comme si je pressentais qu'elle cherchait à dire quelque chose de vrai...* »

Il faut alors pointer le « court-circuit » du raisonnement. Il faut **dénoncer** fort ce qui, dans les discours religieux, trop explicatifs et justificatifs de Dieu, est piégé et malsain. Les raccourcis de notre langage faussent les conclusions en passant trop vite d'une affirmation à une autre. Ainsi, dire : « *Le Christ nous rachète par ses*

---

33. *La Documentation catholique*, 4/3/1984.

34. X. Thévenot, *Souffrance, bonheur, éthique*, Salvator, 1990, p. 23-24. X. Thévenot est théologien moraliste, professeur à l'Institut Catholique de Paris. Il est l'auteur de nombreux articles et ouvrages, faciles et profondément spirituels. Citons en outre : *Repères éthiques*, Salvator, 1982, et *Les péchés, que peut-on en dire ?*, Salvator, 1983.

plaies » et en déduire : « je suis sauvé ou je sauve le monde par ma souffrance » est un raccourci dangereux. « *Ce qui rachète, ce n'est pas la souffrance en elle-même de Jésus, c'est qu'au cœur de sa souffrance, il a su rester un homme croyant, espérant, aimant* » rappelle X. Thévenot[35]. **Ce qui rachète, c'est l'amour vécu dans sa souffrance et non sa souffrance elle-même. A mon tour, ce qui peut donner avenir à ce que je vis, ce n'est pas la dureté de ce que je vis, mais la qualité d'amour que j'offre à mes frères, au cœur de cela.**

• « Ma souffrance est offrande agréable à Dieu »...

Dans l'Eglise, on a encore laissé supposer **une autre finalité à la souffrance, celle d'être agréable à Dieu.** Il ne serait pas seulement l'« expéditeur » du mal que j'éprouve, il le recevrait comme un cadeau que je lui fais. Lui offrir mes souffrances serait alors en faire un paquetage de valeur, une monnaie d'échange, pour lui faire plaisir.

J'ai de nouveau envie de m'enfuir. Comment de telles absurdités ont-elles pu être acceptées par ceux qui souffraient ? Comment Dieu peut-il trouver goût de vie à ce qui a si fort en moi goût de mort ?

Là encore, **il semble qu'on ait oublié un maillon : celui de l'amour vécu au cœur de la souffrance.** Offrir mes souffrances, ce n'est pas me débarrasser du mauvais sur un Dieu sadique ; c'est ouvrir ma misère à l'amour, parce que je sais combien, dans l'épreuve, mon cœur durcit. Offrir mes souffrances, c'est chercher la main du Christ qui a aimé les hommes jusqu'à la croix.

Je peux alors comprendre le message de Jean-Paul II ci-dessus dénigré. **Ce n'est pas ma souffrance qui me sauve, mais ma souffrance en lien avec celle du Christ.** A ses yeux, **elle n'a pas valeur en elle-même. Ce qui a valeur, c'est l'amour** que j'essaie encore de vivre quand je souffre.

Voilà qui m'ouvre à un grand mystère : pourquoi le Christ a-t-il lui-même souffert ? Pourquoi Dieu l'a-t-il permis, s'il est Dieu ? A première vue, cela semble être une révoltante contradiction... Ou alors, faudrait-il penser tout autrement le mal qui m'arrive, et cesser de faire de Dieu un criminel ! Faudrait-il penser un Dieu qui, lui aussi, souffre ? Faudrait-il penser la souffrance en Dieu ? Cette question, que nous traiterons aux chapitres 5 et 6, m'importe au plus haut point.

35. *Id*, p. 26-27.

Me voilà prêt à parler, à **dénoncer ces théories inacceptables** qui, toutes trois, ont un défaut commun : celui de vouloir investir la souffrance d'un certain sens.

Ces tentatives auraient commis une triple erreur :

— Du point de vue psychologique : elles développent chez l'homme une psychologie doloriste et provoquent des comportements à la limite du masochisme.

— Du point de vue philosophique : on en arrive à une aberration. Si le mal est un manque à être, comme nous l'ont dit les philosophes, pourquoi vouloir lui attribuer à tout prix une valeur positive ? Il semble urgent que dans l'Eglise, on se libère de cette hantise.

— Du point de vue théologique, on a souvent utilisé des raccourcis, oubliant un maillon dans le raisonnement et la bonne compréhension de l'Ecriture : celui de l'amour vécu au creux de l'épreuve[36].

Pour conclure, on discrédite Dieu en voulant le « sauver ». Du coup, on fait le lit des tentatives opposées qui, pour comprendre le mal, nient Dieu. Me voilà tenté de faire de même : le nier moi aussi.

A CAUSE DU MAL, NIER L'EXISTENCE DE DIEU...

La révolte contre Dieu a au moins le mérite de **ne pas nier cette contradiction apparemment évidente : Dieu et le mal.** St Thomas l'avait déjà dit : « *De deux contraires,* disait-il, *si l'un est infini, l'autre est totalement aboli. Or, quand on prononce le mot Dieu, on l'entend d'un bien infini. Donc, si Dieu existait, il n'y aurait plus de mal. Or, l'on trouve du mal dans la monde. Donc, Dieu n'existe pas.* »[37] St Thomas n'est pas devenu athée pour autant. Il s'est empressé d'écarter l'objection en faisant du mal le moyen d'un bien.

En voulant colmater à tout prix la brèche creusée par l'opposition Dieu / mal, l'Eglise nourrit la révolte athée. Ne faudrait-il pas accepter désormais d'assumer cette contradiction en refusant de la nier ?

36. Pour compléter cette explication, lire le chapitre 4 de M. Neusch et le chapitre 1 de X. Thévenot (ouv. cités).
37. *Somme théologique*, Qu. 2, a. 3.

REJET DE DIEU, RÉVOLTE...

« Il est très difficile de croire en un Dieu qui aurait pu empêcher Auschwitz et qui l'a permis.

Auschwitz et d'innombrables autres horreurs !

L'existence d'un Dieu omniscient, omnipotent et qui ferait de l'amour son principe essentiel, est contredite par toute l'histoire de l'humanité. »[38]

Telle est l'argumentation souvent entendue. Telles sont les colères qu'au sortir d'enterrements d'amis morts trop jeunes, nos frères non-croyants expriment (Voir encadré).

Dialogue après l'enterrement d'une jeune maman

Estelle : *« — Je n'ai pas aimé du tout. Je n'ai pas aimé ce que le prêtre a dit. Pour moi, il a endormi la douleur de la famille. Je suis révoltée ; on n'a pas le droit !*
Béatrice : *— Dieu est responsable. Il fallait le dire !*
Je crois moi aussi que tout ce que vous avez dit, vous chrétiens, c'était pour consoler le mari. Remarque, si ça peut l'aider à vivre...
Estelle : *— Mon amie (31 ans) a un cancer du sein. Chimio, opération, chimio... Elle est seule. Personne ne l'aime. Qu'est-ce que tu dis là-dessus ? Qui est responsable ?*
Françoise : *— Emmanuelle vient de dire que Dieu n'est pas responsable de la mort d'Annie. Alors, qui est responsable ?*
Béatrice : *— Tu me disais que Dieu aimait les hommes. S'il les aime, pourquoi leur prend-il leur vie, jeune ?*
Estelle : *— Si l'enterrement avait été plus macabre, plus triste, j'aurais mieux aimé. C'est ce soporifique qui me révolte : la paix, l'espérance. Ça ne respecte pas la souffrance des gens. Moi, j'aurais voulu qu'on crie !*
Béatrice : *— Je ne pensais pas que tu croyais pour être consolée...*
Estelle : *— C'est ce qui est apparu : même le mari semblait consolé. Tu crois qu'il y a quelque chose après la mort ?*
Pierre : *— De quoi parlez-vous ?...*

38. A. Kœstler, écrivain hongrois, né en 1905, auteur du célèbre roman : *Le zéro et l'infini.*

***Estelle :** — On parle de Dieu. Emmanuelle y croit. Vraiment. Ça me scandalise ; il faut qu'on en parle tous.*
***Béatrice :** — Et toi, Noël, qui ne crois pas, comment réagis-tu ?*
***Noël :** — Dans la mesure où je refuse Dieu, cette célébration ne m'a pas heurté. Au contraire, j'ai aimé les chants, les témoignages, le ton, la paix, la foi des gens. Ils souffraient pourtant. Pour moi, Dieu ne peut être responsable de cette mort, ni des accidents de voiture... Je n'implique pas Dieu là-dedans, puisque je ne me pose pas la question de Dieu. Mais je crois qu'une mort jeune peut éloigner de Dieu ceux qui se posent la question. Moi, pas. »*

• **A. Camus**

Albert Camus, écrivain français contemporain[39], choisit la révolte car l'existence humaine est dramatique. **Le mal** qui la déborde est le **signe même de l'absurdité du monde** :

« Le monde est absurde...
Le monde n'est pas raisonnable, c'est tout ce qu'on en peut dire.
Mais ce qui est absurde, c'est la confrontation de cet irrationnel et de ce désir éperdu de clarté dont l'appel résonne au plus profond de l'homme...
A partir du moment où elle est retenue, l'absurdité est une passion, la plus déchirante de toutes. »[40]

Qu'est-ce que l'Absurde pour Camus ?

« C'est l'épaisseur et l'étrangeté du monde, c'est le péché sans Dieu. Il ne peut y avoir d'Absurde hors d'un esprit humain. Ainsi l'Absurde finit-il comme toutes choses avec la mort. »[41]

En homme révolté, Camus clame encore : *« Je refuserai jusqu'au bout cette création où des enfants sont torturés. »*[42]

Il se retourne contre Dieu : *« Si le mal est nécessaire à la création divine, alors, cette création est inacceptable. »* **La seule excuse de**

39. Ecrivain français, 1913-1960, auteur de nombreux ouvrages dont : *Le mythe de Sisyphe* (1942), *L'Etranger* (1942), *La Peste* (1947), *L'homme révolté* (1951), résistant pendant la guerre et éditorialiste au journal *Combat*.
40. *Le mythe de Sisyphe.*
41. *Id.*
42. *La Peste.*

Dieu est de ne pas exister. Dans le mythe de Sisyphe, l'être absurde par excellence est le Créateur. Celui-ci, en effet, se situe dans une contradiction totale. Il admet que sa création « *peut ne pas être* ». Il travaille « *pour rien* », il sait que sa création n'a pas d'avenir. Au nom de la morale, l'homme a le devoir de réfuter catégoriquement ce Dieu.

Mais Camus est honnête, bien conscient que le mal relève aussi de la folie humaine. En 1945, à propos de la bombe d'Hiroshima, il écrit dans *Combat* : « *Nous nous résumerons en une phrase : la civilisation mécanique vient de parvenir à son dernier degré de sauvagerie* »[43].

« Faut-il tenter de vivre ? » C'est la question posée dans le mythe de Sisyphe. Pour s'évader de cette prison, on peut s'étourdir. On peut aussi trouver refuge dans la consolation de la religion, mais cela est manque de lucidité : « *Ce qui vient après la mort est futile.* » Alors, le suicide ? Il a, en effet, quelque chose de logique, puisqu'à l'angoisse humaine, la nature répond par le silence ; l'homme a le droit le plus strict de condamner sa vie en l'engloutissant dans la perte définitive de la conscience. Mais, pour Camus, c'est l'attitude d'un homme « *vexé* ». Ce n'est pas par ce geste négatif qu'il peut s'égaler à la dimension de l'Absurde. Car « *il s'agit de mourir irréconcilié, et non de plein gré. Le suicide est une méconnaissance. L'homme ne peut que s'épuiser et tout épuiser* ».

C'est par l'effort solitaire d'une tension quotidienne qu'il faut donc défier la vie. « *Vivre,* dit-il encore, *c'est faire vivre l'Absurde* ». Il faut donc vivre.

> « *J'exalte ma lucidité au milieu de ce qui la nie. J'exalte l'homme devant ce qui l'écrase.*
> *Et ma liberté, ma révolte et ma passion se rejoignent alors dans cette tension...* »

• Nietzsche

Nietzsche aussi refuse le Dieu des chrétiens[44]. Mais cette inexistence de Dieu n'est pas, à ses yeux, la question décisive. Ce qui le préoccupe est plutôt la véritable servitude spirituelle et

---

43. Cité dans Morvan Lebesque, *Camus par lui-même*, coll. Ecrivains de toujours, Seuil, 1963.

44. Philosophe allemand, 1844-1900, auteur de nombreux ouvrages, dont *Le Gai Savoir, Ainsi parlait Zarathoustra, La volonté de puissance, Par-delà le bien et le mal*, etc.

culturelle dans laquelle la religion tient l'humanité, depuis des siècles[45].

« Où est Dieu ? » demande-t-il cependant, au fil de ses écrits. La violence du monde signe son absence. Dieu serait-il dans le vide, ailleurs, puisqu'il ne touche plus le monde ? *« Dieu est mort. Les hommes l'ont assassiné »* dit encore Nietzsche[46]. **L'homme aliéné par les religions**, courbé sous le poids d'une loi morale dictée par Dieu, devrait, grâce à cette mort, retrouver enfin sa liberté créatrice. En effet, pour lui, le salut par la souffrance-châtiment, que St Paul semble prôner, dévitalise l'homme et le monde de ses capacités de création et de jouissance. Cette sorte de maladie, inscrite dans l'histoire occidentale, doit être guérie.

Pourtant, Nietzsche mesure le danger de la disparition de Dieu. Il constate même que la fin de ce système de pensée ne libère pas pour autant les hommes. Ils se créent de faux dieux.

Il reproche à Jésus de n'être pas allé jusqu'au bout de son « oui » à la vie. Sur la croix, il a été faible, donnant sens à ce qui devait rester non-sens, payant pour les péchés des hommes. Cela engendre chez eux un odieux sentiment de culpabilité, le devoir d'une dette à payer sans fin.

Dès lors, **le christianisme est coupable de vouloir donner sens à la souffrance :** elle est dette à payer pour le salut. Les hommes déplacent ainsi le rêve brisé dès l'origine, vers une fin en Dieu, lieu d'une harmonie. Supprimer ainsi le non-sens de la souffrance est pour Nietzsche scandale.

Pour lui, l'homme peut connaître la joie s'il accepte la souffrance comme absurde. Débarrassé de cette religion mortifère et de sa morale, il devrait retrouver en lui-même la confiance, le goût de la vie, **devenir à coups de volonté un « *surhomme* »,** créateur de ses propres valeurs. Nietzsche prétend ainsi ouvrir la voie à une nouvelle sagesse, capable de défier la religion qui a régné jusqu'ici sur l'humanité. (Voir encadré)

45. *La Généalogie de la morale. Le Crépuscule des idoles.*
46. *Le Gai Savoir.*

Devenir un surhomme : se passer de Dieu

« Tu ne prieras plus jamais, tu n'adoreras plus jamais, tu ne te reposeras plus jamais en une confiance illimitée... ; tu t'interdiras de t'arrêter devant une suprême sagesse, une suprême bonté, une suprême puissance, et de déharnacher tes pensées... ; tu n'auras pas de gardien ni d'ami pour ta septuple solitude... ; tu vivras sans une échappée sur cette montagne qui a de la neige sur la tête, du feu au cœur... ; il n'y aura plus pour toi de rémunérateur ni de suprême correcteur... ; il n'y aura plus de raison dans ce qui se passera, plus d'amour dans ce qui t'arrivera... ; ton cœur n'aura plus nul asile où l'on trouve tout sans rien chercher... ; tu te défendras contre la paix définitive, tu voudras l'éternel retour de la guerre et de la paix : homme du renoncement, voudras-tu te renoncer en tout cela ? Qui t'en donnera la force ? Personne ne l'eut encore !...

Peut-être l'homme ne cessera-t-il de s'élever du jour où il cessera de s'écouler en Dieu. »

Nietzsche, *Le Gai Savoir*, Pensée N°285,
Coll. Idées, Gallimard, 1970, p. 229-230.

Ecoutant Nietzsche, j'ai envie de me taire, de parler aussi, et même de bondir.

Me taire, car toutes ces réponses athées sont nées de théologies ultra-rationnelles, qui ont voulu, hélas, donner explication à la souffrance. On a vu, ci-dessus, ce que cela pouvait produire. Les propos de Nietzsche sont à situer dans ce contexte. Il n'a pu aborder la foi chrétienne que par la morale, faisant de Dieu un tout-puissant arbitraire et capricieux, faisant de l'homme un culpabilisé.

Me taire aussi parce que, quoique Nietzsche ait sans doute mal compris St Paul, il reste certainement le philosophe le plus lucide sur la fragilité et le côté irrationnel du christianisme. Il est bon d'en prendre conscience.

Parler, parce qu'en prônant la liberté humaine enfin épanouie, je ne suis pas sûr que l'homme puisse être le propre libérateur de l'homme. Chargé du lourd fardeau de lui-même et des autres, le surhomme de Nietzsche n'est-il pas voué un jour au désespoir ?

Bondir, parce que, pour moi, pour nous tous chrétiens, vivre la croix par amour n'est pas signe de faiblesse mais de force. **Perdre sa vie par amour n'est jamais faiblesse**. Quels martyrs de notre époque accepteraient cela ? Faire de Jésus crucifié un faible, c'est en faire un suicidé et non un fort, pendu là malgré lui, à cause de son combat contre le mal, au terme d'une lutte sans merci. Ce

Jésus, on le découvrira au chapitre 5, n'était pas le surhomme de Nietzsche ; il était bien plus...

• **Dostoïevski**

Dostoïevski, quant à lui, ne va pas jusqu'à nier Dieu[47]. Mais il refuse de lui donner sa confiance. Un des personnages de son livre, *Les Frères Karamazov*, s'exclame :

> « *Quand même cette immense fabrique* (le monde) *apporterait les plus extraordinaires merveilles et ne coûterait qu'une seule larme d'un seul enfant, moi, je refuse...* »
> « *Ce monde de Dieu, je ne l'accepte pas et, quoique je sache qu'il existe, je ne l'admets pas.* ***Ce n'est pas Dieu que je repousse, notez bien, mais la création,*** *voilà ce que je me refuse à admettre.* »

Il dit encore : « *Très respectueusement, je rends à Dieu mon billet d'entrée dans un tel monde.* »

Désormais, Dostoïevski croira en un principe plus haut : celui de la justice.

• **Que dire de ces rejets de Dieu ?**

De tels discours ne me heurtent pas. Je crois qu'ils sont latents dans le cœur de bien des gens, affrontés à l'absurde de leurs souffrances. **Les croyants n'échappent pas à cette remise en question** fréquente de la crédibilité de leur foi.

Je rends même grâce aux athées de dénoncer sans précautions oratoires les impasses et la perversité de certains discours religieux.

L'idée d'un Dieu maître tout-puissant, justicier, rancunier et pervers, ne résiste pas devant le mal de ce monde. Quand nos amis athées nient l'existence d'un tel Dieu, j'applaudis. **Jamais je ne pourrais croire en ce Dieu-là.** Avec beaucoup, je le nierais (Voir encadré). Je le leur dis.

47. Romancier russe, 1821-1881, auteur de nombreux ouvrages, dont *Crime et châtiment* (1866) et *Les Frères Karamazov* (1880).

Le Dieu auquel je ne crois pas...

« Oui, personnellement, je ne croirai jamais...
En un Dieu qui aimerait la souffrance ;
En un Dieu qui ne se laisserait pas tutoyer ;
En un Dieu arbitre qui jugerait toujours, le règlement à la main...
En un Dieu qui empêcherait l'homme de grandir, de conquérir, de transformer, et de se dépasser, jusqu'à se rendre "presque Dieu" ;
En un Dieu qui se repentirait d'avoir donné la liberté à l'homme ;
En un Dieu qui aurait créé des disciples déserteurs des tâches du monde et indifférents à l'Histoire...
En un Dieu qui refuserait à l'homme la liberté de pécher, de le nier, de le rejeter, et même de le combattre ;
En un Dieu qui serait la cause du cancer, qui enverrait la leucémie, qui rendrait la femme stérile ou qui viendrait prendre pour lui le père de famille qui laisse cinq enfants abandonnés ;
En un Dieu qu'on ne pourrait découvrir dans les yeux d'un enfant, d'une femme parce qu'elle est belle, ou d'une mère qui pleure...
En un Dieu qui ne se serait pas fait homme véritable ;
En un Dieu qui ne serait pas né miraculeusement du sein d'une femme ;
En un Dieu dans lequel je ne pourrais pas, moi, espérer contre toute espérance ;
Oui, mon Dieu, c'est l'autre Dieu. »

R.P. Arias (extraits).

Par contre, leurs discours ne prouvent rien, quant à la réalité de ce Dieu. **Ils ne parviennent pas non plus à prouver l'inexistence du Dieu de Jésus-Christ** que les chrétiens croient révélé, tout autre, dans l'Evangile. Eux non plus ne peuvent en prouver l'existence de façon mathématique. Car nier Dieu, comme l'accepter, est toujours **affaire de foi et non de preuve.** Cela relève un peu du lien amoureux qui lie deux êtres : ils ne peuvent prouver pourquoi leur amour existe mais ils le savent bien réel et ils ne peuvent qu'y croire. Bien sûr, il faut avoir des raisons d'y croire, et cela est important dans un couple comme dans la foi en Dieu. Mais ces raisons ne sont pas des preuves. Ainsi les athées ont de bonnes raisons de réfuter Dieu. Leurs arguments sont à entendre. Mais n'en faisons pas des preuves de l'inexistence de Dieu. Et si je dis, avec l'Eglise, qu'ils se trompent de Dieu, que le Dieu auquel je crois n'a rien à voir avec une idée forgée par les hommes, je dois en donner les raisons. Pour cela, j'ai besoin de découvrir Jésus-Christ et son Père. C'est ce que nous ferons aux chapitres 5 et 6.

Enfin, **les interprétations athées restent sans réponse** sur l'origine de la souffrance qui me terrasse. Elles ne proposent rien non plus quant à sa finalité. Elles ont ainsi le mérite de ne pas vouloir à tout prix donner sens à ce qui reste non-sens. Pour tout cela, je m'incline et j'accueille les cris des révoltés. Leur révolte rejoint la plainte de Job et ses griefs. Elle rejoint ma tenace protestation de chrétien contre le mal de ce monde.

Cependant, **la révolte ne peut me suffire pour vivre**. J'attends de vérifier toute interprétation du mal (philosophique, croyante ou athée) à ce qu'elle produit. Je n'attends pas seulement d'elle qu'elle me fasse tenir dans le non-sens. J'attends qu'elle soit susceptible de faire renaître en moi des forces de vie telles que je puisse être heureux, en dépit du mal.

Dans sa révolte, l'athée est lui aussi conduit à deux types d'attitudes : un certain stoïcisme et la lutte. Qu'en penser ?

UN CERTAIN STOÏCISME...

Freud, psychiatre autrichien, créateur de la psychanalyse[48], n'a pas écrit de traité sur le mal. Sa préoccupation était ailleurs. Pour lui, l'homme modèle est le savant, le scientifique, qui sait les possibilités et les limites de sa discipline. Par attitude intellectuelle, Freud se veut lucide. En cela, il critique tout ce qui sert à illusionner les hommes. Pour lui, **le christianisme est une illusion, mais pourtant, une illusion intéressante**, parce que pourvoyeuse de sens, donc d'espoir, donc de vie pour les masses.

Face au drame de la vie, face *« au cours du destin »*, il propose à l'homme de **prendre conscience de ses possibilités et de ses limites humaines**.

Quant à la mort, **il faut bien l'accepter**, sans pour autant abandonner toute attitude d'affrontement. Freud connaît bien « l'intérieur de l'homme ». Quand la mort frappe une personne que j'aime très fort, il sait que c'est toute ma vie qui vacille. Mon intérêt pour le monde extérieur s'éteint, je n'ai plus de projet. Pour continuer à vivre, explique Freud, je dois laisser faire en moi ce qu'il appelle **le *« travail de deuil »***. Cela va me demander du temps, le temps de continuer à aimer le disparu, tout en me détachant de lui, afin de

48. S. Freud, 1856-1939, est auteur de nombreux ouvrages, dont *Totem et tabou* (1912), *Introduction à la psychanalyse* (1916), *Malaise dans la civilisation* (1929).

retrouver une certaine liberté pour d'autres investissements. Freud a découvert que c'est en se résignant à la perte d'un amour que l'on peut survivre et s'ouvrir à une vie nouvelle. Ces propositions fort intéressantes sont aujourd'hui largement reprises.

Mais que valent-elles quand c'est de ma fin qu'il s'agit ? Quand c'est mon existence même qui va sombrer dans le néant ? Je peux m'illusionner ou me nourrir de la pitié des autres, mais cela n'est pas digne de l'homme lucide :

> *« En ce qui touche aux grandes nécessités que comporte le destin, l'homme doit apprendre à les subir avec résignation...*
> *Que lui importe de posséder de grandes propriétés dans la lune, propriétés dont personne n'a vu les revenus. »*[49]

C'est donc par une sorte de sagesse stoïque et par des efforts pour rendre la vie supportable à ses proches, que l'homme montre sa force d'âme, refusant les illusions d'un faux paradis.

Cette trop sage proposition ne me sourit pas. En moi, quelque chose proteste : un sursaut de vie peut-être ; un désir fou que toutes les pierres d'amour posées sur cette terre prennent une couleur d'éternité ; que ma vie et celle de ceux que j'aime ne sombre pas dans le vide. La résignation athée, un peu stoïque, est respectable : elle peut être art de vivre et source d'une certaine paix.

Pourtant, il me semble qu'à une minute de ma propre fin, je voudrais recevoir la grâce, la force, la joie même de continuer à lutter en homme, en femme debout, de continuer à « être ». Je sais, je ne suis pas à cette dernière minute, et j'en parle sûrement à mon aise. Ce que je dis, ce que j'espère, ne peut qu'être très humble. Mais je peux parler en témoin de gens proches, athées pour certains, condamnés à mourir rapidement : ils sont restés arc-boutés dans la lutte pour vivre jusqu'au bout, ils sont restés des vivants, les yeux ouverts à la tendresse des autres, malgré la profonde solitude qu'ils devaient éprouver. Puisant dans la lutte des forces exceptionnelles, j'en connais certains qui ont même conquis une sorte de goût de vie tout autre, dans le dénuement extrême des derniers moments. J'en connais d'autres, pour qui l'annonce de la mort a renforcé les ressorts physiologiques et leur a donné des heures, des jours, des mois, voire plus, de sursis.

---

49. S. Freud, *L'avenir d'une illusion*, PUF, 1971, p. 70.

Cette acceptation des limites humaines, prônée par Freud, a toute valeur à condition qu'elle n'implique pas fermeture sur soi-même. L'attitude d'« abandon » du chrétien qui remet sa lutte acharnée à un Autre, sans cesser de lutter, est autre chose. Nous en reparlerons au chapitre 8.

La lutte est aussi un chemin proposé par l'athéisme.

LUTTE...

De nombreux athées prônent une lutte sans merci contre le mal.

A. Camus, le révolté, a été un battant, un lutteur. Il sait qu'accuser Dieu est stérile : on y use son énergie à perte. Baisser les bras est aussi stérile. On y perd sa dignité. « *La lutte elle-même vers les sommets suffit à remplir un cœur d'homme.* »[50]

C'est ce que fait le médecin Rieux, héros d'un de ses romans, face à la peste, symbole d'un mal sans raison, qui ravage sa ville et n'épargne aucun innocent. La seule chose qui lui reste à faire n'est pas de se cogner la tête avec ses « pourquoi » sans réponse ; ce n'est pas non plus de se suicider ou de se coucher sur le côté, résigné à la mort. Elle est de retrousser ses manches, sans relâche : soigner jusqu'à en mourir lui-même. Pour Camus, c'est une lutte sans l'espoir illusoire d'un monde meilleur autre part, mais **une lutte pour faire face en homme et barrer la route au mal**, tant qu'il est possible.

C'est ce que font bien des non-croyants qui sont « *un exemple extraordinaire de maîtrise de soi, d'amour et de foi dans la vie* » pour les témoins de leur lutte (Voir encadré).

50. *L'homme révolté*, Gallimard, 1951, p. 481.

« Elle se bat toujours »

« Laure me téléphone mi-juin qu'elle ne pourra pas participer à une réunion FCPE, parce qu'elle est hospitalisée : elle me donne les questions à poser au conseil. Son état est critique. Quelques jours après, j'apprends qu'elle est atteinte d'une leucémie. On lui fait de la chimiothérapie et elle a décidé de se battre coûte que coûte...

Début septembre, elle va mieux et elle accepte de figurer sur la liste FCPE, pour les élections au Conseil d'administration... En novembre, elle a retrouvé son énergie, elle parle d'avenir. Elle resplendit d'espoir et de vitalité. Nous parlons souvent des enfants... Nous sommes heureux, nous pensons très fort à la guérison.

En décembre, son cas s'aggrave ; elle reste à l'hôpital un mois et demi. En janvier, nous lui rendons visite avec deux autres collègues. Elle est aux soins palliatifs : elle ne parle plus de la greffe qui était prévue, mais elle se bat toujours. Elle a planifié ses vacances. Elle prépare le voyage de son grand garçon pour l'Amérique. Elle sourit, elle espère, elle est sereine.

Fin janvier, elle rentre chez elle. Je vais la voir et nous passons l'après-midi ensemble. Nous allons même nous promener au soleil. Elle goûte un bonbon de chocolat qu'elle a de la peine à avaler. Elle se bat toujours, malgré son état qui a empiré. Elle porte une perruque, elle est très amaigrie. Son teint est pâle, mais ses yeux brillent comme avant sa maladie.

Quelques jours après ma visite, elle décède.

Cette maladie, Laure l'a acceptée. Elle n'a pas été révoltée mais elle s'est battue jusqu'au bout, en mettant toutes les chances de son côté. Elle s'est laissé soigner sans se plaindre, mais elle n'était pas résignée. Quand nous avions un contact téléphonique ou que nous allions la voir, c'est elle qui nous remontait le moral, car elle possédait une force intérieure extraordinaire. Elle a résisté avec courage et lucidité aux assauts de la maladie. Elle pensait aux autres. Elle était aux petits soins pour son entourage et je me demande où elle trouvait la force de se lever et d'offrir à qui un sourire, à qui un café ou un gâteau, alors qu'elle était au bout de ses forces. Elle souriait, son air était serein ; elle semblait avoir la tranquilité d'esprit, alors qu'elle souffrait dans son corps, puisqu'on lui administrait de la morphine ou de la cortisone.

Laure nous a donné une leçon d'humilité devant l'existence. Nous l'admirions beaucoup. Quand je pense à elle aujourd'hui, j'ai l'impression qu'elle ne nous a pas quittés. Pourquoi ? Peut-être parce qu'elle ne voulait pas s'en aller...

Je suis heureuse, quelque-part au fond de moi, d'avoir parcouru avec elle un peu de son chemin final. A ses enfants, elle a laissé un exemple de maîtrise de soi extraordinaire, un amour maternel et une foi dans la vie qu'ils ne pourront pas oublier.

Elle n'était pas croyante mais elle croyait en la science, en l'homme et en la vie. »

Elodie (non-croyante).

Ce qui fonde un tel acharnement à vivre et à lutter est pour A. Camus la dignité de l'homme :

> « *Rien n'est donné aux hommes et le peu qu'ils peuvent conquérir se paie de morts injustes.*
> *Mais la grandeur de l'homme n'est pas là. Elle est dans sa décision d'être plus fort que sa condition.*
> *Et si sa condition est injuste, il n'a qu'une façon de la surmonter, qui est d'être juste lui-même.* »[51]

C'est sur ce terrain de la lutte sans merci, contre toutes les formes du mal, que peut se faire la rencontre athées / chrétiens. Ce qui nous unit, c'est le service de l'homme, pour nous-mêmes et pour nos descendants, dans cette vie terrestre. Ce qui nous sépare, c'est une grande question : ce service a-t-il un avenir éternel en Dieu, au-delà de l'homme lui-même ?

51. A. Camus. Editorial du journal *Combat* lors de l'arrivée des premiers tanks du Général Leclerc, août 1944.

Chapitre 4

D'UN SENS À CHERCHER À UNE DIRECTION À PRENDRE...

Silence... Je vous en prie, silence !

C'était le cri de Job à ses amis beaux parleurs. C'est le mien aujourd'hui.

Tous ces essais de consolations, de justifications et d'explications sans fin sur l'origine du mal, toutes ces quêtes de sens des philosophes, des « religieux », ou des athées, m'importent certes. Je les trouve essentiels. En tant qu'homme ou femme doué de raison, j'ai le devoir d'appréhender cette question avec ma tête. Mais mon cœur a mal, et les discours se sont tout doucement distanciés de ma propre question : ma souffrance a-t-elle un sens ?

Alors, silence, pour un temps, s'il vous plaît ! Sinon, je vais me perdre dans le désert du sens. Or, c'est de vivre que j'ai besoin !

Comme Job, je ne sais plus que penser. A qui me fier ? A ceux qui violent l'homme en voulant « sauver » le nom de Dieu ? Surtout pas ! Aux autres qui défigurent le Dieu de Jésus-Christ en voulant « sauver » l'homme ? Pas davantage !

Ces débats me confirment que les convictions des uns et des autres ne sont pas que pure idée. Elles restent travaillées par le drame de l'existence et, en cela, elles sont fragiles.

Qui croire ? D'ailleurs, parlent-ils tous du même Dieu ? J'en suis de moins en moins sûr. Comme Job, j'attends un face-à-face avec Dieu. Qu'il m'écoute, qu'il s'explique ! Qu'il débusque les fausses théories, celles qui paralysent ma marche. Lui seul pourrait le faire.

Mais lui, il se tait.

Alors, que faire quand le sens de ma vie bascule ?

Surtout, ne rien conclure sur la recherche d'explications. Parce que le sens fuit. Parce que les conclusions trop bien bouclées sur l'origine du mal frisent, elles aussi, le non-sens. Mais, sans étouffer pour autant ma quête de comprendre, chercher plutôt un sens dans l'avenir. Me laisser interroger par une nouvelle question : « Que vas-tu faire de ta vie ? » Passer du sens-explication au sens-direction. Mais auparavant, faire le point.

L'EXCÈS DU MAL

Les philosophes, les « religieux » et les athées, se sont tous posé la même question, nous l'avons vu. Qui peut être coupable de l'excès du mal qui déborde en ce monde : Dieu, l'homme ou qui encore ? Il est temps de faire le point, non pour conclure, mais pour quitter les impasses et marcher.

CE N'EST PAS DIEU LE COUPABLE, ET POURTANT...

Nous l'avons dit, les hommes de tous temps ont du mal à cesser de faire de Dieu un coupable. Coupable de n'être pas bon : d'avoir inventé la douleur, la souffrance et la mort. Coupable de n'être pas juste : de punir le pécheur et de ne pas épargner l'innocent. Coupable de n'être pas puissant : de ne pas savoir, en son ciel, appuyer sur les bons boutons de commande.

• Job

Les croyants les plus solides ont du mal à ne pas douter. Assis sur son tas d'ordures, Job crie : « *Devant Dieu, je suis terrifié ; plus j'y songe, plus il me fait peur.* »[1] C'est par un véritable « *travail de deuil* », dirait Freud, que ce vieil homme va parvenir peu à peu à se dégager de l'idée d'un Dieu coupable de son mal, et à le découvrir proche de lui, quasi paternel. Alors, il pourra aimer Dieu « pour rien ».

Rappelons-nous ! Après avoir cessé de discuter avec les théologiens vaniteux qu'étaient ses amis, il a convoqué Dieu à une ultime comparution. Mais celui-ci répond d'abord par le silence, un silence pesant, qui semble signer son absence. Serait-il indifférent aux vociférations de son serviteur ? Job, en effet, hurle :

> « *Je crie vers toi et tu ne me réponds pas.*
> *Je me présente sans que tu me remarques.*
> *Tu es devenu cruel à mon égard.* »[2]

Il a besoin de vider son sac, comme je le fais peut-être moi-même dans ma prière.

Au lieu de se justifier, Dieu le prend rudement à partie et le sermonne :

1. Job 23, 15.
2. Job 30, 20-21.

« Où étais-tu quand je fondais la terre ?
Parle, si ton savoir est éclairé...
Qui en fixa les mesures, le saurais-tu ?...
Qui enferma la mer à deux battants ?...
As-tu une fois dans ta vie commandé au matin,
assigné l'aurore à son poste,
pour qu'elle saisisse la terre par les bords
et en secoue les méchants ?
As-tu... circulé au fond de l'Abîme ?
Les portes de la mort te furent-elles montrées ?
As-tu quelque idée des étendues terrestres ?
Raconte, si tu sais cela ? »[3]

Ainsi Dieu invite Job à une promenade à travers sa création. Le patriarche va-t-il pouvoir contempler la sagesse et la puissance de Dieu ? Dieu ne saurait-il pas que cet homme exténué n'est pas en état de voir le monde beau ? Manquerait-il à ce point de psychologie ?

Non, puisque Job parvient à ouvrir son regard. Tout semble être à sa juste place : l'aurore, la mer, les animaux... La création semble belle. Job comprend la leçon : **le monde, tel que Dieu l'a voulu, n'est pas absurde, même si le mal existe.** N'étant pas né lors de la création, comment peut-il juger du secret des choses ? Comment a-t-il pu, à ce point, se prendre pour Dieu ?

Ramené à la modestie, Job ne peut que se taire :

« J'ai parlé à la légère
Je mettrai plutôt ma main sur ma bouche[4]*...*
Je ne te connaissais que par ouï-dire,
mais maintenant mes yeux t'ont vu[5]*. »*

Il cesse de récriminer. Pourtant, sa demande d'explication du mal reste sans réponse et ses souffrances sont loin d'être soulagées. Mais, surmontant son doute, il abandonne sa quête théorique (« qui est responsable du mal ? ») et se retrouve, du coup, en attitude de disponibilité, de confiance ; nous dirions aujourd'hui de « pauvreté spirituelle ». C'est alors que ses yeux s'ouvrent et que le visage de Dieu lui est révélé.

3. Job 38 ; 39.
4. Job 40, 4.
5. Job 42, 5.

Dieu n'est pas contre lui ! Il n'est pas compromis avec son mal. Il n'est pas du côté de ses amis qu'il vient de blâmer, hommes pourtant vertueux et bons théologiens. Trop sûrs de leur science, ils n'ont pas su quitter la question abstraite pour un peu de compassion. Ils ont voulu flatter Dieu et même l'innocenter par leurs réponses bien cadrées. Mais, ce faisant, ils ont perdu le sens de l'homme. Car l'homme qui souffre n'a que faire d'explications[6]. La seule réponse à la souffrance est silence, écoute, lutte contre elle. C'est la découverte de Job, au creux de sa détresse. C'est aussi l'expérience du souffrant ou de l'accompagnant.

Job fait une autre découverte de taille : **Dieu est du côté de celui qui souffre**, même si, n'en pouvant plus, il se révolte. Pourtant, Dieu semble connaître tous les secrets de cette terre. Il semble aussi savoir d'où vient le mal, même s'il en est innocent ; Job l'a compris. Alors, un mystère demeure : Pourquoi ce Dieu bon laisse-t-il l'homme à ses questions, sans rien lui dévoiler ? Pour Job comme pour moi, voilà une discrétion bien déroutante...

Cependant, **Dieu n'est pas hostile à la plainte et à la colère de l'homme !** Il ne la condamne pas, comme il a condamné les beaux discours des amis. En effet, le cri de la révolte et de la souffrance sont encore l'expression de la vie, du désir de vivre. Ce qu'il blâme, c'est que Job souffrant s'enferme lui aussi dans ses questions de sens : il y perd sa passion pour la vie et son goût de la lutte pour combattre le mal. Or, lui Dieu, a la passion d'un homme vivant ! Alors, loin d'être impassible quand Job souffre, il prend en compte son angoisse et sa révolte. Il sait que, tout en le combattant, l'homme ne le lâche pas mais établit avec lui un lien, une communication, une prière.

L'expérience de Job rejoint peut-être la mienne et celle des croyants en lutte contre le mal. Tout en renonçant définitivement à faire de Dieu un coupable, **je me permets parfois de lui intenter un procès.**

— Ce procès est un grand cri, une grande question, une grande attente.

— Il est aussi une confiance, une foi : si Dieu a un dessein, ce n'est pas celui du chaos.

— Il est occasion de redécouverte des merveilles insoupçonnées d'une création encore belle, parce que mon regard s'est ouvert.

— Il est une rencontre de Dieu douloureuse et pourtant joyeuse, les deux à la fois. Ce que je sais de lui, *« ce n'est pas par ouï-dire »* disait Job. Je me rends à lui non par résignation, mais par amour.

6. Voir Job 6, 25 et suivants.

— Ce procès débouche sur un non-savoir, sur une grande interrogation, mais il est, pour Job comme pour moi souffrant, une nouvelle orientation. Le cœur changé, je peux dire à Dieu cette phrase de Jérémie : « *Tu m'as séduit, Seigneur, et je me suis laissé séduire.* »[7] Sans compréhension totale. Sans exigences de garantie. Mais ce cri que je lui adresse encore devient un cri d'amour.

Job m'apprend cela : mon cri de révolte et ma confiance ne sont pas contradictoires. Ils sont tous deux une prière qui espère, une foi en un Dieu déroutant mais non coupable (Voir, en encadré, un cri d'aujourd'hui).

Tu ne m'abandonnes jamais

« Seigneur, dans la perte de mes convictions,
tu es toujours resté un fil conducteur.
Tout s'effondre... Et il y a Toi.
Tu restes présent, tu me rencontres,
puisque je ne vais plus te visiter.
Tu restes une raison de vivre.
Pas mon « opium », ni une roue de secours
utilisée de temps à autre.
Mais, au cœur de la déprime, dans ma détresse,
tu ne m'abandonnes jamais.
Même si je me contente de penser à toi
sans pouvoir te dire un mot,
par ton amour, tu arrives à communiquer,
dans mon silence, dans mes pleurs.
Je me traînais dans la poussière
d'une vie qui se perd.
Tu m'as prise dans tes bras.
Je m'y suis blottie.
J'ai accepté ma nudité.
Tu m'as dit :
"Je t'aime, va sur la route des hommes,
Je ne te laisserai jamais".
Merci Seigneur. »

Madeleine.

7. Jr 20, 7.

Cesser de faire de Dieu le responsable de tous mes maux, le pervers, le criminel, le rancunier ou le tout-puissant installé aux manettes du monde, est pour moi libérateur.

Et pourtant, je reste travaillé par le mystère non levé : pourquoi le mal rôde-t-il autour de l'existence humaine la plus innocente. Pourquoi le mal physique est-il inscrit dans la chair humaine ? S'il ne vient pas de Dieu, d'où vient-il alors ?

• Et pourtant... Dieu permet le mal

Dieu peut-il être totalement innocenté ? C'est ce que s'écrie un souffrant :

> *« Ne me dis pas, Seigneur, que tu n'y es pour rien du tout ! Si tu es Dieu, tu dois bien y être pour quelque chose. Non que tu aies prévu ou créé l'avènement du mal, en créant un monde mauvais. Non, je crois que tu as voulu un monde beau et bon pour l'homme. Mais, le mal, tu l'as tout de même bien permis, en ne faisant rien pour qu'il n'existe pas ! Je ne sais si tu n'as pu ou si tu n'as voulu rien empêcher... Ce que je sais, c'est qu'***il est difficile de parler de ton innocence absolue...*** Comme Job, je voudrais bien comprendre la souffrance innocente qui touche ma voisine, mon bébé, tel ou tel pays tout entier, des tas de justes de par le monde.*
>
> *Dis-moi encore : pourquoi as-tu fait un monde inachevé ? Pourquoi as-tu accepté que nous fassions route dans un monde imparfait où la haine engendre des camps de concentration et où l'absence de pluie fait dépérir des nouveaux-nés ? Enfin, pourquoi as-tu permis que tes enfants bien-aimés, les hommes et les femmes de cette terre, aient un cœur de pierre, un cœur responsable du mal ? »*

L'HOMME EST RESPONSABLE, ET POURTANT...

• Adam et Eve créés responsables dans un monde beau...

J'aime bien qu'on me raconte cette vieille histoire d'Adam et Eve, écrite en deux temps, à quatre siècles d'intervalle, dans le langage symbolique et poétique d'il y a environ 3 000 ans[8].

Aux chapitres 2 et 3, nous avons déjà fait un bout de chemin avec ces deux êtres, figures de l'humanité pécheresse, installés par Dieu dans un monde créé beau pour leur bonheur. Mais, se coupant de lui, ils ont connu larmes et sueur.

8. Genèse 1, 1 - 2, 3 et 2, 4 - 3, 24. Pour en savoir plus, on peut lire une étude brève dans le *Cahier Evangile* N°4 : « Homme qui es-tu ? ».

Ce récit, dit « récit de création », peut nous surprendre. Comment l'auteur biblique pouvait-il savoir ce qui s'est passé lors de la création ? Comment concilier ses réponses avec la science : Adam et Eve n'ont jamais existé, l'homme est bien apparu par évolution ? Comment croire à cette création du monde en six jours ? Enfin, cette histoire de fruit, est-elle oui ou non une histoire charnelle ? L'appétit de la chair serait-il un mal ? Et qu'est-ce que toute cette imagerie : un arbre de la connaissance du bonheur et du malheur, un arbre de la vie, un serpent ?...

Voilà un récit qui heurte ou fait sourire. Un groupe de chrétiens et de non-croyants, réunis un jour pour dialoguer sur la question du mal et de la souffrance dans leur vie, ont choisi de s'aider de ce grand texte de l'humanité. Avant de le travailler, ils ont jugé bon d'exprimer ce qui les scandalisait à toute première lecture. La démarche n'est pas sans intérêt. Elle permet, après coup, de saisir qu'un texte biblique n'est pas facile à interpréter correctement. Voilà en vrac ce qu'ils ont exprimé :

— Sur le rapport homme-femme : « *Quelle idée de la femme est donnée là, soumise à l'homme, tentatrice ! Je n'accepte pas !* » « *Les croyants de cette époque ont voulu justifier le système social dans lequel ils vivaient.* » « *Pourquoi la nudité de la chair serait-elle honteuse*[9] *?* »

— Sur le rapport homme-Dieu. « *Dieu place la tentation à portée de leurs mains*[10] *: il est vicieux.* » « *Il punit parce qu'ils n'ont pas écouté sa mise en garde : il est vengeur.* » « *Il craint qu'on devienne aussi fort que lui : il est paternaliste et, de plus, avide de pouvoir*[11]. »

— Sur le mal : « *Pourquoi Dieu n'a-t-il pas créé uniquement un arbre du bonheur ?*[12] » « *Qu'a-t-il eu besoin de faire un arbre du malheur ?* » « *Le serpent... Il est fait par Dieu : le texte le dit*[13]. »

A première vue, j'ai du mal à prendre au sérieux cette première lecture. J'ai du mal aussi à sortir du schéma « Dieu grand manitou ». Ce texte me met mal à l'aise. J'ai besoin de savoir comment il a été écrit.

En fait, **ce n'est pas une histoire**, comme celles qu'on raconte à nos enfants pour les endormir. **C'est un acte de foi** écrit par des gens, marqués par leur histoire : ils ont besoin de comprendre leur

9. Voir Gn 3, 7.
10. Voir Gn 2, 9.
11. Voir Gn 2, 17.
12. Voir Gn 2, 9.
13. Voir Gn 3, 1.

existence. Ils ont fait l'expérience de ce mal moral dont ils se reconnaissent responsables et de cet autre mal incompréhensible qu'ils subissent. Ils cherchent le pourquoi des choses : pourquoi la vie ? Pourquoi cette vie est-elle marquée par le mal, la souffrance et la mort ?...

Pour ce faire, pour comprendre ce qui leur arrive, **ils méditent sur le présent, ils en tirent des conclusions et les projettent en arrière sur le commencement du monde et de l'humanité.**

L'auteur biblique fait comme moi, comme nous, quand je veux saisir une question vitale : il part de son expérience et de celle de son peuple. Il n'écrit pas de façon neutre : il dit aussi sa foi.

Ainsi, le texte de la « création du monde » est directement inspiré de l'expérience que fait ce peuple lors de la sortie d'Egypte : **si Dieu a été capable d'agir en sauveur** dans cette histoire singulière, c'est qu'il est vraiment **le créateur de l'humanité, et qu'il l'a voulue libre.** Telle est la première pointe de ce « récit d'origine ».

Revenons donc rapidement à cette histoire de l'Exode. Déporté en Egypte, le peuple vient de faire l'expérience exceptionnelle d'un Dieu proche : c'est lui qui, au creux de la domination étrangère, l'a tiré de ce pays d'esclavage et l'a constitué peuple de Dieu. Fort de cette lumière, les rédacteurs ont la vision du début de la création : c'est Dieu qui a créé l'homme sur la terre. De la poussière du sol, il a créé Adam (ce mot « Adam » veut dire l'« humain »). Il lui a insufflé son haleine de vie, pour qu'il soit une personne vivante, capable d'entrer en relation avec lui, à la différence des animaux. Il lui a donné un vis-à-vis, la femme, capable de dialoguer avec lui, afin qu'il ne soit pas seul. *« Os de ses os, chair de sa chair »*[14] elle est, de nature, son égale, *« afin qu'ils deviennent une seule chair »*. Pour le rédacteur biblique, cette unité du premier couple symbolise l'unité du genre humain, solidaire vers un même destin. Ainsi commence le deuxième récit de la création[15].

C'est Dieu aussi qui, après l'Egypte, a introduit ses enfants en Canaan, afin qu'ils s'y installent et en jouissent. Calqué là-dessus, le récit d'origine continue. Dieu installe Adam et Eve dans un beau jardin. Ils ont la tâche de jouir de cette nature non hostile, de la cultiver en devenant des jardiniers responsables, de donner identité aux animaux et de les maîtriser, bref, d'être heureux.

14. Gn 2, 23.
15. Gn 2, 4-3, 24.

Par cette description paradisiaque, l'auteur tient à mettre Dieu créateur hors de cause : **le bon, le beau, le bien, voulus par Dieu pour le bonheur de l'homme, sont antérieurs au mal.**

• Le drame de la responsabilité et de la liberté...

L'histoire se poursuit, calquée encore sur l'expérience de l'Exode. Le peuple installé en Canaan a peu à peu découvert que cette « Terre promise » n'était pas le paradis rêvé. Pourtant, au Sinaï, Dieu avait remis ses commandements à Moïse : des codes de loi pour aider l'homme à vivre en homme, histoire de lui rappeler qu'il n'est pas dieu, qu'il a à rester en communion de vie avec son créateur. Israël savait que s'il les observait, s'il ne coupait pas le lien avec Dieu, il vivrait heureux et paisible dans cette terre. Mais s'il les violait, s'il rêvait de grandeur et d'idolâtrie, il perdrait ce pays. C'est ce qui s'est douloureusement passé.

Dans sa méditation, le narrateur projette le drame de la liberté aux origines de la vie, dans ce paradis terrestre créé par Dieu. En images, il présente ce drame que, chaque jour, notre liberté nous fait vivre : la création est confiée à la responsabilité de l'homme. C'est lui qui en est l'artisan, le créateur à sa manière. Mais s'il oublie le souffle de Celui qui le lui a remis, s'il croit qu'il a la vie totale par lui seul, il n'est plus que « adama » c'est-à-dire poussière.

C'est pourquoi le récit nous présente Dieu mettant l'humanité en garde : « *Tu peux manger de tous les arbres du jardin. Mais l'arbre de la connaissance du Bonheur et du Malheur, tu n'en mangeras pas. Car le jour où tu en mangeras, tu mourras de mort*[16]. »

Cet arbre de la connaissance du Bonheur et du Malheur n'a, bien sûr, rien à voir avec la botanique. Il est là **pour symboliser le drame de notre liberté.** Je fais de même lorsqu'à mon enfant je rappelle : « Fais gaffe, tu as la garde de la maison. En mon absence, fais tout ce que tu veux ; mais si tu touches le feu, tu vas te brûler. Si tu ne tiens aucun compte des garde-fous que je te donne, tu auras mal. Ce mal sera le produit de ton libre choix. »

Telle est la deuxième intention de ce récit de la Genèse : **l'homme est créé responsable** dans un monde beau, où le bien en plénitude est cependant inaccessible. Pour symboliser cette idée, le texte place des anges chargés de garder le jardin... L'homme n'est pas dieu. Il rêve certes d'atteindre « *l'arbre de vie* » car il a en lui le désir de ne pas mourir ; mais c'est un rêve inaccessible. L'homme

16. Gn 2, 16-17.

n'a pas la vie totale. Il doit s'accepter limité, créé. Il ne peut non plus, par caprice, décréter seul ce qui est bien ou mal.

Mais, ai-je envie de rétorquer, pourquoi n'ai-je pas tout, ne suis-je pas tout ? Ce texte rappelle **alors quelque chose de fondamental et d'aride à la fois : Dieu me fait don de ma liberté.** Voilà une pierre d'achoppement avec bien des amis incroyants. Comment leur expliquer qu'il me fait ce **don par amour**, pas pour me « coincer » mais **pour me faire grandir ?** Pour faire de moi un homme, un vrai, en relation réelle avec lui et non un soumis, un objet même, une marionnette dans ses mains. Un peu comme moi qui laisse ma grande fille vivre sa vie affective à sa manière... Je ne la ficelle pas sur une chaise pour l'empêcher de... ou de... Je dialogue avec elle quand c'est possible, je pose quelques repères... A elle de s'en servir ou non et d'inventer les siens. Je ne lui éviterai pas de souffrir, mais par là, je crois que je la laisse vivre. C'est ma manière de l'aimer, plus, mieux, que si je la sur-protégeais pour lui éviter de choisir et de souffrir. C'est ma manière de l'aider à devenir adulte, femme. Voilà qui peut m'aider à mieux comprendre le projet de Dieu : faire de nous des hommes et des femmes libres. Mais, pour que nous devenions toujours plus libres, il nous invite à être des « dépendants de lui ».

Comment comprendre et faire partager une telle notion de la liberté ! Cela peut sembler paradoxal. Et pourtant, la Bible définit la « dépendance » comme un lien et non comme une soumission à une obéissance aveugle. Alors, être « dépendant » de Dieu, c'est être relié à lui dans l'amour et la confiance. Chacun des deux partenaires, Dieu et moi, pouvons rester nous-mêmes, chargé de notre propre champ de responsabilité.

Voilà qui balaye en moi mes rêves d'un Dieu plus proche de mes désirs ! Voilà qui me déroute. C'est pourtant ce Dieu déroutant que je puis aimer (Voir encadré).

Tu n'es pas le « Bon Dieu » ... Tu es beaucoup mieux...

« Toi,
si tu étais le "Bon Dieu" de Brel,
tu ferais certes valser les vieux aux étoiles,
tu allumerais bien des bals pour les gueux...
Mais encore...
Tu rassasierais de manne les affamés de Somalie...
Tu inonderais de pluie les feux de la guerre...
Tu donnerais des recettes aux combattants du chômage...
Mais encore...
Tu maîtriserais les cataclysmes cosmiques,
Les anarchies cellulaires ou chromosomiques,
Les affrontements multiples nés de nos diversités.

Et alors ?...
Il n'y aurait plus de désespérance
dans les yeux des exclus et des tout-nus ?
Il n'y aurait plus de peur aux tripes
dans le ventre des militants ou des mourants ?
Il n'y aurait plus de haine
dans les prunelles de ceux qui aiment
trop, trop mal, trop peu ?

Tu serais le maître !
Le maître de l'univers,
le maître de l'histoire,
le maître de nos vies,
Le maître de nos libertés !

Et moi, je te haïrais!
Je dresserais contre toi
tout ce que tu m'as donné :
cette liberté...
d'aimer ou de mal aimer,
de créer ou de rêver,
de construire ou de détruire,
de chanter ou de pleurer.
Et je ferais de toi un grand feu de bois...

Mais Toi, tu n'es pas le "Bon Dieu" de Brel...
Toi, tu es beaucoup mieux !
Toi, tu t'es fait homme
et tu me "fais" femme...
Toi, tu t'es fait Père
et tu me "fais" enfant...
Toi, tu nous fais acteurs et frères. »

Pascale.

Mais Dieu, que **cette liberté est lourde à comprendre et à porter !** Après Israël, après tous ces Adam et toutes ces Eve, je mesure au quotidien le drame des choix libres. Je rêverais parfois d'être une marionnette dans la main de Dieu, déchargé de ma conscience, car je sais trop combien mes choix, souvent « tordus », sont causes du mal, dans ma vie affective, physiologique, professionnelle ou sociale... Comme pour Adam et Eve, j'en connais les cicatrices irrémédiables : un rapport à la nature blessé, marqué par la peine[17] ; une solidarité entre hommes, cassée par la convoitise et la domination ; un don de soi entre partenaires altéré[18] ; une connaissance obscurcie. La nudité misérable et la honte, signalées dans le texte de la Genèse, deviennent signe de nos consciences blessées par le libre choix du mal[19].

Seigneur, avec nous, tes pauvres enfants, tu as fait un pari fou ! Nous confiant la maîtrise de ta création, nous rendant responsables de la vie, tu as couru le risque qu'en voulant jouer à Dieu, nous la cassions, le risque qu'un jour nous te refusions ! Combien de malheurs nos négligences, nos imprudences et notre inconscience collective ont-ils engendrés ! (Voir encadré).

Un péché collectif...

« La maladie n'est pas un hasard, une loterie, de la chance ou de la malchance, un coût inéluctable du destin. La maladie est l'effet d'une cause. Les accidents du travail ne sont pas inévitables. Ils sont le résultat d'un mépris de la personne, de la recherche du plus grand rendement et du plus grand profit, du peu de cas qu'on accorde à la sécurité, par rapport à la production et à l'appât du gain.

Les accidents de la route ne sont pas un fléau sans remède. Ils sont le résultat d'une civilisation qui conduit de plus en plus de personnes à se déplacer dans une voiture individuelle....

Le résultat de toutes ces entreprises qui veulent faire du profit en transportant sur les routes par camion ce qui pourrait l'être par le rail... De la politique qui délaisse les transports collectifs et laisse un monstrueux développement du véhicule individuel embouteiller les routes et provoquer des catastrophes.

17. Gn 3, 17-19.
18. Gn 2, 18, 22-24 ; 3, 16.
19. Gn 2, 25 ; 3, 7.

Nous laissons en plus ces millions de moteurs polluer l'air, rendre les villes invivables, et nous y contribuons par notre propre voiture...

Nous laissons l'industrie polluer l'atmosphère par des tonnes de gaz carbonique et de vapeurs toxiques...

Nous laissons l'industrie alimentaire dénaturer notre nourriture par d'innombrables produits chimiques, nocifs pour la plupart, pour la conservation, le goût, la forme...

Nous laissons polluer la stratosphère par des explosions nucléaires dont les déchets accumulés de strontium 90 et de carbone 14 provoquent, depuis des années, quinze cent décès supplémentaires par leucémie tous les ans...

Tous ces terrains sont les terrains d'un péché collectif contre la santé dans lequel nous sommes engagés, bien malgré nous, par la méconnaissance que nous en avons, l'indifférence ou l'inaction.

Tous ces terrains ont pour origine le profit et l'appât du gain, on y retrouve l'égoïsme individuel et collectif sous toutes ses formes...

Ce n'est pas Dieu le responsable qu'il faut interpeller, et que tant d'hommes et de femmes éprouvés par la maladie interpellent à tort. C'est l'humanité et chacun d'entre nous.

F. Krumnow, ***Croire ou le feu de la vie,*** Ed. Ouv. 1975, p. 135-136.
Il écrit cela alors qu'à 47 ans, il est en train de mourir d'un cancer.

J'ai du mal, Seigneur, à comprendre totalement ton projet de création dans la liberté. Dans ta tendresse infinie, aurais-tu choisi de ne pas te centrer sur toi seul ? Aurais-tu voulu ainsi, par amour, créer, et créer autre chose que toi : un monde et des hommes différents de toi ? On dit que se décentrer ainsi et créer ainsi est le sommet de l'amour. A l'intérieur du beau, tu as alors risqué l'imparfait. Et parce que tu nous aimes, parce que tu nous respectes, toi, tu n'interviens pas ! Tu cours des tas de risques pour cela... Je me demande parfois si tu ne t'impatientes pas, si tu ne souffres pas, si tu ne pleures pas. Je le crois souvent. Mais la Bible dit aussi qu'en l'homme, tu as une immense confiance : tu l'as créé avec plein de potentialités pour accomplir de belles choses ; tu lui as donné la liberté, une grande bonté, au creux d'une grande méchanceté... C'est pourquoi le mal dont nous sommes responsables nous fait si mal.

• Et pourtant, l'homme n'est pas totalement responsable...

Et pourtant, peut-on imputer tout le mal du monde à l'homme ? Faisant le point en ce chapitre, il est bon de réaffirmer que tous les maux de cette terre ne commencent pas avec lui. Ils ne sont pas tous les fruits des défaillances de sa liberté. Il existe bien un « excès du mal », lié à la structure même de ce monde, sans qu'on puisse pour autant dire que ce monde est mauvais.

C'est sur cet excès du mal que les hommes butent sans fin dans leur raison et leur foi : extérieur à Adam, extérieur à moi, est-il extérieur à Dieu même ? Non qu'il faille innocenter l'homme en totalité, mais il est nécessaire de le libérer de ses excès de culpabilité. Pour moi, il est temps aussi que mon cri de souffrant quitte l'impasse des « pourquoi » insolubles.

L'EXCÈS DU MAL...

Ces vieux croyants de la Bible ont connu l'impasse... Pour l'exprimer avec peu de mots, ils ont introduit **un serpent** dans leur récit. Cet animal mauvais, rusé, séducteur, hostile à l'homme, et à travers lui, hostile au dessein de Dieu, symbolise cet excès du mal incompréhensible, avec lequel au quotidien, l'homme est aux prises. Il est celui de mon expérience familière qui, déjà là, en moi, me place en affrontement permanent entre le bien et le mal, en « combat spirituel ».

C'est lui, le reptile « *astucieux* », créature présente parmi les autres créatures dès le jour de la création, qui vient contredire auprès d'Eve ce que Dieu leur a commandé. Dans ce beau jardin, il apparaît comme **l'adversaire de Dieu.** Etait-il bon au départ, déjà mauvais ou seulement « *le plus astucieux* » des créatures de Dieu, comme dit le texte ? On ne sait. Mais sa présence suggère deux choses : d'abord, l'existence d'un mal non fatal, pour une part conséquence de nos choix d'hommes, puisque Eve aurait pu dire non au serpent. En même temps, étant là, mauvais dans le jardin, il apparaît comme « *un irrationnel* » : celui « *qui aurait pris au dépourvu l'homme mais aussi Dieu* »[20]. Le texte de la Genèse pressent cela... Après qu'il eut trompé la femme, Dieu dit au serpent : « *Parce que tu as fait cela, tu seras maudit...* », comme si Dieu n'avait pas prévu qu'une de ses créatures créée libre puisse faire cela. Si l'on peut dire, **le mal échapperait ainsi à Dieu et à l'homme :** « *il appartiendrait au serpent-énigme. Il est posé en termes d'accident ou de malheur* », arrivé dans la création, on ne sait pourquoi, dit encore M. Neusch.

Il me faut alors **vivre à la fois comme responsable du mal et comme victime.** Cela ne me décharge pas du poids des choses mais me situe en vérité devant Dieu et devant moi-même. Cela ne me

20. M. Neusch, *Le mal*, ouv. cité p. 49.

déleste pas de ma quête de savoir : mais enfin, quel est ce Dieu non coupable, pas complètement innocent ? Quel est ce Dieu-Amour qui me renvoie sans cesse à une liberté dont je sais qu'à la fois, elle me grandit et me détruit ?... Vais-je pouvoir aimer ce Dieu sans raison et sans contre-raison ? Vais-je pouvoir garder mes « pourquoi » sans réponse et en faire, non pas un frein, mais l'amorce d'un autre chemin à prendre ?

C'est ce que propose un chrétien, Paul Ricœur, philosophe déjà cité. C'est ce que vivent bien des hommes, affrontés à l'inexplicable. C'est ce que je suis appelé à vivre : pris de vertige devant les nombreuses théories exposées et laissées dans l'ombre, ou pris d'inquiétude face à un Dieu qui se tait, me voilà cependant un peu libéré par ce détour théorique. Toutes les constructions fausses ou insatisfaisantes peuvent s'écrouler. Je me retrouve en quête d'un chemin vital, essentiel : je ne me résigne pas pour autant à l'incompréhensible, je ne m'y enferme pas non plus. Ce qui m'importe aujourd'hui, là où j'en suis, dans mon affrontement à la souffrance, c'est de ne pas me faire complice de ce qui peut me détruire. Les propositions de P. Ricœur peuvent m'y aider.

PAS DE SOLUTION, MAIS UN CHEMIN POSSIBLE POUR PENSER LE MAL...

Paul Ricœur, comme tout penseur, a voulu plonger le plus loin possible dans la question du mal. Il conclut pourtant : « *La sagesse n'est-elle pas de reconnaître le caractère aporétique de la pensée du mal, caractère aporétique conquis par l'effort même pour penser plus et autrement ?...*[21] » Parler du « caractère aporétique » du mal, signifie que **logiquement, il est impossible de trouver une issue à ce problème.**

Mais faut-il pour autant étouffer mes questions et cesser de penser ? Non. P. Ricœur souligne que le problème du mal n'est pas seulement un problème théorique. Pour l'appréhender, il invite à **trois chemins convergents : « *penser, agir, sentir.* »** Ces essais de réponse peuvent m'aider à vivre un peu mieux, au cœur de ma détresse. Il vaut la peine de citer largement ce philosophe. Le détour théorique, fait jusque-là, peut nous aider à comprendre ce qu'il a mis derrière ses mots.

21. P. Ricœur, *Le mal*, Labor et fides, 1986, p. 38-44.

LA PENSÉE

« Le problème du mal mérite d'être appelé un défi... Un défi, c'est tour à tour un échec pour des synthèses prématurées et une provocation à penser plus et autrement... Le travail de pensée n'a cessé de s'enrichir sous l'aiguillon de la question « pourquoi », contenue dans la lamentation des victimes... Et pourtant, nous avons vu échouer les (onto-)théologies de toutes les époques... Mais cet échec n'a jamais invité à une capitulation pure et simple, mais à un raffinement...

Il ne s'agit donc pas de renier le travail de la pensée. Il ne s'agit pas non plus de rêver d'UNE solution au problème du mal. Mais cet empêchement à aller momentanément plus loin par la seule raison, nous renvoie à ***« continuer le travail de la pensée dans le registre de l'agir et du sentir ».*** Cela, dit-il, ne me donne pas une solution, mais une réponse pour rendre fécond l'inexplicable problème du mal.

L'ACTION

« Le mal est avant tout ce qui ne devrait pas être, mais doit être combattu », dit encore P. Ricœur.

Avec cette question : *« D'où vient le mal ? »*, la pensée a été tirée en arrière, vers l'origine. Or, la réponse de l'action — et non la solution — c'est : ***« Que faire contre le mal ? Le regard est ainsi tourné vers l'avenir,*** *par l'idée d'une tâche à accomplir, qui réplique à celle d'une origine à découvrir. »*

Me voilà envoyé à lutter, de façon pratique, contre le mal. *« Avant d'accuser Dieu ou de spéculer sur une origine démonique du mal en Dieu, agissons éthiquement et politiquement contre le mal »*, affirme P. Ricœur. Pour lui, cette lutte d'homme libre et responsable continue le travail difficile de la pensée. En faisant, en agissant contre ce qui me détruit et détruit les autres, je produis quelque chose, je donne une réponse vitale, je dis un « non » au mal, fruit de mes défaillances.

Mais comment lutter contre ce qui échappe à l'homme ? P. Ricœur reconnaît alors que *« la réponse pratique de la lutte ne suffit plus... »*, à cause de ce mal dont l'homme n'est pas responsable, à cause de ce mal *« réparti de façon arbitraire... ressenti comme immérité »* : les victimes innocentes des catastrophes, les maladies, la mort... Dès lors, quand *« la question devient non pas "pourquoi ?" mais "pourquoi moi ?", l'action ne suffit plus »*. Elle n'a plus de cible. C'est pourquoi, il faut trouver une autre réponse, convergente avec la pensée et l'action : « la réponse émotionnelle. »

LA TRANSFORMATION SPIRITUELLE DE LA PROTESTATION

La « *réponse émotionnelle* » recouvre la plainte et la protestation qui s'écoulent de l'homme meurtri : cette plainte jointe à un long silence, cette plainte qui devient cri, par laquelle nous avons démarré le chapitre 1 de ce livre.

P. Ricœur vise **un changement qualitatif de ce cri, un changement d'ordre spirituel.** Alors, cheminant aux côtés de la pensée et de l'action, mon cri peut être fécond. Pour cette transformation spirituelle de ma protestation, il invite à trois chemins :

— « ***La première manière, c'est d'intégrer l'ignorance.*** » Celle-ci nous oblige au « *travail de deuil* », tel que Freud l'a décrit[22].

Le « *deuil* », on l'a déjà expliqué, me délie de ces attaches qui me font ressentir la perte d'un objet d'amour comme une perte de moi-même. Ce détachement — qui n'est pas pourtant oubli de cet amour — me rend libre pour de nouveaux investissements affectifs.

Face au problème du mal qui m'assaille, il s'agit de redevenir libre, de me détacher de ma quête sans fin d'un coupable. Spiritualiser ma plainte, c'est dire alors : « *Je ne sais pas pourquoi les choses arrivent ainsi* » ; c'est reconnaître : « *Il y a du hasard dans le monde.* »

— « ***Un second stade*** *de la spiritualisation de la lamentation, c'est de* ***la laisser se répandre en plainte contre Dieu.*** »

Voilà qui rejoint ce que nous avons dit de Job. Voilà qui me libère ! Quand trop grande est ma souffrance, j'ai le droit d'accuser Dieu, parce que « *l'accusation contre Dieu est l'impatience de l'espérance* » ! J'ai le droit de protester contre cette permission divine donnée au mal, que nous avons évoquée dans les pages précédentes : pour moi, déroutante et révoltante même, elle contredit par trop mon désir d'un Dieu totalement innocent. Quand trop grande est ma souffrance, j'ai même le droit d' « invectiver Dieu »[23], sans m'en culpabiliser, ce qui n'est pas facile (Voir encadré). Toute la Bible, pourtant, manifeste que le peuple de Dieu a osé prier avec des mots très durs...

---

22. Voir chapitre 3 p. 73 et voir l'essai de S. Freud intitulé *Deuil et mélancolie*.
23. Le N° 270 de *Supplément à Vie Chrétienne*, 1983, ose titrer : « *Puis-je haïr Dieu ?* »

Ai-je le droit ?...

(Géraldine, sclérosée en plaques, décédée à 26 ans, participe à une session de JOC, malgré sa souffrance)

« Plus ça allait, plus c'était dur... Je souffrais beaucoup et, à ce moment-là, je n'avais pas les moyens que j'ai maintenant comme calmants. Chaque fois que je bougeais, ça me faisait très mal. Je m'en souviens. La deuxième nuit, je préférais mourir plutôt que de continuer à vivre comme ça, parce que je trouvais que ce n'était pas normal et je me révoltais contre la souffrance. C'était la nuit du samedi au dimanche.

Le dimanche matin, je ne voulais pas communier parce que j'avais dit ça la nuit. J'en ai discuté avec l'aumônier qui m'a dit que le Christ lui-même, dans sa passion, nous avait montré qu'il était à la fois pleinement Dieu et pleinement homme. Pleinement Dieu, parce que par sa passion, il nous a sauvés. Pleinement homme, parce que lui aussi en a eu marre et il a dit : "Père, si c'est possible, que ce calice s'éloigne de moi". Lui aussi d'une certaine manière, il en a eu marre et il se révoltait.

L'aumônier m'a dit : "Quand vous en avez assez, c'est un devoir de le dire ; ne pas le reconnaître parfois, c'est vouloir être trop parfaite et, sans Dieu, on ne peut supporter de telles souffrances. L'homme, c'est normal qu'il se révolte... Pour vous, cela vous demande un effort de simplicité quand vous en avez assez"... »

Géraldine.

Vais-je à leur suite être assez simple et avoir assez d'amour en moi, pour communiquer avec dureté et colère avec Dieu ? Parce qu'il aime autrement que les hommes, vais-je croire qu'il y a en lui assez d'amour pour m'accueillir avec tendresse, même quand je l'invective ?... Or, c'est la parole énoncée en ma chair qui me libérera. C'est la parole vraie qu'il veut entendre. Ainsi, mon ressentiment et ma colère, peuvent être un « trésor », le lien le plus fort que je peux avoir avec lui. Ce faisant, je suis amené à découvrir que c'est moi, que c'est nous tous, qui sommes le trésor de Dieu. Nous sommes sa perle de grand prix, parce que Dieu, au creux de notre lamentation, nous reçoit désormais comme son fils ou sa fille.

*— « **Un troisième stade** de la spiritualisation de la lamentation, c'est de **découvrir que les raisons de croire en Dieu n'ont rien de commun avec le besoin d'expliquer l'origine de la souffrance.** »*

Me voilà invité à **croire en Dieu *« en dépit du mal »***, *à « croire en Dieu malgré le mal »*, à ***« aimer Dieu pour rien »*** comme l'exprime la fin du livre de Job.

Je ne suis pas sûr que, spirituellement, cette attitude de foi gratuite soit plus facile que celles évoquées dans les chapitres précédents, pourtant fortement critiquées et rejetées.

On a parlé de ces sages qui préconisaient de renoncer à la plainte..., de ceux qui arrivaient à discerner dans la souffrance une valeur éducative ou purificatrice... On a évoqué aussi ceux qui trouvent une consolation dans l'idée qu'ils souffrent pour Dieu... Je ne suis pas sûr qu'*« aimer Dieu pour rien »*, gratuitement, les mains nues, croire en lui sans raison et sans contre-raison, soit plus facile que ce que nous avons dénigré ! En fait, des vestiges de ces sagesses ou théologies persistent en nous, même si nous les combattons...

Me voilà pourtant invité à RENONCER :

— Renoncer à m'auto-accuser et m'auto-détruire...
— Renoncer au désir d'être récompensé pour mes vertus...
— Renoncer au rêve d'échapper à toute souffrance...
— Renoncer à cet infantile désir d'être immortel...

Vais-je pouvoir renoncer à tout cela, sans renoncer à me plaindre ? Je ne sais... Mais je crois que ce chemin de la plainte convertie est, non seulement fécond pour penser le mal, non seulement fécond pour agir contre lui, mais fécond pour vivre !...

Alors ? **Marcher en exode :** marcher sans réponse aux pourquoi, sans savoir vraiment vers où, mais marcher : pour tenir dans l'épreuve et même si possible, trouver des moments où y être heureux. C'est peut-être par cette expression qu'il nous faut conclure car, comme dit M. Bellet :

> *« Le sens échappe, il se donne et s'en va. Il est ce bout de route que j'ai devant moi jusqu'au prochain tournant, jusqu'au prochain brouillard, jusqu'à la nuit. Il se peut que j'aie à marcher de nuit. Où est-ce que je vais ? Je ne sais. Et pourtant, je ne vais pas au hasard, peut-être. La marche à travers l'obscur est en un sens sa propre vérité.*[24] »

Pour cela pourtant, nous ne sommes pas démunis. Il y a Jésus, disent les chrétiens. Parce qu'il s'est affronté lui-même au mal, jusqu'à en mourir, vais-je pouvoir faire de lui un guide sur des chemins nouveaux ?

24. *Lumière et Vie* N°191 p. 16.

Chapitre 5

CROIRE EN UN CRUCIFIE VICTORIEUX DU MAL ?...

On me dit de regarder Jésus, cet homme qui a eu faim, a pleuré, a reçu des coups, a crié d'angoisse, est mort d'une façon horrible, quelqu'un qui a vécu la même condition que tout homme et qui n'a pas « triché »...

Il n'aurait pas, dit-on, fait de théorie sur le mal. Il n'aurait pas élaboré de réponse philosophique ou théologique. Il aurait d'abord posé des actes. Il aurait pris la condition de Job nu et écrasé, prenant sur lui jusqu'à la souffrance et la mort.

Vais-je pouvoir regarder vivre et mourir ce frère qui, comme moi, connaissant l'horreur à en crier, s'est senti un moment abandonné, ce frère qu'on dit pourtant Fils de Dieu lui-même ? Ne va-t-il pas me « piéger », endormir ma plainte, calmer ma colère ? Va-t-il me montrer un chemin pour vivre, car c'est de cela que j'ai besoin ? Va-t-il me donner d'espérer qu'un jour, enfin, le mal de cette terre sera vaincu ?

JÉSUS LUTTE CONTRE LE MAL

Voilà un homme qui ne baisse pas les bras devant le mal des autres. **Toute sa vie est marquée par l'affrontement au malheur des hommes.** Les disciples ont pu le résumer par ces mots : *« Il est passé partout en faisant le bien, il guérissait tous ceux que le mal tenait asservis, car Dieu était avec lui. »*[1] En effet, il guérit les malades, les infirmes, les possédés[2]... Mais ce qu'il fait, il ne le fait pas par activisme.

« PRIS DE PITIÉ, IL GUÉRIT... »

Ce qui me frappe en premier dans les évangiles, c'est sa « pitié ». Ce mot ne signifie pas condescendance, mais **bonté attentive à l'autre**. Ainsi, quand un lépreux, affligé du double malheur de la maladie et de l'exclusion sociale, vient le supplier, Jésus *« pris de pitié, étendit la main et le guérit »*[3]. Un autre jour, après avoir guéri de nombreux malades, il explique à ses disciples : *« J'ai pitié de cette foule, car voilà déjà trois jours qu'ils restent auprès de moi, et ils n'ont pas de quoi manger. Je ne veux pas les renvoyer à jeun : ils pourraient défaillir en chemin. »*[4] Ce sera la multiplication des pains. Jésus, c'est un peu un médecin, celui qui n'attend pas pour compatir et guérir.

Sa bonté n'exclut pas la sensibilité. **Parce qu'il aime** son ami Lazare, il *« frémit »*, *« se trouble »* et *« pleure »* devant son tombeau. Au delà du cadre de ses amis, il entend l'aveugle Bar-Timée qu'on

1. Ac 10, 38.
2. Voir Mt 4, 23-24 ; 8, 16-17 ; 15, 30 ; Mc 1, 32-34 ; Lc 4, 40-41... etc.
3. Mc 1, 41.
4. Mt 15, 32.

veut faire taire[5], il se retourne vers la femme qui perd son sang[6]. Par tant d'amour, il est le signe que « *Dieu a visité son peuple* »[7]. Ainsi parlent les gens après la résurrection du fils de la veuve de Naïm.

Il faut se rappeler que dans les conceptions de l'époque, la maladie est le signe d'un mal plus profond, d'une action des esprits mauvais. Ainsi, par exemple, l'épilepsie est vue comme possession du démon[8]. C'est pourquoi, quand les soixante-douze disciples reviennent de mission et rendent compte à Jésus, celui-ci relit leur récit dans la foi en disant : « *Je voyais Satan tomber du ciel comme l'éclair* »[9]. **Jésus est celui qui peut vaincre** ce qui résiste aux autres guérisseurs de son temps : **le démon**[10].

Par ce qu'il dit et fait en faveur de l'homme, il manifeste que tous les maux s'opposent à Dieu, quelle qu'en soit l'origine. Son Père, notre Père, ne veut pas du mal ! Aujourd'hui pas plus qu'hier. Quand il établira son Règne, ce Royaume que Jésus annonce, tout ce mal sera vaincu sous toutes ses formes. C'est en luttant contre le mal que Jésus manifeste qu'il est bien le Messie, l'envoyé de Dieu[11]. Il y a un lien étroit entre cette lutte et la Bonne Nouvelle du Royaume : « *Jésus parcourait les villages, il y enseignait... proclamant la Bonne Nouvelle du Royaume et guérissant toute maladie et toute infirmité.* »[12]

Voilà qui ne sèche pas mes larmes et ne gomme pas mes attentes d'un monde enfin autre. Voilà qui me laisse à mes propres questions restées sans réponses. Mais accueillir cet homme, cet insoumis, ce lutteur, c'est faire de lui **un frère proche de ma lutte**. C'est m'ouvrir à une grande tendresse, à une espérance aussi, à un désir de Vie, car Jésus est venu « *pour que les hommes aient la vie et la vie en abondance* »[13] ! Telle est sa volonté et celle de Dieu, notre Père.

5. Mc 10, 46-52.
6. Mc 5, 25-34.
7. Lc 7, 16.
8. Voir Mt 8, 16, 28 ; 9, 32 ; Mc 1, 23-25 ; Lc 4, 35. En Lc 4, 39, Jésus s'adresse à la fièvre comme à une puissance démoniaque.
9. Lc 10, 18.
10. Sur les miracles de Jésus, voir Y. Chabert et R. Philibert : *Jésus-Christ*, Ed. Ouv. 1991, p. 85-95.
11. Mt 11, 2-6.
12. Mt 9, 35.
13. Jn 10, 10.

IL PARDONNE...

Mais cet homme va plus loin encore. C'est contre **un mal**, moins visible et cependant **radical**, qu'il lutte : **le péché des hommes...** Non en culpabilisant. Pas seulement en appelant à la conversion comme tout prophète. Mais en pardonnant. Ce pardon passe même avant la guérison du corps, comme pour nous dire qu'il est plus important encore, premier[14]. En Jésus, je me sais aimé et pardonné, non pas à condition d'être sans péché, mais par-delà mon péché. Quand je lis le récit de la femme adultère renvoyée libre par Jésus, ou son repas chez Zachée[15], quelque chose en moi tressaille, quelque chose qui me libère. Je voudrais être cette femme, cet homme. Je sais que je peux l'être, parce que **Jésus fait passer le pardon avant la punition, et même avant la conversion.** Ainsi, aimés à l'intérieur même de leur situation, Zachée pourra rendre ce qu'il a dérobé, et la femme s'entendre dire : « *Va et ne pèche plus.* » Quant à moi, aimé comme je suis, avec mon infinie pauvreté, je me sens invité à me dégager du mal moral dans lequel je m'empêtre. C'est peut-être par cette qualité de pardon que Jésus me parle le plus et devient pour moi un frère, chemin de Vie nouvelle.

Il faut se rappeler aussi que, lorsque Jésus relève un pécheur, il lutte **contre l'exclusion sociale** dont il était victime, sachant bien que c'est un des malheurs les plus douloureux. En le réintégrant dans la société à la fois civile et religieuse, il lui redonne la possibilité d'une vie « debout ».

Avec Jésus, on est loin d'une attitude religieuse basée sur la punition ou la culpabilisation. C'est cela qu'il faut expliquer autour de nous, quand on fait du mal un châtiment. Il y a 2000 ans, on croyait que la maladie était la punition d'un péché, commis soit par le malade soit par ses proches. Ainsi, devant l'aveugle-né, les disciples demandent : « *Qui a péché, lui ou ses parents, pour qu'il soit né aveugle ?* » Jésus est très net dans sa réponse : « *Ni lui ni ses parents, mais c'est pour que les œuvres de Dieu se manifestent en lui.* »[16] L'œuvre de Dieu qui doit être manifestée, c'est qu'il voie ! Le désir de Jésus, c'est que je vive « debout », avec mes tares. Ainsi, l'attitude de Jésus face au mal des autres, n'est pas de proposer une explication nouvelle ; mais c'est de **prendre le mal à bras le corps**, sans discourir, car la souffrance n'attend pas. Il y a toujours urgence pour Jésus, et si cela est nécessaire, il faut agir le jour

14. Mc 2, 1-12.
15. Jn 8, 3-11 ; Lc 19, 1-11.
16. Jn 9, 1-3.

même du Sabbat, quitte à heurter les Pharisiens[17]. A la lecture des évangiles, on perçoit une incompatibilité entre le Dieu des Pharisiens et celui de Jésus. Pour le premier, le respect du Sabbat sacré impose de négliger les besoins de cet homme aveugle. Pour celui de Jésus, les aveugles appelés à la lumière sont plus importants que le Sabbat.

SIGNES « DÉRISOIRES »...

Certes, tout l'Evangile parle de la lutte de Jésus contre le mal. Mais en quoi cela peut-il me consoler, quand je suis enfermé dans ma douleur ou quand j'enrage d'être impuissant pour soulager ceux que j'aime ? Jésus n'a en effet guéri qu'une infime proportion des malades ou des souffrants, nombreux de son temps, comme du nôtre. S'il se présente comme un « thérapeute », un « guérisseur », il ne se présente pas comme quelqu'un de tout-puissant qui résoudrait tous les maux par un coup de baguette magique. Le Royaume de Dieu qu'il proclame n'est qu'annoncé et inauguré, et le mal demeure... Les aveugles qui voient, les boiteux qui marchent n'en sont pas la réalisation dernière ; ils ne sont qu'**un signe avant-coureur de ce Royaume à venir**[18]**. On a pu parler de signes « dérisoires »**, pour souligner leur relative petitesse. Jésus lui-même est un signe de cette espèce : il ne vient pas comme un empereur ou un roi puissant ; c'est peut-être en cela que parfois ma tête de païen lui en veut. Tout au contraire, il vient au milieu de nous comme un enfant pauvre, né dans une mangeoire d'animaux, frêle et fragile, dans une famille modeste...

Le projet de Dieu me semble bien déroutant, mais c'est en cela aussi qu'il m'époustoufle. Dieu a fait naître le plus grand amour et la plus grande force, dans la plus extrême fragilité. Au récit de Noël puis de la croix, il n'y a rien à dire, qu'à faire silence, s'incliner, devant cet homme vraiment homme, mon frère.

A Noël, les chrétiens redisent ces paroles de la Bible qui ont porté l'espoir de tant de gens : « *Le peuple qui marchait dans les ténèbres a vu une grande lumière, sur les habitants du pays de l'ombre, une lumière a resplendi* »[19]... C'est sûrement une expérience forte, mais **comment annoncer cette lumière**, sans tomber dans le rêve et sans être taxé d'idéalisme angélique ? Quand on est

17. Voir par exemple Mt 12, 9-13.
18. Voir *Jésus-Christ*, ouv. cité p.76-84 : « le Royaume de Dieu. »
19. Isaïe 9, 1.

« bien-portant » dans ses relations affectives, dans sa tête, dans son corps, quand on a la sécurité de l'emploi, comment souhaiter un « Bon Noël » à quelqu'un qui va mal ? (Voir encadré).

Bon Noël, quand même !

« En cette veille de Noël, je porte tout ce que tu vis ces jours-ci en passant de longues heures à l'hôpital, dans l'incertitude, l'espoir, l'angoisse, la révolte et la confiance... Je repense au côté dérisoire de l'enfant de Noël. Lumière pour le monde ? Feu nouveau capable d'embraser la terre ? Ridicule, à vue humaine. Pourtant... L'enfant de Noël est bien là, petit, pauvre, non-puissant, dérisoire, et cependant lumière, chaleur, feu. Joyeux Noël ! Donnons-lui tout pour qu'il l'enflamme et l'illumine...

Même quand il fut devenu grand, le monde autour de lui ne changea guère. L'incompréhension, l'incommunicabilité, l'injustice, la haine, la guerre et la multitude des péchés personnels demeurèrent. Pourtant, des hommes encore pécheurs furent transformés d'être des pécheurs pardonnés, des femmes encore infériorisées furent transformées d'être reconnues, des malades encore promis à la maladie et à la mort furent tout surpris de voir mieux, d'entendre mieux, de marcher mieux. Et à cette bande d'éclopés de la vie qui sont pauvres, qui pleurent, qui sont en butte aux persécutions, il a osé dire : "Heureux êtes-vous"...

Sans doute est-ce cela qui m'autorise à te souhaiter un Joyeux Noël. Tu sais ma tristesse de ne pouvoir t'empêcher de souffrir et d'être en danger. Il est dur de n'être qu'un homme, ou plutôt il est dur de porter à la manière de Dieu, dans une qualité de présence, de finesse, d'amour, de dépossession... »

Robert.

IL INVITE À CROIRE ET À AGIR...

S'agit-il alors d'attendre passivement une problématique intervention divine ? Non, Jésus ne favorise pas la passivité. Au contraire, dans un grand nombre de cas, il demande la collaboration de celui à qui il vient en aide, à tel point qu'à Nazareth, chez lui, « *il ne put faire aucun miracle car ils ne croyaient pas en lui* »[20]. C'est

20. Mt 13, 53-58.

dire que **l'action de Jésus** n'est pas d'ordre magique ; elle **est, certes, transformatrice, mais pas sans l'intéressé.** Parfois, il demande : « *Que veux-tu ?* » ; souvent, il interroge : « *Crois-tu ?* » ; souvent aussi, il envoie : « *Lève-toi et marche* », « *Prends ton lit et rentre chez toi* », « *Va te montrer aux prêtres* », « *Va et ne pèche plus* »... Dans certains récits, Jésus met la guérison en rapport direct avec la foi : « *Ta foi t'a sauvé* », « *Qu'il te soit fait selon ce que tu as cru* »... Contrairement à ce qu'ont pu dire certains, la foi ne détourne pas des responsabilités humaines, elle y renvoie ! Voilà qui m'interpelle...

En effet, ce que Jésus a fait, ses disciples sont appelés à le faire, à leur manière mais à sa suite. Déjà, dans sa vie terrestre, il les a envoyés « *en leur donnant autorité sur les esprits impurs* »[21]. De fait, leur mission consiste à parler mais aussi à agir : ils invitent à se convertir, ils chassent des démons, ils font des onctions d'huile à beaucoup de malades et ils les guérissent[22]. Dans les Actes des Apôtres, Luc prend grand soin de nous montrer, qu'**après le départ de Jésus, les disciples « suivent » sa « voie », en paroles et en actes**[23]. Mais ils le font au Nom du Christ, car c'est lui qui est sauveur. Le salut qu'il apporte est son œuvre, et non celle des disciples seuls[24]. Pourtant, tout le mal de ce monde n'est pas vaincu par eux, tous les souffrants de leur temps ne sont pas guéris. L'Evangile dit que les disciples ne sont pas au-dessus du maître. Aujourd'hui, cela ne reste-t-il pas vrai et ne me fait-il pas ressentir mon impuissance ? Pourtant, je reste appelé à toujours faire quelque chose (voir encadré).

Quelque chose de bon pour lui, en ce moment...

« Serais-je donc condamné au silence ? Faut-il penser : "Si je ne peux dire une parole de guérison, je n'ai rien à dire ?" C'est un peu extrémiste, mais cela signifie du moins que la première réaction que je puisse avoir devant la souffrance, c'est : "Que puis-je pour la soulager ?" Si je parle, ce ne peut être que pour dire quelque chose qui soit dans cette lumière de l'Evangile, quelque chose que celui qui souffre puisse goûter comme bon pour lui, en ce moment, tel qu'il est. Il faut que le langage sonne juste, même lorsque — dans des cas extrêmes — il est simplement une main tenue dans la main. »

M. Bellet, *Christus* N° 152, Oct 91, p. 420.

21. Mc 6, 7.
22. Voir Mc 6, 12-13.
23. Voir Ac 3. Nous y reviendrons.
24. Voir Ac 3, 11-16.

La lutte de Jésus contre le mal est quelque chose que je peux entendre comme une parole proche, fraternelle, et en même temps comme une parole qui ouvre et envoie : peut-être justement parce qu'elle n'est pas magique, parce qu'elle n'est pas une solution-miracle à tout coup. C'est d'autant plus vrai que cela a conduit Jésus à la croix. Comme tout homme, sans tricher, il a connu l'échec et la mort.

J'ai besoin de regarder comment il a vécu sa propre souffrance et sa propre mort. Peut-être y trouverai-je une lumière ?

JÉSUS AFFRONTE LE MAL JUSQU'À LA MORT

Jésus ne lutte pas seulement contre le mal éprouvé par les autres, **il l'affronte dans sa chair et dans son cœur d'homme.** Quand je lis l'Evangile, je le vois subir des échecs et en pleurer, je le vois souffrir jusqu'aux larmes de sang, jusqu'à la croix, sans fuir pour autant. Comment a-t-il pu vivre en même temps l'écrasement, l'angoisse et la confiance à son Père ?

VICTIME DU REJET DES HOMMES...

Jésus ne peut être compris comme un suicidaire ou comme quelqu'un qui valoriserait la souffrance, puisqu'aux foules, il n'a cessé de parler de Vie, de joie et de paix. **Il est une victime des hommes**. Dans l'évangile de Marc, le conflit qui l'oppose aux scribes et aux Pharisiens commence dès le début de son ministère. Suite à une guérison effectuée le jour du Sabbat, « *les Pharisiens tinrent aussitôt conseil avec les Hérodiens contre Jésus sur les moyens de le faire périr* »[25].

Il n'y a là rien d'étonnant... Jésus a dérangé beaucoup trop de gens. Il a semblé remettre en cause ce qu'il y avait de plus sacré, la Loi et le Temple[26]. Pire, il a semblé blasphémer : ainsi, il a prétendu pardonner les péchés ; or, cela revient à Dieu seul[27]. Le jour où il a chassé les vendeurs du Temple pour que celui-ci soit une « maison de prière », il a signé son arrêt de mort[28].

25. Mc 3, 6.
26. Voir *Jésus-Christ*, ouv. cité, chapitre 3 : « Une vie qui pose question », p.55-74.
27. Mc 2, 7.
28. Mc 11, 15-19.

Pourtant, Jésus n'a pas été de ces intégristes zélotes qui jouent les agitateurs et les guérilleros. Chaque fois qu'il est rentré en conflit, c'était au service des hommes. « *Le Sabbat est fait pour l'homme et non l'homme pour le Sabbat* », disait-il[29].

Jésus a souvent bravé les interdictions légales, cultuelles ou culturelles qui aboutissaient à faire des exclus : les lépreux, les Publicains, les pécheurs, les étrangers, les Samaritains, les femmes...

A 33 ans, **le voilà victime de ce choix radical pour l'homme**, par-delà la Loi et la religion du temps. Sa passion et sa mort ne peuvent être considérées comme une valorisation de la souffrance. Sa croix est un scandale, comme sont scandale toutes les croix sur lesquelles aujourd'hui nous clouons des martyrs pour la justice. Sa croix ne donne pas valeur à l'inhumain, elle dénonce au contraire l'inhumain : le rejet des puissants, la haine jalouse, le péché des hommes. « *La croix de Jésus révèle l'inhumanité de notre monde, elle ne le justifie pas.* »[30] Elle ne saurait être un symbole de résignation, comme certaines attitudes chrétiennes ou pseudo-chrétiennes ont semblé le laisser croire. **Si le crucifix est devenu le symbole des chrétiens, ce n'est pas parce qu'il valorise la mort au détriment de la vie, c'est parce qu'il manifeste à quel point Dieu nous aime en Jésus, jusqu'à donner sa vie.** Ce faisant, il dénonce le scandale de la violence oppressive ; il manifeste la profondeur du péché et de l'exclusion qui tue ; il annonce que l'amour est plus fort que la haine, même quand celle-ci semble l'emporter. Me rappeler cela devrait m'interdire de faire certains signes de croix de façon mécanique.

Jésus voit venir ce qui l'attend[31]. **Il ne le cherche pas**[32]. Au contraire, disent les évangiles, il traverse la foule de ceux qui veulent le lapider, il évite de circuler en Judée quand la menace rôde[33], il met en garde les sanhédrites contre le projet de le tuer[34]. Pourtant, il refuse de dévier de sa mission, même si cela fait monter la colère des ses opposants. Quand « *l'heure est venue* », **il ne se dérobe pas**. Son amour va jusqu'au bout : « *Nul n'a d'amour plus grand que celui qui se dessaisit de sa vie pour ceux qu'il aime* »[35], exprime-t-il à ses disciples lors d'un dernier repas.

---

29. Mc 2, 27.
30. C. Duquoc, « La folie de la Croix et l'humain », dans *Concilium* N°175, 1982, p. 109-120. Cet article, de lecture difficile, éclaire bien cette question.
31. Voir Mc 10, 38.
32. Voir *Jésus-Christ*, ouv. cité, ch. 5 p.107-133.
33. Jn 7, 1 et 10.
34. Mc 12, 1-12.
35. Jn 15, 13.

« LIVRE POUR VOUS »...

Alors que sa mort devient imminente, Jésus rassemble ses apôtres pour le repas pascal. Luc indique clairement que Jésus est conscient que c'est **un dernier repas.** « *Il leur dit : J'ai désiré d'un grand désir manger cette Pâque avec vous avant de souffrir* »[36]. Certains grands malades ou personnes âgées font de même. Je pense à Julien qui, avant de mourir, a voulu manger avec tous les amis qui avaient marqué sa vie. Mais Jésus ne veut pas seulement dire merci ou au revoir. Il a un message à laisser encore.

La Pâque est pour les juifs la commémoration du repas des Hébreux à la veille de leur sortie d'Egypte où ils étaient esclaves. Chaque année, ils font mémoire de cet événement fondateur qui a fait d'eux le « peuple de Dieu ». Ils sont liés à lui par un lien d'amour et d'Alliance indestructible, car Dieu ayant « *vu la misère de son peuple* » l'a délivré.

C'est ce repas rituel que Jésus prend avec ses apôtres. Il célèbre la traversée, la libération et le rassemblement de ce peuple que Dieu a choisi et qu'il aime. Il célèbre la victoire de Dieu sur le mal.

Ce contexte éclaire la mission de Jésus, venu rassembler un nouveau peuple de Dieu, plus large, plus universel ; mais cette mission semble bien compromise.

Aussi, au rite du repas pascal juif, Jésus ajoute des gestes et des paroles dont les chrétiens ne cessent de faire mémoire[37]. A la veille d'être livré au bourreau et pendu au gibet par la force publique, comme un condamné de droit commun, il prend le pain, le partage et le donne à ses disciples en disant : « *Prenez et mangez,* ***ceci est mon corps livré pour vous.*** » Jésus ne garde rien pour lui-même, pas même son corps ! Symboliquement, il le donne à manger à ses amis. Là encore, il faut se taire...

Protester aussi, car cette mort subie par un innocent apparaît comme un non-sens, un scandale. Pourtant, se taire encore, car **Jésus veut aussi que sa mort échappe au non-sens. Comment ? Par l'amour** qui l'a animé dans toute sa vie, jusqu'à ce jour. Certes, l'amour ne gomme pas le côté scandaleux, nous le savons. Mais il permet de lui donner une direction, d'ouvrir des portes, de « traverser ». Dans l'intimité de ce dernier repas et dans un geste hautement symbolique, Jésus veut exprimer ce sens. Il demande qu'on s'en

36. Lc 22, 14-20.

37. Nous avons quatre récits de la Cène : Mt 26, 17-29 ; Mc 14, 12-25 ; Lc 22, 7-20 ; 1 Co 11, 17-34.

rappelle : « *Faites ceci en mémoire de moi* ». S'il est mis fin à ses actes de guérisseur, il ne sera pas mis fin à son amour, car celui-ci transfigure sa mort même. Si Jésus meurt, c'est « ***pour nous*** », pour moi, pour nous dire tout simplement : je vous ai aimés jusque-là, jusqu'à subir le mal que je n'aurais pas voulu. Lorsque je communie, je « mange » cet amour offert gratuitement, je le fais pénétrer en moi, en rendant grâce du don fait. Voilà qui peut être révoltant : je « rends grâce » !... Mais je ne rends pas grâce du scandale de la croix de Jésus, je rends grâce de la force de l'amour vécu dans ce scandale.

Prenant la coupe de vin, Jésus est plus explicite encore : « *Ceci est mon sang, le sang de l'Alliance, versé* **pour la multitude.** » Luc précise qu'il s'agit de l'« *Alliance nouvelle* ». Le repas pascal juif se faisait autour d'un agneau sacrifié pour la circonstance. Avec Jésus, il ne s'agit plus du sang des sacrifices anciens ; il s'agit de sa vie donnée par amour, jusqu'au don total. Mais les évangélistes se servent de l'un pour éclairer l'autre. Après la résurrection, ils perçoivent que ce nouveau repas pascal exprime symboliquement le sens de la mort de Jésus.

A la lumière de l'ancienne Pâque, ils comprennent que cette mort ne peut être une parenthèse sans signification. Ils relisent les « poèmes du Serviteur souffrant », dans le prophète Isaïe[38]. Jésus lui-même les avait cités : « *Je vous le déclare, il faut que s'accomplisse en moi ce texte de l'Ecriture : "On l'a compté parmi les criminels".* »[39] Ce « *il faut* », repris par les évangiles, peut scandaliser lui aussi. Dieu voudrait-il la mort ? Non. Ce « *il faut* » a une logique : entrer sans réserves dans la condition humaine, voué à sa mission sans reculade devant les menaces, Jésus est entraîné jusqu'au bout du don, jusqu'au bout du sort du Serviteur[40].

Ainsi, je peux comprendre que **le « sacrifice » de Jésus n'est pas un non-sens ; il est le sommet de l'amour**, par lequel il nous met en alliance nouvelle avec Dieu. Il est le point ultime de sa volonté de rassemblement d'une multitude. A tous les humains, les premiers chrétiens pourront alors annoncer : « Voyez de quel amour Dieu nous aime. Il nous a envoyé son Fils pour nous aimer jusqu'à l'extrême. » L'amour de Dieu est digne de confiance. Sans m'humilier, sans gommer le mal dans ma vie, je puis me mettre à genoux devant une croix pour dire seulement : « *Seigneur, je te fais confiance.* » (Voir encadré)

38. Is 42, 1-9 ; 49, 1-6 ; 50, 4-11 ; 52, 13 - 53, 12.
39. Lc 22, 37, citant Is 53, 12.
40. Voir sur ce point *Jésus-Christ*, ouv. cité p. 168-172.

La souffrance peut révéler Dieu

« J'ai dû évacuer l'histoire de Jésus victime de son Père. Mais je restais en face de la croix.
Pourquoi le Christ a-t-il dû souffrir à ce point ?
Parce que le Père lui avait confié une mission : révéler l'amour en souffrant à cause de l'amour.
Si Jésus avait voulu caler, il pouvait ; il serait mort dans son lit, mais qu'aurait-il révélé sur Dieu, sur l'amour, sur la souffrance ?
Qu'est-ce que le Christ a révélé ?
La confiance. Du fond de l'abîme, je te fais confiance. »

A. Sève dans *La Croix* du 2/2/89.

Certes, cela ne deviendra clair pour les disciples qu'à la lumière de la résurrection. A ce moment-là seulement, le sens caché se découvrira à leurs yeux et ils referont ces gestes, « *en mémoire de lui* ». La Pâque prendra alors un sens nouveau, bien au-delà de la libération d'Egypte et de la traversée de la mer Rouge. La Pâque nouvelle, c'est la libération du mal et la traversée de la mort.

Je ne peux connaître ni les sentiments ni la psychologie de Jésus. Néanmoins, ce dernier repas, et en particulier cette expression « *pour vous* » résume bien toute son existence : « *Venu pour nous donner la Vie* », « *la joie* », « *la paix* », pour nous faire « *voir le Père* », il n'a cessé de vouloir être « *chemin, vérité et vie* », chemin de vie. Il n'a cessé d'être « pour nous », pour moi, mais non sans angoisse, comme tout homme. En cela aussi, Jésus est mon frère.

ANGOISSE ET PRIÈRE...

A la sortie de ce repas, Jésus « *partit comme de coutume vers le mont des Oliviers. Les disciples le suivirent* »[41]. Jésus va vivre là sa dernière veille, jusqu'au baiser de Judas et son arrestation. (Voir encadré)

41. Mt 26, 36-46 ; Lc 22, 40-46.

L'agonie à Gethsémani (Mc 14, 32-42).

« Ils arrivent à un domaine appelé Gethsémani et il dit à ses disciples : "Restez ici pendant que je prierai".

Il emmène avec lui Pierre, Jacques et Jean. Et il commença à ressentir frayeur et angoisse. Il leur dit : "Mon âme est triste à en mourir. Demeurez ici et veillez". Et, allant un peu plus loin, il tombait à terre et priait pour que, si possible, cette heure passât loin de lui. Il disait : "Abba, Père, à toi tout est possible, éloigne de moi cette coupe ! Pourtant, non pas ce que je veux, mais ce que tu veux !"

Il vient et les trouve en train de dormir. Il dit à Pierre : "Simon, tu dors ! Tu n'as pas eu la force de veiller une heure ! Veillez et priez afin de ne pas tomber au pouvoir de la tentation. L'esprit est plein d'ardeur, mais la chair est faible". De nouveau, il s'éloigna et pria, en répétant les mêmes paroles. Puis, de nouveau, il vint et les trouva en train de dormir, car leurs yeux étaient appesantis. Et ils ne savaient que lui dire. Pour la troisième fois, il vient, il leur dit : "Continuez à dormir et reposez-vous ! C'en est fait. L'heure est venue : voici que le Fils de l'homme est livré aux mains des pécheurs. Levez-vous ! Allons ! Voici qu'est arrivé celui qui me livre". »

L'Evangile n'a pas pour but, on le sait, d'analyser les sentiments du Messie. Mais je ne peux lire ce texte à froid, sans vibrer avec ce Jésus qui se révèle, là encore, très humain. « *Il commença à ressentir effroi et angoisse* » au point que « *sa sueur devenait comme des gouttes de sang tombant à terre* »[42]. Cet homme, pourtant Fils de Dieu, semble **tragiquement seul**, comme tout homme qui souffre. En même temps, il est **relié à ses apôtres et à Dieu son Père.** Mais que valent ces liens ? Son va-et-vient vers ses disciples, son appel au Père, semblent sonner à vide. Jésus semble connaître mon expérience. Quand je souffre trop, les plus proches eux-mêmes me semblent loin, extérieurs, séparés de moi par une distance infranchissable.

Jésus vit d'abord la solitude douloureuse de sa mission mise en échec : « *Il est venu chez les siens et les siens ne l'ont pas reçu* » dira St Jean[43]. Déjà, un jour, sur ce même Mont des Oliviers, face à la Ville sainte, il avait pleuré : « *Jérusalem, Jérusalem, toi qui tues*

42. Lc 22, 44.
43. Jn 1, 11.

les prophètes et lapides ceux qui te sont envoyés, combien de fois j'ai voulu rassembler tes enfants comme une poule rassemble ses poussins sous ses ailes, et vous n'avez pas voulu »[44]. Aujourd'hui, Jésus pressent bien que c'est la fin de son action terrestre. Il lui reste ses apôtres, ses compagnons de chaque jour, ceux qu'il a associés à sa tâche, en particulier les trois plus proches : Pierre, Jacques et Jean, mais ils s'endorment de lassitude. Il leur a pourtant dit : « *Restez ici et veillez avec moi.* » Par trois fois, il est venu les réveiller et leur a demandé de prier avec lui. Sans résultat.

Je connais cela. Quand j'ai mal, j'ai besoin des autres, et leur « veille » m'est essentielle. En même temps, je reste seul, « *un peu en avant* », à distance, face à ma question qui reste unique. Il arrive même que mes compagnons me lâchent par lassitude.

Jésus, désormais seul, se tourne vers Dieu. Je connais aussi cela. Dieu, c'est pour moi celui qui devrait entendre, quand les hommes ne peuvent plus, ou quand je n'ai pas eu, moi, les mots pour dire.

« *Il tombait à terre et il priait pour que, s'il est possible, l'heure passât loin de lui* » : « *Abba (papa), tout t'est possible, emporte cette coupe loin de moi, mais non pas ce que je veux, mais ce que tu veux... Et il répétait ces mêmes paroles.* » J'ai là la preuve que Jésus ne meurt pas en stoïcien, comme certains sages ou certains martyrs. Par ce cri, il exprime désespérément le vœu le plus profond de tout homme : ne pas mourir avant l'heure et ne pas mourir d'une mort cruelle.

Cette prière poignante ose dire **à la fois la folle demande et la confiance !** A la fois, la révolte bien humaine et l'attitude d'« abandon » ! J'aime cette prière qui me rappelle qu'il est possible de m'en remettre à Dieu tout en ayant peur, qu'il m'est possible de croire tout en doutant.

Jésus est tenté de dire « non », comme, au désert, il avait été tenté par le diable de choisir son propre intérêt : manger à sa faim, se jeter du haut du Temple pour épater la foule, se prosterner devant Satan pour devenir le maître du monde... A Gethsémani, **il manifeste sa liberté**. On pourrait dire qu'il n'a pas le choix, au sens où il ne choisit pas la mort, puisque celle-ci lui est imposée par ses ennemis. Mais il pourrait choisir de se raidir, de mourir dans la révolte, le blasphème, le rejet de Dieu et des hommes. Au contraire, sur la croix, il pardonne aux hommes et s'abandonne à son Père. Voilà aussi quelque chose qui me laisse muet, que je voudrais tant pouvoir vivre de mon côté. Plus encore, à un disciple qui voulait le

44. Mt 23, 37-39.

défendre par la violence lors de son arrestation, Jésus ordonne : « *Remets ton épée au fourreau...* »[45] Il ne réclame pas d'échapper à la condition humaine. Il la vit jusqu'au bout, sans privilège. Paul dira de lui : « *Il ne retint pas le rang qui l'égalait à Dieu, mais il s'est dépouillé, prenant la condition du serviteur, devenant semblable aux hommes.* »[46]

Luc, sans doute le plus sensible des quatre évangélistes, note que, **si Dieu se tait, il n'est pas absent :** « *Or, lui apparut, venant du ciel, un ange qui le réconfortait* »[47]... L'ange est l'expression symbolique de la parole de Dieu, de son message ; il est celui qui fait le lien entre Dieu qui l'envoie et celui à qui il est envoyé. Cette discrète notation de Luc ne dit-elle pas que le silence de Dieu devant le mal et la souffrance ne signifie pas son absence totale ? De même que l'ami ne peut souvent rien faire d'autre que tenir en silence la main de son ami, de même Dieu est présent silencieusement, mais amoureusement, au combat de celui qui souffre (Voir en encadré la prière d'un souffrant qui a conscience d'une telle présence).

Je t'ai vu combattre en moi...

« Dans l'horreur,
le silence de Dieu était là,
aussi total qu'absolu.
La présence d'un silence !
J'ai accueilli ce silence,
en larmes, en cris intérieurs,
et je l'ai reçu... comme une présence !
Plongée dans l'angoisse du moment,
je t'ai vu combattre en moi,
et je t'ai entendu :
"Ce n'est plus toi qui combats,
c'est moi, laisse-moi la place".
J'ai confié la lutte... »

Pascale.

A cette fidélité, Jésus répond par sa propre fidélité, mieux, par sa conscience filiale. Il s'adresse à Dieu par ce mot incroyable que

45. Mt 26, 52-53.
46. Ph 2, 6-7.
47. Lc 22, 43.

Marc écrit en araméen, et non pas en grec, pour lui garder toute sa force : ***« Abba » c'est-à-dire « papa »***. Ce n'est pas le mot « père », mais le mot qu'emploient les petits enfants dès qu'ils commencent à parler. C'est le mot de l'amour qui dit le lien le plus viscéral, la confiance la plus profonde.

Seule, cette attitude filiale permet de comprendre correctement la prière de Jésus : « *Non pas ce que je veux mais ce que tu veux.* » Dieu voudrait-il la mort de Jésus ? Non. Un père peut-il vouloir la mort de son fils ? Si l'un comme l'autre ne peuvent pas l'empêcher, cela ne signifie pas qu'ils la veulent positivement. La prière de Jésus est une prière de confiance éperdue. Elle dit sa foi en l'amour de ce « papa » qui, il le croit, ne le laissera pas tomber. Jésus la redira sur la croix : « *Entre tes mains, je remets mon esprit.* » Que veut Dieu ? Il n'y a pas de réponse explicite à cette question. Il y a seulement un acte de foi : la fidélité du Père est assurée, même si l'étape actuelle est troublante et incompréhensible. En cet instant de solitude, Jésus choisit de croire en la présence maintenue de l'amour du Père.

Que me dit cette prière de Jésus et, plus largement, cette scène quasiment insoutenable ? La prière n'est pas forcément la sérénité assurée. D'une part, elle peut être cri, folle demande, imprécation. D'autre part, elle est lien maintenu, relation sans cesse désirée, acte de foi et de confiance par-delà l'incompréhensible, et au cœur même de l'angoisse. N'est-ce pas ce que Jésus demande à ses apôtres aux yeux appesantis : **ne pas se couper des autres, ne pas se couper du Père ?** « *L'esprit est ardent mais la chair est faible* », leur dit-il. Quand la lassitude, l'échec et la peur me taraudent, vais-je me laisser engloutir par la faiblesse de la « chair », ou bien mon esprit et mon cœur « ardents » vont-ils garder le contact, rester en lien avec les autres et avec ce papa pourtant si silencieux ?

Ce soir-là, les apôtres se sont coupés de ce lien. Jésus, lui, ne s'est pas coupé. Sur la croix, il va faire de même.

PAROLES SUR LA CROIX...

Les évangélistes nous transmettent sept paroles de Jésus en croix. Tous ne rapportent pas les mêmes, mais toutes sont bouleversantes, tant il est vrai que les dernières paroles de quelqu'un prennent une force incomparable.

En Marc et Matthieu, nous lisons une seule parole : ***« Mon Dieu, mon Dieu, pourquoi m'as-tu abandonné ? »***[48] C'est une

48. Mc 15, 34 ; Mt 27, 46.

plainte que l'homme ou la femme que je suis exprime souvent ! Elle est empruntée au psaume 22, une de ces prières dans lesquelles les croyants de l'Ancien Testament ont clamé leurs cris très humains mais aussi leur foi, leur action de grâces et leur confiance (Voir encadré). Les psaumes rassemblent souvent ces plaintes de souffrants, criant vers Dieu leur écrasement, leurs appels et même leur révolte. C'est le cas de cette prière. Comme les juifs de son temps, Jésus la sait par cœur. Il a dans la tête et dans le cœur la première phrase, mais aussi l'ensemble du psaume, jusqu'à la fin. Il en connaît les derniers versets : ceux-ci expriment une totale confiance en ce Dieu qui écoute toujours celui qui l'invoque. Je puis ainsi mieux comprendre l'attitude de Jésus, tiraillé entre la tentation de la désespérance et l'acte de foi.

Psaume 22

« Mon Dieu, mon Dieu,
pourquoi m'as-tu abandonné ?
Le salut est loin de moi,
loin des mots que je rugis.
Mon Dieu, j'appelle tout le jour,
et tu ne réponds pas ;
même la nuit,
je n'ai pas de repos.
Et moi je suis un ver, pas un homme,
raillé par les gens, rejeté par le peuple.
Tous ceux qui me voient me bafouent,
ils ricanent et hochent la tête :
"Il comptait sur le Seigneur : qu'il le délivre !
Qu'il le sauve, puisqu'il est son ami !"
C'est toi qui m'as tiré du ventre de ma mère,
qui m'as mis en sûreté entre ses bras.
A toi je fus confié dès ma naissance ;
dès le ventre de ma mère, tu es mon Dieu.
Je suis comme l'eau qui se répand,
tous mes membres se disloquent.
Mon cœur est comme la cire,
il fond au milieu de mes entrailles...
Tu me mènes à la poussière de la mort.
Oui, des chiens me cernent,
une bande de vauriens m'entoure.
Ils me percent les mains et les pieds ;

je peux compter tous mes os.
Ces gens me voient, ils me regardent.
Ils partagent entre eux mes habits
et tirent au sort mon vêtement.
Mais toi Seigneur, ne sois pas loin :
ô ma force, viens vite à mon aide !...
Arrache-moi aux griffes du chien ;
sauve-moi de la gueule du lion...
Le Seigneur n'a pas rejeté,
il n'a pas réprouvé le malheureux dans sa misère ;
il ne s'est pas voilé la face devant lui,
mais il entend sa plainte.
Tu seras ma louange dans la grande assemblée ;
devant ceux qui te craignent,
je tiendrai mes promesses.
Les pauvres mangeront : ils seront rassasiés ;
ils loueront le Seigneur, ceux qui le cherchent :
« A vous toujours, la vie et la joie ! »
Et moi, je vis pour lui :
ma descendance le servira ;
on annoncera le Seigneur
aux générations à venir.
On proclamera sa justice au peuple qui va naître :
Voilà son œuvre ! »

C'est encore une phrase de psaume que rapporte Jean : ***« J'ai soif. »***[49] Ce cri exprime à la fois l'état de souffrance physique et le sentiment d'abandon qui tenaille le supplicié.

Pourtant, comme à Gethsémani, Jésus reste relié au Père et aux autres. Au lieu d'être enfermé en lui-même, replié totalement sur sa douleur, il regarde ceux qui l'entourent et il en porte le souci. Voyant Marie, sa mère, et Jean, *« le disciple qu'il aimait »*, il les confie l'un à l'autre : ***« Il dit à sa mère : femme, voici ton fils ; et à Jean : voici ta mère. »***[50] Il regarde aussi les deux malfaiteurs, crucifiés à ses côtés. L'un l'insulte, l'autre lui exprime une demande : *« Il disait : souviens-toi de moi lorsque tu viendras dans ton Royaume.* ***Jésus lui dit : En vérité, je te le dis, aujourd'hui tu seras avec moi dans le Paradis. »***[51] Par cette évocation du Paradis, Luc nous

49. Jn 19, 28. Cf Ps 22, 16 ; 69, 22.
50. Jn 19, 26-27.
51. Lc 23, 42-43.

rappelle ainsi le sens de la vie et de la mort de Jésus pour tous les hommes : ils seront rassemblés dans le Royaume à venir qu'il a annoncé et inauguré. Bien des martyrs y puiseront la force de tenir devant leurs persécuteurs[52].

Une autre parole, rapportée par les évangiles me provoque au silence. C'est celle qui concerne les bourreaux de Jésus : ***« Père, pardonne-leur, ils ne savent pas ce qu'ils font. »***[53] Jésus ne dit pas : *je vous pardonne*, comme s'il le faisait par ses propres forces ; il demande au Père de le faire. Sur la croix comme dans sa vie, Jésus est le médiateur qui relie tous les hommes à Dieu, au point de briser la séparation du péché et de rendre possible le pardon. Là encore, sa mort est bien le prolongement de sa vie et de sa mission ; elle n'en est pas la négation, même si elle signe la fin de son activité terrestre.

Quand il dit encore : ***« Tout est accompli »***[54], Jésus remet à Dieu cette mission menée jusqu'au bout. Il a accompli sa tâche de Messie, envoyé du Père aux hommes, y compris à ceux qui le rejettent, et pour lesquels il implore le pardon.

Alors, en fils qui s'« abandonne » après avoir fait tout ce qu'il pouvait faire, il peut expirer sur une dernière parole que rapporte Luc. Empruntée à un psaume, elle résume toute l'attitude de Jésus : ***« Père, entre tes mains, je remets mon esprit. »***[55]

Reste qu'il meurt ! La beauté de ses paroles n'enlève rien au scandale de sa souffrance et de son échec. Quant à moi, que m'importe d'avoir une belle âme ouverte à l'amour, à la confiance et au pardon, si c'est pour mourir ? Améliorer, humaniser les derniers moments ? Ce n'est, certes, pas rien. Mais cela semble dérisoire devant la face hideuse de la mort.

Comme Marie et Jean, impuissants au pied de la croix, je reste là, sans comprendre, sans voix... Peut-être alors, le souvenir du crucifié peut-il s'imposer à moi ? Certes pas comme une consolation : la mort du Christ ne me console pas de la mort de celui que j'aime. Mais ce Fils de Dieu en croix est peut-être la seule image supportable, parce qu'elle me rejoint au plus profond de ma dé-

52. Les Actes des Apôtres nous rapportent ainsi la mort d'Etienne qui « *voit les cieux ouverts et le Fils de l'Homme debout à la droite de Dieu* » et qui « *tandis qu'on le lapidait, faisait cette invocation : Seigneur Jésus, reçois mon esprit* » Ac 6, 55-60.

53. Lc 23, 34.

54. Jn 19, 30.

55. Lc 23, 46. Cf Ps 31, 6.

tresse, sans risquer de me blesser : « *Si Jésus est venu là, s'il y est demeuré seul, même pas veillé par les siens, car ils avaient peur, je peux être là moi aussi... Je suis arraché à la peur* » (Voir encadré).

L'image du Crucifié.

« Ce soir-là, tout a basculé.
Vers sept heures du soir, la police. On a trouvé un corps. C'est lui mon pauvre frère. C'est toi... Tu as décidé de t'en aller. Tu n'en pouvais plus...
Il faut faire les horribles démarches. Oh, le cœur me crève. Ça suffit. Dire est impossible.

Il faut préparer la messe. Je choisis la première lecture. Je cherche dans mon missel. La semaine sainte. Isaïe : "Comme un rejeton qui sort d'une terre desséchée, il n'avait ni beauté ni éclat. Nous l'avons vu et il n'avait pas d'apparence, et nous l'avons méconnu. Il était méprisé, le dernier des hommes, un homme de douleurs, qui connaît la souffrance. Son visage était caché. Il était méprisé et nous n'avons fait aucun cas de lui..."

Ce qui pour moi était là, devait être là, c'était l'image du crucifié. L'image de la mort dans son horreur absolue...
Là, en ce lieu plus noir que le plus noir abîme, une seule image est supportable : celle de Jésus crucifié...
J'ai été plongé dans ce lieu par le bras d'acier de la mort.

Je sais que, debout en ce lieu-là, ou écrasé, mort lui-même en ce cul-de-basse-fosse, il reste un souffle à l'homme pour continuer à vivre, parce que là, devant ses yeux séchés par l'horreur, un visage luit dans l'ombre, visage blême, torturé, déchiré,—immobilité, silence, absence sans recours—, et que ce visage mort est le visage du Vivant.

S'il est venu là, s'il y est demeuré seul, même pas veillé par les siens, car ils avaient peur, je peux être là, moi aussi.
Il est là. Je suis avec lui. Vivre est encore possible. Je ne suis pas épargné par la douleur. Je suis arraché à la peur.

Il ne faut pas supprimer les Christ en croix de nos lointains ancêtres. Il ne faut pas ôter des églises les Christ au tombeau.
Je ne parle pas des laides images... Mais le visage du Christ, la vie assassinée par haine de la vie. Ah, ce visage, nous ne pouvons pas nous en passer, pauvres humains, car notre chemin sur terre, un jour ou l'autre, passe par là. »

M.Bellet, *Lumière et Vie* N° 204, p. 25-27.

Les disciples, dans un premier temps, ne sont pas arrachés à la peur. Pour eux, c'est l'échec radical, la fin de leurs espérances. Ecrasés, apeurés et désespérés, ils se dispersent... Mais voilà que, très vite, ils sont bouleversés par une expérience incroyable : Jésus est vivant, il est toujours avec eux, ils en sont sûrs. Ils se savent même envoyés par lui, car sa mission continue ! Alors, en quelques années, ils témoignent, jusqu'aux extrémités du monde d'alors, que Dieu a ressuscité Jésus et qu'il est sorti victorieux de la mort et du mal. Il est désormais **le « *Prince de la Vie* »**[56]. Est-ce croyable ?

JÉSUS RESSUSCITE, VICTORIEUX DU MAL

L'évangéliste Luc nous raconte le morne déplacement vers Emmaüs de deux disciples dépités :

> « *Nous espérions qu'il était celui qui allait délivrer Israël. Mais voici le troisième jour que ces faits se sont passés. Toutefois, quelques femmes qui sont des nôtres nous ont bouleversés : s'étant rendues de grand matin au tombeau et n'ayant pas trouvé son corps, elles sont venues dire qu'elles ont même eu la vision d'anges qui le déclarent vivant... Mais lui, les disciples ne l'ont pas vu.* »[57]

LE DOUTE...

Marc brosse un tableau encore moins brillant. Etant allées au tombeau, les femmes s'entendent dire par un messager de Dieu : « *Vous cherchez Jésus de Nazareth, le crucifié ; il est ressuscité, il n'est pas ici ; voyez l'endroit où on l'avait déposé. Mais allez dire à ses disciples et à Pierre : "Il vous précède en Galilée, c'est là que vous le verrez, comme il vous l'a dit".* » Or, la conclusion du passage n'est pas celle qu'on pourrait attendre : « *Elles sortirent et s'enfuirent car elles étaient toutes tremblantes et bouleversées ; et elles ne dirent rien à personne car elles avaient peur.* »[58]

Pourtant, progressivement, la fréquentation du Christ ressuscité affermira leur foi. J'aime constater que les disciples n'ont pas été tellement privilégiés par rapport à nous. Les femmes se taisent

56. Ac 3, 15.
57. Lc 24, 21-24. Sur l'expérience de la résurrection faite par les disciples et sur les récits qui en témoignent, voir notre livre *Jésus-Christ*, ouv. cité, chapitre 6.
58. Mc 16, 1-8.

parce qu'« *elles ont peur* » ; Marie ou les disciples d'Emmaüs « *ne le reconnaissent pas* » ; une autre fois « *ils croient voir un fantôme* ».

J'aime découvrir que **leur foi, comme la nôtre, passe par l'étape du doute.** C'est ce que suggère si fortement l'épisode de Thomas[59]. Quand ses compagnons lui racontent qu'ils ont « *vu le Seigneur* », il leur dit : « *Si je ne vois pas dans ses mains la marque des clous... et si je n'enfonce pas ma main dans son côté, je ne croirai pas.* » Huit jours plus tard, Jésus les rencontre à nouveau et il dit à Thomas, présent cette fois-ci : « *Avance ton doigt ici et regarde mes mains ; avance ta main et enfonce-la dans mon côté, cesse d'être incrédule et deviens croyant. Thomas lui répondit : "Mon Seigneur et mon Dieu !" Jésus lui dit : "Parce que tu m'as vu, tu as cru, bienheureux ceux qui, sans avoir vu, ont cru".* »

J'aime que Thomas doute, parce que moi aussi, je doute. Cela me rassure. Mais j'aime aussi le chemin que Jésus lui fait faire. Peut-être me faut-il entrer, comme lui, dans la communion à ses plaies pour le reconnaître pleinement ? Certes, la force de sa résurrection ne va pas me dispenser de mon propre chemin de croix. Mais je voudrais que, sur ce chemin nouveau, Christ se révèle pour la Vie (Voir encadré).

59. Jn 20, 24-29.

Le doute...

« Je viens de relire l'aventure de Thomas. Je suis très Thomas ! On me le dit souvent.
L'hôpital taraude ma foi. Je ne vois que souffrance ici... Où es-tu ? Donne-moi des signes...
Parce que tu as vu, Thomas, tu as cru.
Heureux ceux qui n'ont pas vu et qui ont cru, dit l'Evangile.

Thomas a touché Jésus par docilité et désir de conversion, pas pour s'assurer des empreintes.

Mais il a touché pour connaître la largeur, la hauteur et la profondeur de l'amour de Jésus ! Il a pénétré dans l'intimité de Jésus ! Il est entré dans ses plaies, dans son chemin de croix. Et il a été ébloui, transporté là où aucun apôtre n'avait été transporté... au point de dire : "Mon Seigneur et mon Dieu !" Quel acte de foi ! Aucun apôtre n'avait dit cela, je crois...

Du doute, Seigneur, tu tires l'acte de foi le plus beau, parce que tu aimes doucement, tu soignes et tu guéris. Tu fais du doute non une humiliation ou une amertume, mais un merveilleux souvenir de tendresse et un chemin, non de raison mais de foi.

Tu ne nous donnes pas de preuves, pas plus qu'à Thomas. En guise de preuves, tu lui as fait refaire le chemin de la croix. Moi, tu me fais passer par ce chemin... Là, tu m'attends tendrement. De là, tu m'embarques à dire : "Mon Seigneur et mon Dieu !", comme Thomas, après qu'il ait pris le chemin des plaies.

C'est sur ce chemin qu'aujourd'hui, tu t'es révélé à moi Christ ressuscité ! Christ pour la Vie ! Au creux de mes questions et de mes cris..., je risque : "Tu es mon Seigneur et mon Dieu !" ... et je souris dans mes larmes. »

Pascale.

« DIEU L'A DÉLIVRÉ DES DOULEURS DE LA MORT »

Jésus avait promis que, lui absent, les apôtres recevraient son Esprit. Remplis de cette force nouvelle qui étonne leurs auditeurs[60], ils proclament « avec assurance » :

60. Voir le récit de la Pentecôte : Ac 2, 1-13.

> « *Jésus le Nazôréen, cet homme que Dieu avait accrédité auprès de vous en opérant par lui des miracles, des prodiges et des signes au milieu de vous, comme vous le savez, cet homme..., vous l'avez livré et supprimé en le faisant crucifier par la main des impies ; mais Dieu l'a ressuscité en le délivrant des douleurs de la mort, car il n'était pas possible que la mort le retienne en son pouvoir.* »[61]

La mission de Jésus n'est donc pas un échec. Si les hommes l'ont rejeté, **Dieu lui a donné raison.** Si Dieu n'a rien fait pour empêcher les conséquences dramatiques du péché des hommes, il ne s'en est pas tenu là. Face à ce qui devait être un point final, se développe au contraire une ouverture, un chemin nouveau.

Le signe en est que **les apôtres continuent la lutte de Jésus contre le mal.** Au boiteux de la Belle Porte du Temple, Pierre dit :

> « *De l'or ou de l'argent, je n'en ai pas, mais ce que j'ai, je te le donne : "Au nom de Jésus-Christ, le Nazôréen, marche !" Au peuple étonné, il explique :*
> *"Pourquoi vous étonner de ce qui arrive, ou pourquoi nous fixer comme si c'était par notre puissance que nous avions fait marcher cet homme ?... Le Prince de la Vie que vous aviez fait mourir, Dieu l'a ressuscité... Grâce à la foi au nom de Jésus, ce Nom vient d'affermir cet homme que vous regardez et connaissez ; et la foi qui vient de Jésus a rendu à cet homme toute sa santé"* »...[62]

A travers ses disciples, Jésus vivant « *fait entendre les sourds et parler les muets.* »[63] Il continue à donner des signes du Royaume[64].

Là encore, il y a une réelle continuité entre ce que faisait Jésus de Nazareth pendant sa mission terrestre, et ce que, ressuscité, il continue à faire par ses disciples.

Sans la résurrection, la vie de Jésus n'est pour moi qu'une belle tentative avortée et sa mort un tragique fait divers, comme tant d'autres. Je peux compatir, mais je reste avec mon angoisse de souffrant et de mortel...

Inversement, **sans la croix**, la résurrection est une belle histoire ; mais comment peut-elle m'atteindre vraiment, alors que je suis irrémédiablement affronté à la souffrance et à la mort ?

---

61. Ac 2, 22-24.
62. Ac 3.
63. Mc 7, 37.
64. Voir Mt 11, 2-6.

Par contre, quand on me dit que le même Jésus a passé de l'un à l'autre, qu' « *il a pris nos infirmités et s'est chargé de nos maladies* »[65], alors, je peux me sentir concerné. Un théologien allemand, J. Moltmann, écrit même : « *C'est quand toute perdition, quand l'abandon de Dieu, la mort absolue, la malédiction sans fin... se trouvent en Dieu même (sur la croix), que la communion avec ce Dieu est le salut éternel, la joie sans fin, l'élection irrévocable et la vie divine.* »[66] Quand je suis au plus profond de la détresse, je peux faire l'expérience que ce crucifié est un frère proche qui ne me surplombe pas. L'issue de son histoire me concerne. C'est ce que développe St Paul, dès les premières années après la mort du Christ.

IL NOUS RESSUSCITE(RA) NOUS AUSSI...

Face aux Athéniens, Paul achoppe : ceux-ci sont ouverts à un Dieu qu'ils ignorent, mais ils se montrent allergiques à toute idée de résurrection[67]. Aussi, écrivant aux Corinthiens, il met **la résurrection au cœur** de sa prédication et il en développe les conséquences :

> « *Si l'on proclame que Christ est ressuscité des morts, comment certains d'entre vous disent-ils qu'il n'y a pas de résurrection des morts ? S'il n'y a pas de résurrection des morts, Christ non plus n'est pas ressuscité et si Christ n'est pas ressuscité, notre prédication est vide et vide aussi notre foi...* »[68]

Paul a souvent médité ce mystère de mort-résurrection : puisque Jésus a voulu vivre totalement notre destinée d'hommes, son parcours est le prototype du nôtre. Sa traversée est la nôtre, la mienne :

> « *Il est l'image du Dieu invisible, le premier-né de toute créature...*
> *Il est le commencement, premier-né d'entre les morts,*
> *afin de tenir en tout, lui, le premier rang.*
> *Car il a plu à Dieu de faire habiter en lui toute la Plénitude*
> *et de tout réconcilier par Lui et pour Lui.* »[69]

Premier-né et premier ressuscité, **Jésus devient pour moi un premier de cordée**, celui qui a traversé le tunnel ou la cheminée... Lorsque le premier de cordée est « sorti » au sommet, les suivants,

65. Mt 8, 17.
66. *Le Dieu crucifié*, Cerf, 1974, p. 284.
67. Ac 17, 16-34.
68. 1 Co 15, 12-20.
69. Col 1, 15-20.

s'ils sont attachés à la même corde, pourront franchir aussi le passage. Ces mots « traversée », « passage », « franchissement », équivalents du mot « Pâque », m'indiquent bien que je ne me retrouverai pas installé dans un ciel sans affronter contradictions, souffrances et mort. **Jésus ne les a pas évités, il les a traversés.** Pas plus que lui, je ne les éviterai. Mais la foi chrétienne m'invite à me relier à lui pour les traverser à mon tour, car **Christ n'est pas ressuscité à notre place mais à notre tête.** Ma vie peut ainsi être « *montée vers Pâques* » (Voir encadré).

Montée vers Pâques...

« Intensité du drame de Jésus.
Intensité du drame des hommes de notre terre.
Peurs... Mépris...
"J'ai soif", j'ai soif, j'ai soif, entends-tu ?

Ce temps de montée vers Pâque nous permet d'être vrais avec notre être de chair exposé au froid, à la honte, à l'humiliation, à la solitude, à l'incompréhension radicale... Une vie de violence, la perte des évidences, une nudité plongée dans les ténèbres...

Cette montée vers Pâques est épreuve de vérité. La vie ne saute pas à pieds joints sur les forces de mort.

J'ai besoin de silence pour un travail intérieur où s'entremêlent les questions : Dieu idole tombe ; Dieu souffre, Dieu lutte ; Dieu, après l'excès du mal, fera éclater son excès d'Amour !
Mais, en gardant le visage du meurtri, du chômeur, du mal-nourri, du déprimé chronique, du suicidé...

Le Dieu de Pâques dérange, il ouvre la mort sur la vie comme un chemin non fini...

Montée vers Pâques douloureuse et en même temps espérante : le combat contre le mal est dépouillé du rêve, mais il est devant... La Vie est devant ! »

Pascale.

Ainsi, regarder Jésus ne me donne pas LA réponse à mes difficultés. Cela ne me donne pas LE sens enfin transparent de nos existences souffrantes. **Regarder Jésus m'invite à me mettre en chemin**, avec lui et avec tous mes frères, en Eglise.

Je suis bien loin du Dieu-remède-à-tout de mes rêves. Ni remède pour mon intelligence et mon désir de comprendre. Ni remède pour mon existence et ma volonté d'éviter la souffrance.

Le compagnonnage avec Jésus et les témoins de la résurrection peut m'entraîner, si je m'y risque, sur les chemins d'une existence très humaine... Les textes nous parlent de Bonne Nouvelle, de vie, de joie, de paix, mais aussi de maux de toute sorte, d'échec, de drame, de passion et de mort. Pourtant, ils ne se referment pas sur le tombeau ; il n'aboutissent pas à l'impasse, l'absurde, le désespoir, la « nausée ». Au cœur même du quotidien et des épreuves, ils ne cessent de me parler de Vie. N'est-ce pas folie, au regard de mes questions et de celles des hommes de tous les temps ?

Me voilà **entraîné sur un chemin**, différent et complémentaire de celui des philosophes ou des penseurs travaillés au chapitres 2 et 3. Me voilà amené plus loin que les réflexions de l'Ancien Testament, évoquées au chapitre 4. Peut-être ai-je entr'aperçu une manière de vivre face au mal ? Avant de la regarder de plus près aux chapitres 8, 9 et 10, il me faut approfondir d'abord ce que nous avons découvert ici : quel nouveau visage de Dieu est apparu avec Jésus ? Vais-je pouvoir croire en ce Dieu de la Vie (chapitre 6) ? Quelles conséquences pour moi ? Quelle espérance pour ma vie quotidienne et pour ma vie par-delà la mort (chapitre 7) ?

Chapitre 6

DIEU AVEC NOUS...

En acceptant d'écouter Jésus, je dérange mes idées reçues et celles qu'on véhicule autour de moi. Si les disciples disent vrai, cet homme n'a pas seulement bouleversé les images du Dieu des scribes et des Pharisiens de son temps. Il continue à déplacer plus encore les conceptions des philosophies et des religions. Dieu paraît échapper à toute définition trop bien bouclée. Qui est-il, ce Dieu qui n'explique pas tout, qui ne manipule pas l'histoire, ce Père qui ne récompense pas les bons et ne punit pas les pécheurs, du moins immédiatement ? Qui est-il donc, ce Père qui ressuscite Jésus, mais après l'avoir laissé mourir ? S'il faut en croire l'Evangile, tous mes raisonnements et toutes mes réactions concernant Dieu et le mal seraient à « convertir ». Pas seulement dans ma tête, mais pour vivre autrement mon affrontement au mal ; vivre autrement mon lien à ce Dieu déroutant qu'on me dit être Père...

DIEU N'EST PAS CELUI QU'ON RÊVERAIT...

UNE AUTRE IMAGE DE DIEU...

« Dieu, nul ne l'a jamais vu, le Fils unique qui est dans le sein du Père nous l'a dévoilé. »[1]

« Il ne sera pas donné aux hommes d'image plus parfaite de Dieu, tel qu'il est en lui-même, que l'homme Jésus agonisant, outragé, crucifié. »[2]

S'il en est ainsi, **Jésus m'invite à convertir radicalement mes images de Dieu.** Mais l'air ambiant ne m'y aide guère. Face à la mort de quelqu'un de jeune, j'entends souvent dire : *« Dieu est coupable de cette mort ! »* Lorsque j'essaye d'expliquer qu'il n'est peut-être pas ce qu'on croit, on me rétorque : *« Mais Dieu n'est pas ce que tu dis ! »* J'essaye de comprendre ces réactions : dans la tête et dans le cœur de beaucoup, une certaine image de Dieu résiste et il leur est difficile d'en accueillir une autre.

PAS LE DIEU DE LA SAGESSE HUMAINE...

Cette difficulté ne date pas d'aujourd'hui, elle existe depuis les premiers chrétiens. St Paul l'a exprimée en des termes très forts qui méritent d'être cités longuement :

> *« **Le langage de la croix, en effet, est folie** pour ceux qui se perdent, mais pour ceux qui sont en train d'être sauvés, pour nous, il est puissance de Dieu.*
>
> *Car il est écrit : je détruirai la sagesse des sages et j'anéantirai l'intelligence des intelligents. »*
>
> *Où est le sage ? Où est le docteur de la Loi ? Où est le raisonneur de ce siècle ? Dieu n'a-t-il pas rendu folle la sagesse du monde ?*
>
> *En effet, puisque le monde, par le moyen de la sagesse, n'a pas reconnu Dieu dans la sagesse de Dieu, c'est par la folie de la prédication que Dieu a jugé bon de sauver ceux qui croient.*
>
> *Les Juifs demandent des miracles et les Grecs recherchent la sagesse ; mais nous, nous prêchons un Messie crucifié, scandale pour les Juifs et folie pour les païens.*

1. Jn 1, 18.
2. F. Varillon, *La souffrance de Dieu*, Le Centurion, 1975. F. Varillon, jésuite lyonnais, est auteur de nombreux ouvrages très riches et assez accessibles, dont *L'humilité de Dieu*, Le Centurion, 1974, et *Joie de vivre, joie de croire*, Le Centurion, 1981.

Mais pour ceux qui sont appelés, tant Juifs que Grecs, il est Christ, puissance de Dieu et sagesse de Dieu.

Car ce qui est folie de Dieu est plus sage que les hommes et ce qui est faiblesse de Dieu est plus fort que les hommes.

Considérez, frères, qui vous êtes, vous qui avez reçu l'appel de Dieu : il n'y a parmi vous ni beaucoup de sages aux yeux des hommes, ni beaucoup de puissants, ni beaucoup de gens de bonne famille.

Mais ce qui est folie dans le monde, Dieu l'a choisi pour confondre ce qui est fort ;

Ce qui dans le monde est vil et méprisé, ce qui n'est pas, Dieu l'a choisi pour réduire à rien ce qui est,
afin qu'aucune créature ne puisse s'enorgueillir devant Dieu.

C'est par lui que vous êtes dans le Christ Jésus, qui est devenu pour nous sagesse venant de Dieu, justice, sanctification et délivrance afin, comme dit l'Ecriture, que celui qui s'enorgueillit, s'enorgueillisse dans le Seigneur. »[3]

Pour les Juifs, en effet, il est impensable et scandaleux d'imaginer Dieu présent dans ce Crucifié. Ils ont en tête cette phrase : « *Maudit celui qui est pendu au gibet.* »[4] Les apôtres eux-mêmes ont mis longtemps à accepter l'idée que le Messie de Dieu puisse être, même en apparence, victime du mal. Pierre s'est fait réprimander durement à ce propos, et même traiter de « satan »[5].

Pour les Grecs, c'est inimaginable, non rationnel. Pour eux, il y a une coupure radicale entre le monde des humains et le monde des dieux. Tout ce qui est de l'ordre de la matière, du corps et à plus forte raison de la souffrance, est incompatible avec le monde des idées et des choses importantes. S'élever, c'est s'abstraire de tout ce qui est charnel, ce ne peut être passer par le mal et la mort !

Or, voilà que **les chrétiens** prêchent une sagesse complètement folle. Ils disent qu'elle est plus forte que ce qui semble sage aux yeux des hommes. Dieu aurait « *choisi ce qui dans le monde est vil et méprisé pour réduire à rien ce qui est* ». Dans le Christ, ce qui est folie deviendrait sagesse !

Dès lors, je ne pourrai comprendre Dieu à partir de ce qui a valeur pour nous : la puissance, la sagesse, l'impossibilité de souffrir... La croix semble bien contredire tout cela :

---

3. 1 Co 1, 18-31.
4. Ga 3, 13.
5. Voir Mt 16, 23.

> « *Le langage... qui traite Dieu comme un objet que nous pouvons décrire... s'avère incapable, au bout du compte, de résister au dit de la croix...*
>
> *Le seul Dieu que nous ayons à chercher n'habite aucune des demeures que nous lui avons préparées.* »[6]

Alors, les discussions qui consistent à expliquer le mal pour « sauver » Dieu, ou au contraire, à le dire incompatible avec la souffrance et la mort pour le nier, deviendraient caduques. Elles viseraient un autre dieu que celui de Jésus. Elles concerneraient le dieu de mes désirs, de mes rêves, de mes raisonnements...

PAS LE DIEU DE MES DÉSIRS...

Les premiers chrétiens ont été accusés d'athéisme et mis à mort comme tels. Ils s'opposaient aux dieux, tels qu'on se les représentait à l'époque. N'en est-il pas de même pour moi aujourd'hui, si je crois au Dieu de Jésus sur la croix ?

La question ne se pose pas seulement entre croyants et non-croyants. Elle traverse chacun d'entre nous, elle me traverse ; je n'aurai jamais fini de suivre Jésus et de purifier mes images de Dieu. Celles-ci renaissent sans cesse en moi, nourries de mon désir de réussite, de puissance, d'explications confortables, de dépassement du mal et de la mort.

Pourtant, ce désir est bien naturel. Comme le dit F. Varone : « *Toute détresse fera toujours jaillir en un premier temps le désir fou de voir Dieu intervenir et la folle entreprise de l'y entraîner.* »[7] Quand Jésus exprime cette prière de demande : « *Eloigne de moi cette coupe...* », il parvient à transformer son désir en confiance, ou plutôt son désir de survie en désir d'amour éperdu. On dit que la prière est un « *atelier du désir* », c'est-à-dire un moment et un lieu où j'apprends à dire moi aussi : « *Eloigne de moi cette coupe* », tout en étant prêt à convertir ma folle attente en attente d'un amour. Une telle prière me rend capable de traverser mon épreuve, tout en luttant contre elle (Voir chapitre 9).

Le Dieu de Jésus, auquel je veux bien croire, n'est ni le Dieu de la peur ni le Dieu de l'utile. Il ne supprime pas mon angoisse. Il

---

6. Joseph Debès, dans *Masses Ouvrières* N° 430, mars 1990, Ed. Ouv. p. 59-61.
7. *Ce Dieu absent qui fait problème*, Cerf, 1986, p. 80.

ne garantit pas mes projets. Tels sont les dieux que se fabriquent les hommes ; ceux-ci n'auraient pu imaginer **un Dieu crucifié, tellement opposé à leur désirs**. C'est pour moi aussi un grand mystère. Qui est-il donc ce Dieu qui, avec Jésus, a accepté d'être mis en croix ?...

« LA SOUFFRANCE DE DIEU »...

UN DIEU « SENSIBLE »...

L'expression « *La souffrance de Dieu* », titre du livre cité de F. Varillon, fait choc. Il en a conscience :

> « *Le croyant qui ose évoquer, même sous forme interrogative, l'éventualité d'une souffrance de Dieu, semble passer les bornes de la provocation.*
>
> *La raison, déjà heurtée par l'idée d'un Dieu qui devient homme, est ici bousculée comme par un défi qui l'offense.* »[8]

Je suis peut-être marqué par l'idée d'un Dieu impassible, non atteint par la souffrance, souvent comprise comme une limite à la perfection. Pourtant, à la suite de Jésus, les chrétiens disent que **Dieu est quelqu'un, pas une pure idée, et que Dieu est Amour.**

S'il était un père qui aime, comment pourrait-il être insensible à la souffrance de ses enfants ? Comment ne serait-il pas atteint par ce qui m'atteint ? La Bible a souvent expliqué que Dieu a un cœur de père et des entrailles de mère. Elle le compare même à un amant poursuivant sa bien-aimée infidèle qui s'est prostituée (Voir textes en encadré).

8. Ouv. cité p. 43.

La tendresse de Dieu dans la Bible...

« Je vais les conduire aux cours d'eau,
par un chemin tout droit où ils ne trébucheront pas.
Car je suis ***un Père*** *pour Israël*
et Ephraïm est mon premier-né. » **(Jérémie 31**, 7-9)

« Comme celui que sa ***mère*** *console,*
moi aussi, je vous consolerai,
à Jérusalem, vous serez consolés. » **(Isaïe 66**, 13)

« Une ***femme*** *oublie-t-elle son petit enfant,*
est-elle sans pitié pour le fils de ses entrailles ?
Même si les femmes oubliaient,
moi, je ne t'oublierai pas. » **(Isaïe 49**, 15)

« Oui, elle s'est prostituée (le peuple est comparé à une épouse)...
Elle a dit : je veux courir après mes amants...
C'est pourquoi je vais obstruer son chemin avec des ronces...
Elle poursuivra ses amants et ne les atteindra pas,
elle les cherchera et ne les trouvera pas.
Alors elle dira : je veux retourner vers ***mon premier mari****,*
car j'étais plus heureuse alors que maintenant.
Elle n'a pas reconnu que c'est moi
qui lui donnait le froment, le vin nouveau et l'huile fraîche...
Elle courait après ses amants
et moi, elle m'oubliait...
C'est pourquoi ***je vais la séduire****,*
je la conduirai au désert
et je parlerai à son cœur...
Là, elle répondra comme aux jours de sa jeunesse,
comme au jour où elle montait du pays d'Egypte...
Je te fiancerai à moi pour toujours,
je te fiancerai dans la justice et la miséricorde ;
je te fiancerai à moi dans la fidélité
et tu connaîtras Dieu. » **(Osée 2**, 4-25)

Pourtant la Bible garde une très haute conception de Dieu : le tout-puissant, le tout-Autre, celui qui nous dépasse tellement qu'on ne peut même pas prononcer son Nom ! En même temps, elle le décrit tout proche, on pourrait presque dire très humain. Elle ne craint pas les « anthropomorphismes », ces représentations de Dieu à partir des qualités humaines. F. Varillon fait de même :

« S'il y a anthropomorphisme à dire que Dieu souffre, il y en a plus encore à penser qu'il ne souffre pas...

« Le regard de Dieu sur moi est réellement un baiser...

Baiser divin, qui est à la fois de création, de divinisation et de pardon. Baiser mouillé de larmes. Anthropomorphisme ? Libre à chacun de préférer l'anthropomorphisme d'un visage sec. Pour ma part, j'ai choisi »[9].

Les souffrants font souvent cette expérience d'un Dieu proche. Je connais peut-être cela : c'est quand je suis démuni, moins barricadé dans mes certitudes, tout en attente d'une tendresse, qu'il me semble « voir » Dieu pleurer, ou le « sentir » m'envelopper de sa tendresse (Voir encadré).

Un baiser mouillé de larmes...

« Me voilà de retour de deux hôpitaux successifs. En rentrant, j'ai pensé que ce sont des lieux de vie, des lieux où on m'inocule de quoi vivre. Ça m'émerveille toujours.

Tu vois, là, j'ai fermé les yeux longtemps. Je crois que j'ai vu Dieu verser des larmes d'attendrissement...

Mais ces hôpitaux ne sont pas que des lieux de vie. Ce sont en même temps des lieux de souffrance, ah de souffrance partagée, sans miracle à l'horizon. C'est sans doute ce qui me taraude le plus. Ce sont des lieux insupportables, des lieux de ma radicale impuissance.

Pourtant, j'y vis aussi des tas de moments d'amour gratuit, à écouter, à regarder seulement tel ou tel de ces gens trop fermés sur leur solitude...

Aujourd'hui, j'ai vu Dieu verser des larmes : pour protester, pour rien, pour rien à la clé, seulement pour partager son amour envers nous tous...

Ce soir, j'ai envie d'être seule pour pleurer. L'hôpital ravage toujours mon sourire... J'ai aussi envie de penser à tous ceux pour qui j'ai été là, à tous ceux pour qui je vais être heureuse de revenir.

L'hôpital, je crois, ravive le sens de ma vie, toute l'orientation que Jésus-Christ donne à ma vie depuis mon premier cri... »

Pascale.

9. *La souffrance de Dieu*, ouv. cité p. 53 et 107.

UN DIEU QUI PATIENTE ET PARDONNE...

Quand je lis l' Ancien Testament, je suis frappé par ce Dieu lié à son peuple par un lien d'Alliance. « Alliance », cela évoque en moi les mots choix, fidélité et réciprocité. Or, c'est là que le bât blesse. En effet, alors que Dieu est fidèle, le peuple, lui, est infidèle. Le mal vient souvent de là.

J'ai l'impression alors que Dieu va se venger. Mais n'est-ce pas plutôt le peuple qui récolte le fruit de ses erreurs, comme un enfant qui, ayant désobéi à l'interdiction de dépasser la barrière, se fait écraser par le train ? On ne dénonce pas ses parents de l'avoir laissé écraser en punition de sa désobéissance ! Mais, conformément à la culture de l'époque, beaucoup de textes semblent confirmer mon idée première : Dieu châtie. Par contre, d'autres expriment que, à la manière des parents ci-dessus, il se désole des conséquences du péché des hommes :

> *« Si vous n'écoutez pas cet avertissement,*
> *je pleurerai en secret votre orgueil ;*
> *mes yeux verseront des larmes,*
> *car le troupeau de Yahvé part en captivité. »*[10]

J'aime découvrir ce visage de Dieu ! L'autre me heurte...

Jésus nous conduit plus loin encore. Quand je lis la célèbre parabole de l'enfant prodigue[11], je vois le père, ému de compassion, attendre longuement le retour de son fils fugueur. Loin de le punir quand celui-ci revient, il fait la fête car, s'exclame-t-il tout heureux, *« mon fils était mort et il est revenu à la vie »*. Cette attitude contredit mes habitudes : ne m'est-il pas naturel en effet, après une faute, de porter un jugement, y compris contre moi-même, voire de condamner ? C'est un des points sur lesquels le Dieu de Jésus se révèle à moi tout autre que celui de mon imagination. Nous n'en finirons pas de méditer St Jean : ***« Même si notre cœur nous condamne, Dieu est plus grand que notre cœur. »***[12]

Il est tellement grand que je ne peux guère l'imaginer sans risquer de le faire à mon image... Cependant, avec Jérémie et avec Luc, je peux oser dire que Dieu souffre de ce qui est mauvais pour moi, non pas parce que cela lui enlèverait quelque chose, mais parce qu'il m'aime. *« La souffrance de Dieu, c'est alors sa patience. Etant ce que je suis, il doit se retenir de m'évider. Il attend l'heure. »*[13]

10. Jr 13, 17.
11. Lc 15.
12. 1 Jn 3, 20.
13. F. Varillon, *La souffrance de Dieu*, p.96-97..

Incroyable attitude de ce tout-puissant qui respecte à ce point ma liberté, qui accepte de dépendre de moi :

> *« Dieu qui crée par sa toute-puissance, la toute-puissance de l'amour, se met par son amour sous la dépendance de l'homme sa créature.*
>
> *Dieu, en lui-même, ne dépend pas de l'homme, mais l'amour le met sous sa dépendance. »*[14]

Comment un tel Dieu pourrait-il faire de moi un sous-homme résigné, comme le croyait Nietzsche, un assisté dépendant ? Au contraire, ce « Dieu fou » me grandit et me rend responsable ! Mais à une condition : que, dans ma souffrance, je renonce à rêver de lui comme de celui qui pourrait résoudre, sans moi, mes problèmes (Voir encadré).

Dieu fou

« Toi notre Dieu, tu es un Dieu fou,
un Dieu qui prend des risques.
Dieu assez fou pour naître un matin de Noël,
un parmi les pauvres, les exclus, les étrangers,
pour en appeler à leur droit de vivre dans la paix.
Dieu assez fou pour mourir, innocent sur la croix,
un, parmi les victimes sans défense,
pour en appeler au refus de toute injustice.
Dieu fou qui donne sa vie et pardonne
à ceux qui le tuent, ceux qui donnent les armes,
pour briser la chaîne des haines et des larmes,
pour ouvrir au pardon, à la vie pour toujours.

Dieu fou, réveille-moi, réveille-nous.
Rends-nous assez fous de nos copains,
fous de la vie et de l'avenir du monde,
fous de la vie pour tous, fous d'espérance,
et fous de toi aussi. »

Déclaration de l'A.C.O. Noël 1984.

14. *Id*, p. 70.

L'HUMAIN RETROUVÉ...

NOS LARMES EN DIEU MÊME...

Parler de Dieu ainsi est sûrement légitime, quoi qu'approximatif. Personne ne peut prétendre « décrire » Dieu. Je ne peux que le pressentir à travers l'Evangile et à travers l'expérience que je fais de lui, si je me risque dans la foi. Découvrir ce Dieu-là m'engage alors à en accepter les conséquences pour ma vie : la certitude d'être aimé, non pas malgré mes limites et le mal sur lequel je bute, mais au cœur même de cette situation !

Lisant l'Evangile, je découvre Dieu présent auprès de Jésus, tout au long de sa vie jusqu'à Gethsémani et sur la croix. Mais toujours dans la non-puissance de l'amour. C'est cela qui me frappe le plus : cet amour aux mains nues, impuissant mais tout-puissant d'Amour ! En Jésus, dit J. Moltmann, Dieu « *souffre la croix* », le mal de la mort, sans tricher, comme tout homme ; le mal de la mort, conséquence de la haine et du péché des hommes. « *Le Père subit la mort du Fils dans la douleur de l'amour.* »[15]

Mieux, la croix me dit que Dieu accueille en Jésus tous les crucifiés et toutes les victimes. Il ne les regarde pas de haut. Sur la croix, **il se révèle le Père de tous les abandonnés.** Dans sa tendresse, il peut accueillir toutes mes larmes (Voir encadré).

Paroles à une larme...

« J'ai ouvert mes deux mains.
Fragile comme une perle, tu t'y es doucement glissée, sans t'écraser.
Je n'osais te regarder,
par crainte d'y voir reflétés tant de visages aimés, attristés,
tant d'yeux de gosses affamés, tant de bras croisés de militants déçus,
quelques poings crispés de frères perdus...
Je n'osais y constater mon espérance parfois fatiguée.
J'ai voulu te ratisser, t'étaler, t'essuyer, pour t'oublier...

15. J. Moltmann, *Le Dieu crucifié*, ouv. cité.

Mais toi, semble-t-il, tu tenais à être respectée !
Tu t'es mise à chatouiller la ride de ma main la plus ravinée
et... tu t'y es roulée comme pour m'interpeller.
On a commencé à bavarder...
Je t'ai confié mes peines, celles de mes sœurs et de mes frères.
Je t'ai confié mes joies, celles d'aujourd'hui et d'hier.

De mon visage, d'autres perles s'échappaient
et dans ma main, tu grossissais mais brillais de plus belle.

Tu m'as dit qu'en amie, tu avais rencontré le Père des hommes.
Chez lui, en lui, tu retrouvais toutes tes sœurs,
toutes ces perles de toutes couleurs,
toutes ces eaux de vie venues des hommes de tous pays,
de leurs nuits comme de leurs midis.

Lui, m'as-tu dit,
depuis les origines de toute vie, il n'en écrase aucune !
Avec soin, il vous « accueille ».
Dans ses mains, il vous recueille.
Parce que vous êtes fragiles, il vous a choisies
pour faire de vous les puits de sa tendresse
et les puits de nos tendresses,
la force de son amour et la force de notre amour !

Dans ma main, tu as continué à grossir...
Tu es devenue légère, légère,
tu es devenue prière ! »

Pascale.

Jésus ne s'est-il pas identifié à celui qui souffre des manques les plus élémentaires, au point de dire : « ***J****'avais faim,* ***J****'étais malade,* ***J****'étais étranger... et vous* ***M****'avez donné à manger, vous* ***M****'avez visité, vous* ***M****'avez accueilli... C'est à* ***MOI*** *que vous l'avez fait.* »[16]

En Jésus comme en nous, Dieu est, en un sens, victime du mal. C'est ce qu'exprime M. Zundel :

> *« Ce n'est pas Dieu qui a inventé la mort, ce n'est pas Dieu qui a inventé la souffrance, ce n'est pas Dieu qui a inventé la douleur, ce n'est pas Dieu qui a inventé le Mal : tout cela est venu malgré lui et il en est la première victime, comme l'agneau immolé dès le commencement du monde...*

16. Mt 25, 31-46.

« Il ne suffit pas de dire que Dieu est le Compatissant d'où nous tirons tous nos sentiments de miséricorde et de fraternité, il faut dire encore qu'il est victime... Ce Dieu qui est tout amour, ce Dieu qui est l'espace où notre liberté respire, ce Dieu qui est le seul chemin vers nous-mêmes, ce Dieu qui est silencieux, ce Dieu qui est dans une éternelle attente, ce Dieu qui ne s'impose jamais, ce Dieu qui meurt d'amour pour ceux qui refusent éternellement de l'aimer, ce Dieu est frappé par tous les coups qui atteignent la créature humaine..., par tous les coups qui dégradent l'univers et il n'y peut rien...

Plus on dira l'horreur du Mal fait aux innocents, plus on affirmera que Dieu est en eux et avec eux, et qu'il est martyr au-dedans d'eux-mêmes. »[17]

Que Dieu soit aussi victime du mal, voilà qui me déconcerte et me déçoit peut-être dans mes rêves d'un Dieu-empereur, capable de me tirer de mon trou sans que j'aie besoin d'agir. Ce Dieu-là ne peut plus être mon bouc émissaire, chargé de mes malheurs. En cela, je suis un peu désarçonné. Cependant, c'est ce Dieu différent, autre, qui ne cesse de m'interpeller. C'est même lui qui m'attire le plus ! C'est à lui que je peux destiner mes larmes, et c'est par lui que je suis renvoyé à ma responsabilité d'homme ou de femme.

NOTRE RESPONSABILITÉ D'HOMMES...

Toute la vie de Jésus va **à l'inverse du fatalisme et de la résignation.** Le texte du jugement dernier me le rappelle : à nous tous et à moi de réagir contre le mal en donnant à manger, à boire, en répondant aux besoins les plus élémentaires des hommes. C'est cela, continuer la mission de Jésus. Contrairement à ce qu'on dit parfois autour de moi, Dieu n'aime pas la pauvreté mais les pauvres[18]. Avec lui, si je les aime, je ne peux que travailler à leur libération :

— sans attendre une intervention divine qui me dispenserait d'être un homme ou une femme libre,

— sans rêver d'être moi-même tout-puissant et d'établir le bien absolu.

• Sans rêver d'être tout-puissant...

Les « psy » nous ont habitués à nous méfier de ce qu'ils appellent la « mégalomanie du désir » : en homme que je suis, je rêve

17. M. Zundel, cité en J. Vernette, *Si Dieu était bon*, ouv. cité p. 69 et 75.
18. Sur ce sujet, voir A. Durand, *La cause des pauvres*, Cerf, 1991.

toujours de maîtriser les choses, les gens, et moi-même. Pour y renoncer, je dois vivre bien des « deuils ». C. Duquoc dit que la croix a précisément une « *fonction de deuil* ». Elle manifeste que Jésus lui-même n'a pas établi le Royaume par la puissance, comme peut-être les disciples l'espéraient ; il a renoncé à « *la fascination du bien* ». Ses actes n'ont été que des signes quelque peu « dérisoires ». Mais, tout en me laissant à ma condition humaine, ils ont fait un monde déjà nouveau. Quand je peine par trop, je désire le bien absolu ; mais désirer cela, c'est rêver, c'est vouloir sortir de ma condition. **Etre homme, pour Jésus comme pour moi, c'est faire le deuil de la puissance divine.** C'est à de « petites morts » que ce deuil m'envoie et c'est par là que je peux devenir plus libre et aussi plus humain.

Mais alors, pourquoi dit-on que la croix est espérance, puisqu'elle détruit mes rêves du bien total ? A cela, C.Duquoc répond :

> La croix est espérance « *en délivrant le bien de sa fascination, en le détachant de l'absolu, en ouvrant ainsi aux hommes la possibilité de transformer leur condition, sans que le rêve de l'absolu les mène à la destruction. L'absolu n'est pas de ce monde, ni sous la forme de la morale, ni sous celle de la pensée, ni sous celle du messianisme, ni sous celle de la politique. C'est précisément ce retrait de l'absolu qui est la base d'une espérance qui ne soit pas mortifère* [19]. »

J'ai peut-être du mal à comprendre. Pourtant, je sais bien que l'espérance n'est pas à confondre avec le rêve. Le rêve est mortifère car irréalisable. L'espérance, elle, garde ses pieds dans le réel. Elle est souffle au creux des limites. Cela peut faire vivre.

• Sans attendre une intervention divine...

Je veux bien faire le deuil de ma toute-puissance, mais j'ai du mal à me détacher d'un Dieu qui me dispenserait d'agir.

Or Jésus me place devant un Père pour lequel je ne suis en rien une marionnette dont il tirerait les ficelles. Le récit d'Adam et Eve nous a déjà laissé percevoir cet acte de foi de nos ancêtres : le désir de Dieu est que nous devenions hommes ! Pour ce faire, il devait nous créer libres (Voir chapitre 4). C'est ce que nous dit encore F. Varillon :

19. C. Duquoc, « Le mal énigme du bien », dans *Le Supplément*, N° 172, mars 1990, p. 77.

« S'il est permis d'imaginer des degrés dans l'amour divin, on dira qu'un amour moindre presse notre Père d'intervenir, et qu'un amour plus fort le persuade de s'effacer dans le silence et l'absence.

Ce silence est la parole la plus puissante, et cette absence la présence la plus immédiate.

Il faudrait pour en douter que nous ayons perdu conscience de la dignité de notre liberté. Si Dieu l'a créée, ce n'est pas pour la pétrifier et s'y substituer. La tâche est nôtre. Il faut l'accomplir dans l'impatience et la patience. »[20]

Ce don de ma liberté est ce qui m'époustoufle et me grandit le plus, mais en même temps me scandalise. Quand je souffre, ma liberté m'apparaît fort encombrante... De plus, comment comprendre à quoi sert ce Dieu à la fois si proche et si discret ? Comment peut-il m'aider à porter mes souffrances ? Où est cette « Providence » dont parlent certains ? En attente de le voir présent dans mon existence meurtrie, je suis dérouté par sa façon d'agir ! Atteint par le mal, je suis atteint dans ma foi. J'ai besoin de vérifier ce qu'on me dit de lui... Pour ce faire, j'ai besoin d'entendre des croyants...

COMMENT DIEU M'EST PRÉSENT

« PROVIDENCE » ?

Une longue tradition nous a parlé de la Providence de Dieu. Ce mot vient du latin « pro-videre » qui signifie « **regarder en faveur de** ». On peut dire aussi : « **veiller sur.** » Dans sa sagesse qui nous dépasse, Dieu conduirait au mieux les événements de l'histoire. Il tirerait les rênes de ma vie. Il serait la cause première de tous mes bonheurs. Il maîtriserait le hasard (Voir en encadré un célèbre texte de Bossuet). Ainsi, dans l'Ancien Testament, c'est Dieu qui fait lever et coucher le soleil, tomber la pluie ou pousser la végétation.

20. F. Varillon, *La souffrance de Dieu*, ouv. cité p. 113.

La divine Providence

« Souvenez-vous que ce long enchaînement de causes particulières, qui font et défont les empires, dépend des ordres secrets de la divine Providence. ***Dieu tient du plus haut des cieux les rênes de tous les royaumes****... C'est lui qui prépare les effets dans les causes les plus éloignées... Ne parlons pas de hasard ni de fortune, ou parlons-en seulement comme d'un nom dont nous couvrons notre ignorance. Ce qui est hasard à l'égard de nos conseils incertains est un dessein concerté dans un conseil plus haut, c'est-à-dire dans ce conseil éternel qui renferme toutes les causes et tous les effets dans un même ordre. De cette sorte, tout concourt à la même fin ; et c'est faute d'entendre le tout, que nous trouvons du hasard dans les rencontres particulières... Tout est surprenant à ne regarder que les causes particulières et néanmoins tout s'avance comme une suite réglée. Ce discours vous le fait entendre. »*

Bossuet, Discours sur l'histoire universelle, 1681,
cité dans P. Gisel, *Vérité et histoire*, Beauchesne, 1977.

Je peux comprendre qu'avant l'époque moderne, des hommes aient eu cette conception : ils ignoraient les analyses scientifiques, économiques et historico-sociales, pour lesquelles les événements ont des causes.

Si je le replace dans la mentalité de l'époque, cet acte de foi n'est pas méprisable. Au contraire, il m'interpelle comme acte de confiance en un Dieu qui aime et veut le bonheur des hommes. Toute la Bible ne cesse de parler de son « œuvre » en leur faveur : il est le sauveur et le libérateur. Ainsi, la première attitude du croyant est la bénédiction, l'action de grâces.

Mais puis-je parler de la même manière dans notre monde moderne où nous avons appris que les événements ont des causes intelligibles ? Nos mentalités ont évidemment changé. **Je ne peux en rester aux conceptions anciennes ; ce serait indigne et des hommes et de Dieu.** Est-ce à dire que Dieu n'est plus celui qui nous regarde et me regarde avec bienveillance, celui qui est source de la réussite et du bonheur de ma vie ?

« DIEU N'EST PAS DANS L'ÉVÉNEMENT »...

Avec mes contemporains et avec le concile Vatican 2, j'affirme « l'autonomie » du monde et du déroulement des événements. F. Varone l'exprime bien :

> *« Les événements ne sont pas pensés, programmés dans une officine céleste pour être ensuite transmis pour réalisation dans nos vies concrètes.* ***Ils résultent du seul jeu autonome des forces présentes dans le monde :*** *les forces physiques, selon leurs lois propres, les forces libres selon leurs projets.*
>
> *Un tel monde apparaît comme le champ du combat, de la liberté, de l'aventure de l'homme. Poussé par son projet fondamental qui est la vie et le bonheur, l'homme doit apprendre à découvrir, à connaître et maîtriser toutes les forces qui le conditionnent autour de lui et en lui. Le monde est comme un champ clos, et* ***l'homme y est livré, seul, à l'affrontement constant avec l'événement.*** *Pour le maîtriser et l'utiliser, ou pour le subir. »*[21]

Cela rejoint mon expérience d'un Dieu qui, apparemment absent, me laisse seul. Mais pourquoi dit-on que Dieu Créateur est « maître des temps et de l'histoire » ? De quoi est-il maître s'il se retire ? Mieux encore, un proverbe souvent cité affirme : « *Dieu écrit droit avec des lignes courbes* ». Est-ce Dieu qui « écrit » ou est-ce moi ? Comment comprendre ? Certes, si la voiture quitte la route, ce n'est pas à cause de Dieu, mais parce qu'un pneu a éclaté, ou parce qu'un conducteur ivre l'a heurtée. Si mon frère meurt d'un cancer, c'est parce que ses cellules malades ont dévoré son organisme. S'il guérit (momentanément, car nul n'échappe à la mort), c'est parce que les rayons ou l'immunothérapie ont combattu avec succès les cellules malades. Si des pays sont sous-développés, c'est qu'il n'y a pas partage des richesses. Dieu n'y est pour rien. Il n'est pas dans l'événement. En ce sens-là, les événements ne sont pas signes de Dieu.

Mais comment accueillir l'acte de foi de tant de croyants de tous les temps ? Dans les méandres de ma vie, dans le respect de ma liberté tortueuse, **Dieu ne m'abandonnerait pas et ne cesserait de me tirer en avant**, vers la vie, vers l'amour, vers lui ? Comment ?

« DIEU EST AVEC L'HOMME DANS L'ÉVÉNEMENT »...

En récusant une intervention divine manipulatrice, je risque alors d'être renvoyé à un Dieu lointain et immuable, totalement étranger à l'histoire et à ce que je vis. Ce n'est pourtant pas ce que j'ai perçu de lui à travers l'histoire de Jésus.

---

21. *Ce Dieu absent qui fait problème*, ouv. cité, p. 87. Nous renvoyons volontiers à ce livre pour cette question.

Pourtant, je peux accueillir une présence et même une Parole de Dieu dans ces événements, comme Jésus a accueilli l'amour de son Père dans sa passion. F.Varone résume cela dans une formule : ***« Dieu est proche de l'homme dans l'événement. »***[22]

En lui-même, l'événement qui m'arrive n'est pas signe d'un Dieu qui me l'aurait envoyé de son ciel. C'est moi qui dois le vivre, c'est moi qui suis dedans. Par contre, l'événement me fait signe. Tout d'abord, je dois en chercher les raisons, pour agir sur lui, autant que faire se peut. Par exemple, l'accident de voiture porte en lui-même un appel : comment respecter les autres au volant ? Comment améliorer la sécurité des routes ?

Mais surtout, dans l'événement qui m'arrive, je peux découvrir ce Père aimant : il ne me laisse pas plus tomber qu'une mère n'abandonne son enfant malade, même si elle ne peut le guérir. Sa présence et son amour sont pourtant essentiels et même efficaces, à leur manière. De même, je peux éprouver la présence mystérieuse de Dieu et y trouver une force, un appel, une orientation qui me relancent et me font vivre. *« Va », « Lève-toi », « Marche », « Aime », « Je suis avec toi », « Je t'envoie »* me dit Jésus à travers l'Evangile.

Certes, je reste face à moi-même. Pour chercher des réponses humaines aux questions posées par les événements, je dois raisonner comme le non-croyant. Comme lui, je bute sur la lenteur des progrès scientifiques, sur les erreurs techniques, sur la méchanceté ou l'insouciance des hommes. Mais je n'en reste pas là.

DIEU « TRAVAILLE » L'HOMME

Si je suis chrétien, **je puise à une autre source, ma foi**.Celle-ci n'est pas le fruit de ma seule subjectivité. Elle ne repose pas non plus sur des événements de la vie qui seraient porteurs de Dieu. Elle repose sur le fait qu'avec moi, il a déjà commencé une histoire, comme avec toute sa création... Si je connais Dieu, c'est parce qu'il se révèle lui-même à moi. Comment ? Dans le peuple de ceux qui l'ont reconnu et qui en témoignent.

Quand le chrétien lit **l'Ecriture**, il accueille une Parole de Dieu. Quand il vit **les sacrements**, il le rencontre avec son corps. Quand, avec d'autres, il fait **une communauté d'Eglise,** il le reçoit des autres. Dans ces médiations humaines, Dieu est présent. Il m'invite à prendre position.

Si je l'accueille, **je suis « fait » ou re-fait homme croyant.** Croire, c'est consentir, se laisser « travailler », se reconnaître « modelé » par un autre, Dieu. La foi est toujours une rencontre et il n'y

22. *Id*, p. 90-93.

a rencontre que si je laisse entrer en moi cet Autre qui me change. A moi d'ouvrir mes yeux, mes oreilles et mon cœur pour accueillir la réalité qui m'entoure. Il en est de même pour m'ouvrir à Dieu, même si c'est lui qui fait les premiers pas.

Face à ma situation de souffrant, que puis-je découvrir dans une telle rencontre ? **L'affirmation de la présence de Dieu** à travers son absence. La confiance que ce Père aimant ne me laisse pas plus tomber qu'une mère n'abandonne son enfant malade, même si elle ne peut le guérir. **Des paroles** qui m'envoient lutter avec mon intelligence, ma raison, ma passion de la vie... Plus encore, **le témoignage de croyants**. Avec eux, à leur suite, une expérience m'est proposée : dans son ambiguïté même, mon existence peut être un chemin, et Dieu, si différent de ce que j'aurais imaginé, ne cesse pour moi d'être souffle de vie... (Voir encadré).

Prière au Dieu différent

« Papa, Père,
c'est ainsi qu'il nous a dit de t'appeler !
Tu n'es pas comme nous l'avions imaginé.

Nous t'avons rêvé Dieu supérieur à tout,
à l'image de ceux qui nous gouvernent, majestueux et lointains.
En Jésus, tu t'es fait connaître dans un nouveau-né,
dans un enfant de réfugiés, né au hasard de la route.

Nous t'avons rêvé maître absolu des espaces et du temps,
décidant sans appel du destin des êtres et des choses.
En Jésus, tu t'es fait connaître dans un serviteur,
prenant le tablier pour laver les pieds de ses amis.

Nous t'avons rêvé juge des œuvres bonnes et mauvaises,
puissant et récompensant chacun selon un barème bien défini.
En Jésus, tu t'es fait connaître dans un condamné,
offrant sa vie pour ses bourreaux
et le pardon à ceux qui le tuent.

Oui, tu es différent de nos imaginations
et ta rencontre nous entraîne ailleurs.

Père, trop souvent, nous avons inversé les rôles ;
nous avons voulu te créer à notre façon
pour satisfaire nos désirs ou nos faiblesses
ou pour justifier nos idées.

Mais c'est toi qui nous crées,
non pas comme des êtres tout faits mais comme des êtres à venir.
Tu nous crées en nous appelant à devenir autres,
et tu nous renouvelles toujours dans cet appel car tu es différent.

Nous avons pensé cette différence comme un éloignement ;
par ton Esprit, tu t'es rendu tout proche,
souffle de vie au cœur de chacun.

Nous avons pensé cette différence comme un écrasement ;
par ton Esprit, tu es celui qui redresse,
souffle de liberté dans le monde.

Nous avons pensé cette différence comme une brûlure ;
par ton Esprit, tu es celui qui guérit,
souffle de renouveau dans nos déserts.

Nous avons pensé cette différence comme une froide solitude ;
par ton Esprit, tu es communauté et source de partages,
souffle d'Amour pour notre temps et pour toujours ![23] »

Dieu créateur, souffle de vie... Comment en faire l'expérience, m'y ouvrir et m'en nourrir, pour tenir le coup dans l'épreuve ?

UNE PROVIDENCE D'« INSPIRATION »...

Vivre, c'est lutter en homme responsable. Mais, pour cette lutte, me dit-on, je ne serais pas seul... Je serais « inspiré » : j'aurais au cœur l'Esprit de Jésus qu'il a promis et qui a transformé les premiers apôtres, au point de les libérer de la peur et de leur faire accomplir de véritables « miracles ». Animés par un souffle neuf, ils sont devenus des hommes renouvelés, me dit l'Evangile.

Parfois, j'en fais effectivement l'expérience : laissé à moi-même et pourtant pas abandonné ; remis debout mystérieusement lorsque je ne crois plus rien possible ; animé de l'intérieur pour bouger, créer, aimer ; réactivé pour cela par des tas d'hommes et de femmes...

23. Nous ne connaissons malheureusement pas l'auteur de ce beau texte, trouvé sur une table de presbytère.

Pour autant, je ne suis pas sorti de mes ornières ni installé sur un beau nuage « *Dieu ne vient pas transformer les cactus en velours côtelés* » dit F. Varone[24]. Sa « Providence », dit-il encore, n'est pas une « *Providence d'organisation* » mais une « *Providence d'inspiration* » :

> *« Il y a des gens qui voient Dieu comme le Club Méditerranée. Il suffit de payer le prix et dorénavant, tout est assumé par lui (providence d'organisation)... Quand c'est organisé par un autre, on trouve les choses toutes faites, on remercie et on s'infantilise ! Un père digne de ce nom se garde bien d'infantiliser.*
>
> *Inspirer — plutôt qu'organiser —, c'est l'action propre de Dieu après avoir créé. Il y a donc comme deux couches inséparables : d'abord créer, donc faire exister pour laisser exister, puis* ***inspirer, accompagner l'homme créé, lui faire pressentir, puis sentir, puis goûter la Vie de Dieu, et le rendre ainsi motivé, désireux et capable d'agir.*** *Pour collaborer à sa création. Pour prendre des initiatives, pour se mettre à « agir dans la justice et aimer avec tendresse » (Michée 6, 8). La Providence n'organise pas, elle inspire des acteurs et c'est par des médiations humaines qu'elle est finalement efficace pour tel homme ou telle situation. C'est par le samaritain que Dieu prend soin de l'homme victime des brigands...*
>
> *Dieu est et reste proche de l'homme qu'il crée. Mais pas pour en faire l'exécutant de son plan, ni pour l'infantiliser, ni même pour être le bouche-trou, dès qu'une déchirure trop profonde pour l'homme s'est faite dans le réseau de ses projets et de ses activités. »*[25]

Un tel Dieu nous échappera toujours ! Cela m'épuise un peu mais me donne faim aussi et j'ai confiance. Il ne peut être pleinement saisi, ni par les mystiques ni par les sages, ni par les croyants ni par les non-croyants. Il reste hors de nos raisons. **Il reste l'Autre**. Mais comme dans l'histoire biblique, il se révèle cependant dans mon existence d'homme, toujours au-delà de ce que je peux en dire. Pour autant, il n'est pas lointain ou inaccessible. En Jésus, il s'est fait « Emmanuel », c'est-à-dire « Dieu avec nous », sans jamais se substituer à nous.

Avec des non-croyants, il ne m'est pas facile de partager ce que je vis avec lui, car sur mon chemin, je l'expérimente proche et tendre, et en même temps un peu « fou », un peu irrationnel. Il est très loin de l'idée de Dieu latente en tout homme. Avec eux, il me

---

24. *Ce Dieu absent qui fait problème*, ouv. cité p. 79.
25. Id. p. 105-106.

faut donc sans cesse marcher à cloche-pied, passer tour à tour du témoignage à l'explication : rendre compte d'une vie renouvelée par lui et tenter en même temps de le rendre accessible par la raison.

Face au mal qui m'atteint, **je suis aussi renvoyé à moi-même et cependant accompagné, aimé, « inspiré »**. Jésus a vécu ainsi et il m'invite à faire de même avec lui. St Paul disait même : « *C'est le Christ qui vit en moi* »[26] ; le Christ dans « *la puissance de sa résurrection* », dans sa Pâque ; « *en lui nous sommes déjà vainqueurs* »... Ces paroles m'apparaissent bien fortes : quand je suis au creux de la vague, je ne me sens « vainqueur » de rien du tout ! Comment entendre alors l'expérience de tant de croyants ? Animés par le souffle du Christ ressuscité, ils semblent affronter le mal, sans qu'il soit pour eux le dernier mot absolu... Vais-je pouvoir accueillir un peu mieux ce qu'est leur espérance ?

Car parler d'espérance, n'est-ce pas tomber dans le piège, dénoncé plus haut, d'un avenir qui détourne du présent ? On dit que l'espérance chrétienne est expérience de mort-vie, qu'elle concerne aussi mon existence de chaque jour, sans gommer ce qui la rend si lourde parfois. Comment comprendre et comment est-il possible de l'envisager aussi dans son caractère ultime, par-delà la mort ?

26. 2 Co 4, 10.

Chapitre 7

QUELLE ESPÉRANCE POUR NOUS ?

Regarder Jésus et me risquer à le suivre m'a invité à convertir mon image de Dieu... Il m'invite désormais à laisser gonfler mon cœur, pourtant lourd du poids de ma vie, et à me risquer à la suite de cet homme qui a remis debout tant de gens écrasés. Voilà qui peut être libérateur, bien que ma quête d'explications du mal demeure en suspens. En effet, ce parcours avec l'Evangile ne m'a pas apporté seulement des connaissances. Il m'a sans cesse interpellé sur un chemin à risquer. C'est bien de risque qu'il s'agit, parce que Christ est ressuscité non pas à notre place, mais à notre tête. Je suis invité à accepter de m'encorder à lui pour une aventure pleinement humaine, mais tout à fait folle. Avant de m'y lancer, avec confiance et espérance, je suis en droit de m'interroger :

qu'est-ce que j'espère ? Aspiré par le Dieu de Jésus-Christ, puis-je miser avec lui sur la vie, sur une espérance dès aujourd'hui et au quotidien ? Puis-je miser sur la Vie par-delà même la mort ? Ce pari de croire est-il raisonnable ?

DE LA MORT À LA VIE DÈS AUJOURD'HUI...

A la lecture du Nouveau Testament, je vibre avec ces disciples qui aiment raconter combien leur rencontre du Christ vivant a été, pour eux, une expérience bouleversante qui les a transformés (voir chapitre 5). Leurs actes le montrent bien, mais Paul tient à en donner les raisons : nous sommes ressuscités avec le Christ « *pour mener une vie nouvelle* »[1], « *Si quelqu'un est en Christ, il est une créature nouvelle.* »[2] L'apôtre va jusqu'à forger des mots nouveaux pour exprimer cela : nous sommes, dit-il, des co-morts et des co-ressuscités avec Jésus. A tel point qu'il peut ajouter : « *Nous sommes plus que vainqueurs en celui qui nous a aimés.* »[3] Jésus n'a-t-il pas dit : « *Celui qui croit* **A** *la vie éternelle et moi, je le ressusciterai au dernier jour.* »[4] Ce lien à Jésus implique donc deux conséquences qui me concernent : pour le futur, nous ressusciterons ; pour le présent, le disciple **A,** dès aujourd'hui, la *vie* éternelle.

Quand je souffre, de telles paroles peuvent me révolter... Car, moi, je souffre et ces paroles me semblent trop belles, hors de la réalité. Pourtant, ni Paul ni Jean ni les croyants d'aujourd'hui ne prétendent que leur croix est abolie...

LA RÉSURRECTION N'EFFACE PAS LA CROIX...

L'Evangile dit que le disciple n'est pas au-dessus de son maître ! De fait, pour moi comme pour Jésus, l'affrontement au mal émaille ma vie quotidienne. Pas plus que lui, je n'en suis épargné.

L'espérance chrétienne ne peut donc être confondue avec la certitude d'une réussite éclatante. Elle ne supprime ni mon

1. Rm 6, 4.
2. 2 Co 5, 17.
3. Rm 8, 37. Nous y reviendrons au chapitre 7.
4. Jn 6, 40, 47.

inquiétude ni mes luttes, mais, au creux de ce qui meurtrit ma chair ou mon cœur, elle est comme « décapée ». **Elle n'est pas non plus la promesse du Royaume de Dieu sur terre !** Elle est plutôt **attente active**, en dépit des difficultés et de la mort elle-même. La résurrection ne supprime pas la croix, ni son existence, ni le scandale qu'elle suscite. **Elle exprime la force de la vie, dans la traversée de l'épreuve** inéluctable. Elle « travaille » à l'intérieur de mes espoirs et de mes déceptions.

Le récit d'Emmaüs le dit bien : lorsque Jésus ressuscité chemine « incognito » avec les disciples découragés, ceux-ci le reconnaissent à l'explication de l'Ecriture et à la fraction du pain. Mais ce n'est pas encore le triomphe de la vie ! Même si leur maître leur est rendu, ils n'ont pas le Royaume ; ils n'ont que le partage de l'Ecriture et du pain. Et pourtant, cela transforme toute leur vie, au point que, rapidement, ils partent à la conquête du monde, capables d'affronter le martyre pour leur foi ! C'est dire que, comme leur maître, ils connaîtront eux aussi l'épreuve, la souffrance et la mort, sans que cela les empêche de vivre en témoins enthousiastes de la vie nouvelle reçue du Christ.

Regarder Jésus, au cœur de ma souffrance, c'est regarder le mystère pascal et y entrer avec lui. Cela ne supprime pas le cri, mais est source de vie, dit un souffrant :

> *« Depuis longtemps, je cherche pourquoi cette « foutue » croix de Jésus est mystère de vie ! Cela me provoque à chercher le mystère de ma vie (et de toutes nos vies), faites de libérations au creux des renoncements acceptés ou voulus, au creux même des scandales déshumanisants. J'en reviens toujours à cette souffrance qui est mystérieusement terreau de vie, et à cette espérance qui n'est pas échappatoire. C'est sans réponse. J'ai toujours peur aussi qu'on ajoute au scandale de la souffrance, le scandale de sa « fécondité » !*
>
> *Et pourtant, il nous faut regarder Jésus ! Sa manière de lutter en voulant gagner, tout en acceptant de perdre — par amour —, sans lâcher la main de son Père. Nos croix n'ont pu devenir Pâques et vie que lorsqu'elles ont été vécues de cette manière-là : tout en attente de cet Autre qui, de toute manière, vient à notre rencontre, avec toute son humanité... et avec toute sa puissance d'amour vraiment divine...*
>
> *Je lui dois d'aimer la vie ainsi, au point de bien vouloir en perdre un bout. Ça n'ôte aucun pincement de cœur ni aucun cri. C'est triste... et gai à la fois... bien ensemble. Mais je lui dois cette manière de vivre !*

PAS UN AVENIR LOINTAIN...

A certaines époques, **on a fait de l'espérance chrétienne une attente passive des consolations de l'au-delà**. Au ciel, tout s'arrangera... Ici-bas, attendons passivement... Les sermons parlaient volontiers du ciel, du purgatoire et de l'enfer. Il était plus rare de témoigner de la richesse de vie personnelle, amoureuse, sociale, militante ou apostolique que peut donner Jésus. Celui-ci, pourtant, n'avait-il pas dit à ses disciples : Celui qui aura tout donné « *à cause de moi et à cause de l'Evangile* » recevra « *au centuple maintenant, en ce temps-ci... et dans le monde à venir la vie éternelle* »[5].

D'autres encore semblent faire de l'espérance **un optimisme ou une foi dans le progrès de l'humanité**. Dans ce cas, les désillusions ne manquent pas !

L'espérance serait-elle autre chose encore ? C'est peut-être dans l'échec qu'on l'approche au plus près, mais au terme d'un long chemin. C'est ce qu'exprime quelqu'un, refusant qu'on réduise l'espérance au positif de la vie :

« Je ne cesse de creuser depuis des mois ce que peut être mon espérance aujourd'hui, dans ce chemin étroit, menacé, plein de crevasses, le mien et celui de notre vie collective. Je sais ce qu'elle n'est plus...

Elle n'est pas ce que j'en entends dans certaines homélies. Je ne supporte plus ! J'ai l'impression qu'ils parlent d'une espérance apprise, livresque, qu'ils accumulent des mots, très beaux, très sensés, mais... un peu creux... Ou alors, c'est moi qui n'entends plus, qui n'y crois plus, à leur espérance à eux ? En tous cas, ça ne me nourrit pas.

Elle n'est pas non plus ce que je lis dans certains témoignages. Là, l'espérance est souvent plaquée au bout d'une réussite humaine. Je ne la nie pas, j'en vis. Mais, dites-moi plutôt votre espérance dans l'échec, votre espérance quand un copain meurt, quand votre propre vie tient au hasard, quand des divergences profondes font capoter des projets importants pour l'homme ?... »

UNE ESPÉRANCE POUR AUJOURD'HUI !

Certes, l'espérance porte sur l'avenir, mais qu'en est-il au présent ? L'Ecriture me dit que ce présent est fait d'attente, mais qu'il n'est pas sans importance car il est lui-même porteur d'avenir...

St Paul parle d'un « **enfantement** » :

« La création attend avec impatience la révélation des fils de Dieu ; livrée au pouvoir du néant... elle garde l'espérance, car elle aussi sera

5. Mc 10, 29-30.

libérée de l'esclavage de la corruption, pour avoir part à la gloire des enfants de Dieu. Nous le savons en effet, la création tout entière gémit maintenant encore dans les douleurs de l'enfantement. Elle n'est pas la seule : nous aussi qui possédons les prémices de l'Esprit, nous gémissons intérieurement, attendant l'adoption, la délivrance pour notre corps. Car ***nous avons été sauvés, mais c'est en espérance.*** »[6]

N'est-ce pas ce que disent, en d'autres termes, des hommes et des femmes d'aujourd'hui (Voir encadré) ?

L'écorce...

« On écorce les pins soigneusement...
pour vendre l'écorce au tanneur.
Mais une écorce neuve repoussera
jusqu'à la mort du pin.
On écorce mon pin soigneusement...
pour jeter l'écorce au feu.
On bloque son excès de vie.
On brûle aux rayons son anarchie.
Mais une écorce repoussera
jusqu'à la mort du pin.
Mais... une toute autre écorce renaît déjà
du creux du vieux pin.
Ainsi vont les peines et les espérances des hommes.
Les unes s'écaillent et tombent.
D'autres naissent et font renaître,
cela, jusqu'à la mort
et bien au-delà de la mort.
Car Jésus a voulu prendre sur lui
toutes les peines des hommes.
Car Dieu a voulu que repousse sans fin
l'écorce du pin. »

Pascale.

Une telle espérance ne porte pas seulement sur un ciel au-delà de la mort. St Paul parlait ci-dessus de « prémices » de l'Esprit. Ailleurs, il parle d'arrhes ou d'acompte : « *L'Esprit-Saint, acompte de notre héritage jusqu'à la délivrance finale.* »[7] Comme les signes

6. Rm 8, 18-24.
7. Eph 1, 14.

« dérisoires » accomplis par Jésus, bien des choses dans ma vie ne sont-elles pas des **arrhes**, des tremplins pour mon espérance ? Plutôt que de commenter, laissons la parole à Pascale et à sa longue méditation, un soir de veille auprès d'un grand malade :

> ***« Mon espérance ne s'appelle plus "optimisme". Elle ne s'appelle plus forcément "réussite".*** *Elle a baissé la barre, deux ou trois crans en dessous. Elle est au ras des pâquerettes. Elle est* ***dans les étincelles*** *qui ne flamberont peut-être pas. Elle est* ***dans les bourgeons*** *étranglés qui ne s'ouvriront peut-être pas... Elle est aussi* ***dans les feux de paille****, dans les silences, dans les affrontements, dans les océans en tempête, dans la terre où les grains de blé, qui viennent juste d'être semés, sont mangés en partie par les oiseaux. Elle est* ***dans l'hiver*** *avant d'être dans le printemps ! C'est en hiver, quand il fait si froid, que les bourgeons se forment. On ne les voit pas ! On ne va pas les voir ! Il fait si froid et ils sont si petits, mais c'est en hiver que la terre devient accueillante. Si elle gèle un peu, elle sera meilleure. S'il neige, elle produira plus.*
>
> *J'ai fait cette expérience de l'hiver qui devient fécond, expérience de Ta tendresse... Chercher l'espérance dans l'hiver, dans le désert de notre veille d'aujourd'hui, dans le risque de mourir cette nuit, demain..., dans le risque de lutter vingt ans comme cela...*
>
> *Mon espérance a été folie, attente d'un « miracle », attente du coup de baguette magique ; elle a été rêve...*
>
> *Aujourd'hui, mon espérance est aussi folie, d'une tout autre folie... Elle est aussi attente d'un « miracle », d'un tout autre « miracle »...* ***Elle est CONFIANCE dans l'infini du « minusculement » petit...***
>
> *Aujourd'hui, ma folie, c'est de croire ! Croire que ce minuscule grain, même s'il risque d'être piétiné, même s'il risque de pourrir, est promesse... promesse de vie, promesse d'éternité, parce qu'il prépare la terre à une moisson, à d'autres grains lancés et récoltés par d'autres mains...*
>
> *Ma folie, c'est de ramasser, de rallumer toutes ces petites étincelles, de les préserver du vent pour qu'elles flambent un bon coup ; mais de croire aussi que, même si elles s'éteignent, ça a valu le coup. Une chaleur est passée, avant-goût d'une autre étincelle à rallumer. Ce qui est passé reste ! L'avant-goût du gâteau sur la table, ça vaut presque autant que de le savourer. Rien n'est perdu, jamais. Si on n'a pas savouré ce gâteau, l'avant goût donne l'envie d'en savourer un autre. L'avant-goût donne la force de repartir avec appétit.*
>
> *L'essentiel n'est peut-être pas dans le résultat... Il est dans ce chemin, dans ce labeur, dans ce labeur permanent, dans la confiance que Tu y mets. Tout cela est promesse ! L'aboutissement n'est pas propriété des hommes... Il est pour Toi. L'essentiel de mon espérance est dans Ta présence pleine d'Amour qui habite chaque sillon de nos labours.*

C'est vrai, la folie de cette foi-là, de cette espérance-là, a aussi besoin de réussites tangibles ! de bouquets de fleurs odorants ! de récoltes abondantes ! Mais notre vie en cueille, à pleines brassées. Il faut se rappeler qu'un bouquet est fait d'un ensemble de petites fleurs.

Savoir voir les violettes dans les sous-bois !... Chaque violette, avec sa valeur unique, infinie... Savoir les chercher, s'en enivrer, une à une. Il n'y a pas que les genêts majestueux. Il faut chercher.

Aujourd'hui j'ai vu des violettes, dans cette chambre. Une d'elles était la paix du visage de François endormi. L'autre était cette carte reçue qui l'avait « nourri ». Une autre était ce sourire douloureux en échange de mon sourire confiant, le sourire de la fraternité dans l'épreuve... Une autre était cette Renée au salon qui m'a parlé de sa révolte, de son refus, de ses questions sur Dieu... Une autre était nos silences... Moi, je Te savais là, de toute manière ! Tu ne peux être absent quand c'est si important. Tu ne peux répondre autrement qu'en tenant nos bras. Tu arrives souvent au dernier moment. Ou plutôt, je Te vois souvent au dernier moment, mais ***Tu arrives toujours sur le chemin de l'homme qui t'attend*** *; et toujours sur le chemin de l'homme qui se sent faible, désarmé. Je T'ai vu à temps aujourd'hui... »*

Voir les violettes minuscules dans l'obscurité du sous-bois n'est pas évident. Cela ne constitue pas un discours explicatif, moins encore une preuve que la vie est belle. N'est-ce pas plutôt une expérience ? Une expérience que les chrétiens disent « pascale » parce qu'elle est un humble chemin de vie qui ne nie jamais la mort.

UN CHEMIN PASCAL...

Ce chemin ressemble à **une marche dans le désert**. Il me fait penser à la longue marche du peuple de l'exode, au sortir de la servitude en Egypte. Exode, Pâque, traversée, il s'agit bien des mêmes mots ou plutôt de la même expérience. Comme le peuple de l' Ancien Testament qui ne l'a compris qu'avec le recul de l'histoire, ce n'est souvent qu'après coup qu'il est possible de la mesurer (Voir encadré)

Traversée du désert...

« J'ai ressorti mon évangile du temps de la JECF. Ça ne me disait rien, mais j'ai continué à lire St Jean, un peu tous les jours... Pourquoi ? Je suis incapable de le dire, même aujourd'hui. » Un jour, je suis tombée sur cette phrase : « Tout sarment qui produit du fruit, il l'émonde pour qu'il en produise plus. » (Jn 15) Je n'ai rien compris. Plutôt révoltée, je suis allé trouver le prêtre

qui avait donné le sacrement des malades à mon mari et je lui ai demandé de m'expliquer... Ce qu'il n'a pas fait, me faisant parler de ma vie !... Cela m'a sauvée... C'est ainsi que quelques mois après, je me suis retrouvée dans une équipe d'ACO. « Trouvée », parce que j'ai été accueillie par des inconnus, telle que j'étais, avec ce que je portais. Nous sommes devenus des amis. Cette traversée du désert me fait dire aujourd'hui que toute souffrance est comme un exode... »

Anne-Marie.

Il ne s'agit pas d'expliquer, en effet... Il s'agit de prendre un chemin. Celui-ci reste un chemin plein d'ornières, et pourtant il n'est pas sans issue, il n'est pas une impasse. Ce qui me permet de le dire, c'est l'histoire de Jésus, dans la mesure où je peux la faire mienne. C'est ce qu'exprime l'apôtre Paul. Avec Jésus, mon existence est à la fois épreuve, souffrance, mort, et pourtant vie, amour, confiance et résurrection :

« Pressés de toute part, nous ne sommes pas écrasés ; dans des impasses, mais nous arrivons à passer ; pourchassés, mais non rejoints ; terrassés, mais non achevés ; sans cesse ***nous portons dans notre corps l'agonie de Jésus afin que la vie de Jésus soit elle aussi manifestée dans notre corps.*** *Toujours en effet, nous les vivants, nous sommes livrés à la mort à cause de Jésus, afin que la vie de Jésus soit elle aussi manifestée dans notre existence mortelle. »*[8]

Il s'agit d'expérimenter ce **passage de la mort à la vie au quotidien.** Jésus a parlé du grain de blé qui est enfoui en terre (moment de mort) pour pouvoir germer et porter du fruit[9]. Il a même dit : *« Si quelqu'un veut venir à ma suite, qu'il renonce à lui-même, qu'il prenne sa croix, chaque jour, et qu'il me suive... Qui perd sa vie à cause de moi, la sauvera. »*[10] Une telle expérience est bien loin de ce que je rêverais : une réussite parfaite, un bonheur sans failles, une autoroute au lieu d'un sentier de montagne. C'est pourtant une expérience dont témoigne un croyant parmi d'autres :

« Si réussir sa vie, c'est avoir et avoir tout,
Si c'est pouvoir épanouir l'ensemble de ses potentialités,
si c'est faire « carrière » professionnelle, syndicale ou ecclésiale,
Si c'est être aimé sans faille,

8. 2 Co 4, 8-11.
9. Jn 12, 24.
10. Lc 9, 23-24.

Si c'est se protéger de ce qui fait souffrir,
Si c'est être assuré d'un avenir,
Alors, aux yeux des hommes, j'ai raté ma vie...

Si compagnonner avec Jésus,
c'est renoncer à « avoir » et à « être »,
à avoir ce qui manque et à être ce qu'on aurait pu être.
Si c'est faire de ce renoncement un don et un amour
pour ses larges semailles,
Si cet amour devient Béatitude...
Alors, aux yeux des hommes,
la route du Christ est folie et ma vie est folie.

Je consens à rater ma vie ! à en faire une folie !
et même à risquer mon à-venir !
Dans la courbe brisée de ma vie, sans cesse désinstallée,
l'Evangile m'a atteint, rejoint, au plus haut point
comme une désinstallation permanente, comme une conversion...
et surtout comme un paradoxe à tenir et à vivre
à la suite de Jésus crucifié et ressuscité. »

ENGAGEMENT ET ATTENTE...

En moi comme en tout homme, il y a bien attente d'une aurore, espérance d'une vie enfin déployée dans toute sa richesse. Mais ce n'est **pas une attente-évasion dans le futur** qui me ferait oublier l'aujourd'hui. Xavier Thévenot compare le chemin que nous pouvons faire à celui de Jésus, pendant ces trois jours de Pâques qu'on appelle les « jours saints »[11]. Le vendredi, c'est la période de la mort, de l'accablement, de la paralysie devant le malheur. Le samedi, c'est la période du silence, de la maturation, du travail de deuil ; un temps d'attente mais d'attente active ; un temps de germination qui prépare l'éclosion du grain jeté en terre. Le dimanche de Pâques, c'est la période de l'espérance, de la vie renouvelée, du nouveau départ.

C'est tout un chemin ; un chemin qui se renouvelle sans cesse, qu'il faut toujours reprendre. Certes, il y aura notre résurrection finale ; mais chacune de nos « petites pâques », chacune de nos petites résurrections n'est pas le repos définitif. Elles sont des étapes. Bien que le Christ soit victorieux du mal, il ne m'établit pas dans le repos ; au contraire, il réveille mon désir de vie ; il attise ma révolte contre le mal ; il me donne soif, une soif qui me tire en avant, qui nous met en route avec lui.

11. Dans : *Actualité religieuse dans le monde* du 15/2/90 p. 26.

Cette route d'espérance est à la fois engagement dans la lutte et attente d'un avenir, attente d'une libération, attente de ce monde nouveau sorti enfin des douleurs de l'enfantement. Cette perspective me dépasse. Je sais bien qu'elle est au-delà de mes forces, de mes capacités et de celles des hommes. Pourtant, la résurrection de Jésus, « à notre tête », est promesse que l'avènement de ce « Royaume » est engagé. Alors, il me reste d'une part à y travailler au jour le jour, et d'autre part à exprimer dans la prière mon attente, mon espérance, ma demande (Voir encadré).

J'attends...

Père, tu es l'eau vive de ma vie...
mais la certitude de ton amour infini
ne cesse pourtant d'attiser l'épreuve de ton absence.
Pourtant, dans le brouillard de leur nuit,
tu aspires sans relâche la marche errante des hommes.
Moi avec eux, encordée à ce peuple de croyants
qui me donne de te connaître et de t'aimer, je me laisse aspirer !
Et, dans ma quête de vie pour aujourd'hui comme pour demain,
dans la foi un peu nue, je ne cesse de t'attendre...
Alors...

Saisis mes mains !
souvent démunies mais ouvertes à tant de frères.
Eprises de Vie et de Liberté, elles restent pourtant
mains dépossédées, mains humiliées,
mains affamées, mains entravées.
Avec toi et avec mes frères, j'attends une humanité à jamais délivrée !

Porte mes pas !
Je cours avec eux tous, avec Toi, vers Toi,
sur les sentiers printaniers de la Joie...
Mais... le sac un peu lourd courbe mon dos fragile,
essouffle mon souffle et arrête parfois ma course.
J'attends la danse festive de la vie, celle des hommes sans chaînes, avec toi !

Libère ma voix !
mêlée à toutes ces voix, au delà des frontières,
elle voudrait, avec elles, se casser à crier l'amour et la justice
Elle te guette... et t'appelle en prière,
mais la peur et l'impatience l'étranglent souvent.
J'attends le chant clair de l'amour enfin partagé !

Apaise mes yeux !
Ils sourient à la tendresse de ceux qui aiment,
à la plus petite pousse de tout ce qui germe ;
Ils te demandent des folies..., ils t'adressent des mercis...
mais ils ruissellent aussi parfois de détresse.
J'attends, dans une tendresse enfin comblée, toutes nos semences levées...
pour une création achevée, auprès de toi !

Calme mon cœur !
Il chante avec ceux qui chantent, il pleure avec ceux qui pleurent
mais il frissonne et durcit au grand froid de l'hiver.
J'attends le feu ardent de la joie !

Eclaire ma foi !
Elle te sait là, pourtant, ami, accompagnant,
même quand tu ne sembles pas là du tout...
Elle te croit présent, souffrant, aimant au creux de nos échecs,
offrant des brèches dans ces murailles qui se dressent.
Ma foi te cherche...
J'attends ton visage de frère enfin dévoilé !
j'attends le desir comblé de notre rencontre !

Pascale.

Attendre, qu'est-ce à dire ? Je peux attendre passivement quelque chose qui m'adviendra sans que je le cherche... Je peux aussi attendre activement, en marchant au devant de ce qui m'est promis... Face à la mort, puis-je vivre cette attente-là ? Et d'abord, attendre quoi ?

JUSQU'AU-DELÀ DE LA MORT...

VERS UNE RÉSURRECTION PROMISE ?

Nous l'avons vu longuement, la question de la mort scandalise les hommes de tous les temps. Qu'est-ce que vivre si cela n'aboutit qu'au néant ? Si la mort est souvent niée ou banalisée, n'est-ce pas parce qu'elle reste pour chacun une question radicale, une inquiétude diffuse, attisée par la mort des autres ? Je peux occulter provisoirement cette peur... Je ne peux la chasser de ma vie. Quand la maladie me touche, celle-ci se rappelle brutalement à moi (Voir encadré).

Ce moment est peut-être le dernier...

« J'ai peur. Je vis chaque moment en me disant que c'est peut-être le dernier. En appréciant ce qui est beau... le maintenant... ma réunion de parents... Cela ne m'empêche pas de sourire, d'être heureuse. Cela m'oblige à voir les choses chouettes. Je vis tous mes engagements comme cela : en appréciant, en étant heureuse, même si c'est la dernière fois. Mes gosses sont partis tout à l'heure, peut-être ne les reverrai-je pas...

Lundi, je me suis senti partir... J'étais en paix... Mais savoir si je pourrai vivre toujours ainsi ? C'est quand même la première semaine où je pense que ma vie pourrait subitement s'arrêter...

Pour tous mes autres choix, j'ai décidé de parier sur un avenir, mais en me disant que dans cinq minutes, je ne serai peut-être plus là. Ce qui me fait pleurer, ce sont les ruptures affectives de la mort. Je ne suis pas au point de François. Il me semble qu'il a peur. Moi, ma peur est passée. Mais j'ai peur de laisser mon mari, mes enfants, peur de ne plus voir ceux que j'aime, peur de m'ennuyer après... Il y a quand même quelque chose qui est la recherche de toute ma vie et qui me fait dire que j'y verrai plus clair après... Cela n'empêche pas que je pleure... »

Pascale.

Cette question est MA question, elle n'est pas une affaire intellectuelle. Pourtant je veux la regarder en face. Pour cela, je ne peux ignorer tous les hommes, mes frères, qui se la sont posée, car elle est vieille comme le monde. Dans les chapitres précédents, nous avons suivi les efforts de beaucoup de gens pour y réfléchir. Nous avons aussi regardé Jésus et la manière dont il a vécu.

Avant lui, **dans l' Ancien Testament**, le peuple de Dieu s'y est affronté. Ce n'est que très progressivement, deux siècles environ avant Jésus-Christ, que s'est exprimée la foi en une résurrection possible[12]. On avait un seul argument : Dieu qui a accompagné fidèlement son peuple, *« ne peut laisser ses amis voir la corruption »*... Cet acte de foi s'est exprimé dans des textes magnifiques, comme celui des ossements désséchés[13] : dans une vision, le prophète se trouve devant un immense champ d'ossements secs et dispersés. Or, voici que ceux-ci, mus par on ne sait quelle force, se rapprochent les uns des autres, s'ordonnent et forment des corps. Mais ils ne

12. Voir *Jésus-Christ*, ouv. cité chapitres 5 et 7.
13. Ezechiel ch 37.

sont encore que des cadavres. Alors, soufflant sur eux, l'Esprit de Dieu leur redonne vie. Merveilleuse manière imagée de me dire que la résurrection est une véritable création par Dieu, une nouvelle création, comme celle du récit des origines : là, déjà, c'est le souffle de Dieu qui a donné vie à l'homme pétri avec de la glaise. Le Dieu de la Bible, comme le dira Jésus, se présente non pas comme « *Dieu des morts mais Dieu des vivants* »[14] !

Pour les disciples, cette foi sera renouvelée par l'expérience qu'ils ont faite de Jésus ressuscité. Dès lors, dira St Paul, ils sont conduits à croire à leur propre résurrection, car les deux sont liées :

> « *Si l'on proclame que Christ est ressuscité des morts, comment certains parmi vous disent-ils qu'il n'y a pas de résurrection des morts ?... Si Christ n'est pas ressuscité, notre prédication est vide et vide aussi notre foi. Il se trouve même que nous sommes de faux témoins... Si les morts ne ressuscitent pas, Christ non plus n'est pas ressuscité. Et si Christ n'est pas ressuscité, votre foi est illusoire...* ***Si nous avons mis notre espérance en Christ pour cette vie seulement, nous sommes les plus à plaindre de tous les hommes.***[15] »

Sur quoi fonder une telle confiance ? N'est-elle pas un peu folle ? L'auteur de la 2ème lettre à Timothée s'appuie sur **la fidélité de Dieu**. Nous pouvons le refuser, le renier ; dans ce cas il ne nous forcera pas la main. Mais si nous sommes seulement infidèles parce que faibles, lui restera fidèle :

> « *Elle est digne de confiance, cette parole :*
> *Si nous mourons avec lui, avec lui nous vivrons.*
> *Si nous souffrons avec lui, avec lui nous règnerons.*
> *Si nous le renions, lui aussi nous reniera.*
> *Si nous lui sommes infidèles,*
> *lui demeure fidèle, car il ne peut se renier lui-même.*[16] »

Pour les premiers disciples comme pour nous, l'essentiel est dans le « *avec lui* ». Si je peux croire en un avenir de ressuscité, c'est à cause du Christ qui n'a pas évité la mort mais l'a traversée. Il s'agit d'entrer avec lui dans sa Pâque, dans son passage.

---

14. Mt 22, 30-32.
15. 1 Co 15, 12-19. Nous avons déjà cité ce texte au chapitre 5.
16. 2 Tim 2, 11-13.

UN PASSAGE...

Quand meurt un être cher, c'est la brisure, la déchirure. On pourrait dire que ce n'est pas le moment de parler de vie, de résurrection, de passage. Et pourtant des millions de chrétiens dans le monde célèbrent un dernier adieu à l'Eglise. Ils y parlent du Christ, de sa promesse de vie, d'une vie éternelle dans laquelle nous nous retrouverons tous. Il est bouleversant d'entendre ces hommes et ces femmes qui, au plus profond de leur deuil, expriment avec confiance une folle espérance ! Des non-croyants, sans partager cette foi, participent souvent à cet adieu avec respect, parfois avec révolte[17].

Lors de l'enterrement civil d'un jeune sidéen, sa famille et quelques amis atteints de la même maladie ont tenu à lire un tel témoignage, émanant d'une laïque qui les avait accompagnés, et qui leur écrivait son acte de foi : après la mort, enveloppé dans la tendresse de Dieu, ce jeune est devenu encore plus humain ; il est parti au pays où les « lépreux » sont entrés dans la Vie.

Jacques n'est pas mort !

« Jacques n'est pas mort ! Laissez-moi nous le dire !... dans les larmes... mais aussi dans la paix... J'ai besoin de le dire parce que je le crois.

Pas pour sécher nos visages. Nos visages sont beaux quand ils ruissellent de pluie...

Pas pour endormir nos questions ! Nos questions sont belles quand, nous ouvrant plus loin que nous-mêmes, elles cherchent à comprendre, discerner, juger, dénoncer (pour lutter) les causes premières du mal dans notre société...

Pas pour fuir la réalité de nos vies qui, toujours trop tôt, s'achève dans une tombe.

Pas pour rêver d'une quelconque compensation.

Jacques, resté humain là où je crois qu'il est, ***devenu encore plus humain par l'immense humanité de Dieu qui l'a enveloppé,*** *doit pleurer avec nous cette radicale déchirure.*

17. Voir encadré du chapitre 3, p. 66.

Que ses larmes et les nôtres ne soient pas stériles ! Qu'elles nous fassent frères, aujourd'hui rassemblés, et pour l'avenir : certains ici pleurent un fils unique qui a souffert l'enfer (comme il disait) et les a fait souffrir... D'autres pleurent leur ami le plus cher, et la solitude à venir. D'autres pleurent un compagnon d'hôpital, enchaînés par hasard avec Jacques, dans ces wagonnets de douleur physique et d'angoisse, face à ce vide qui va happer la vie malgré soi... Certains ici sont renvoyés à leur propre mort lente... trop lente... et trop rapide à la fois...

Que nos larmes communes fassent couler un fleuve de tendresse entre nous, bâtissent des passerelles entre les hommes, quels qu'ils soient... ***Que nos larmes servent la vie !***

Au début de sa maladie Jacques parlait peu, renfermé sur lui, personnel, triste à mourir... Peu à peu, il a changé. Il y a un mois, il nous a expliqué son chemin de malade : "A chaque fois qu'on m'humilie ou me rejette, je réponds par un long regard dans les yeux... Pas pour leur faire honte. Pour leur rappeler que j'ai des yeux d'homme". Il a dit son admiration pour certains soignants. Il a parlé avec émotion des malades qu'il allait voir régulièrement... Il a même dit cette phrase qui nous a tous remués : "Je commence à être heureux." Quand je le rencontrais, depuis ce fameux premier jour dans un couloir d'hôpital, j'avais pris l'habitude de le saluer avec un souriant "Salut, Monsieur la vie c'est de la m... "Il partait d'un grand rire frais, secouant sa grande carcasse délabrée. Je crois bien qu'on riait de joie..., d'être sortis de la m..., du désespoir, du regard mort... En mourant à petit feu, ***Jacques a découvert un Dieu des vivants, non des morts****. Il est mort sans savoir où il allait. Il nous disait : "Je pense que la mort, c'est une grande lumière qui rend beau..."*

Non, Jacques n'est pas mort. Parce que Jésus-Christ n'est pas mort pour rien ! *Parce que Dieu, son Père et notre Père à tous, a promis la Vie à tous ceux qui la voulaient, fût-ce à la dernière heure.*

Je crois que Jacques est parti au pays des aveugles, des boiteux, des mal-nés, des lépreux... Là, réconciliés avec leur lèpre, accueillis avec tendresse, aimés au-delà de leurs mérites ou de leurs « œuvres », les lépreux n'ont plus besoin d'agiter leur clochette pour avoir le droit de marcher, à distance de leurs frères ! ***Les lépreux sont entrés dans la vie. Les clochettes sonnent pour les accueillir !***

Et nous, « lépreux » chacun à notre manière, sommes appelés à nous prendre la main et à faire des choix pour la vie, aujourd'hui, sur cette terre pourrie... et pourtant si pleine des merveilles de Dieu ! »

Pascale.

Une vie nouvelle, un monde nouveau dans lequel les lépreux, les mal bâtis, les mal-aimés, seront des vivants à part entière... Comment est-ce imaginable ? N'est-ce pas folie ? La folie de la croix et de la résurrection... Seigneur, si je te confie Jacques et tant d'autres, si je t'offre cette mort tragique, si je t'offre souvent tant de « morts » partielles qui me font souffrir et font souffrir ceux que j'aime, ce n'est pas parce qu'elles auraient valeur, ce n'est pas pour les oublier. C'est en faisant mémoire de Jésus. Pour qu'il y ait **passage**. Tu nous as souvent fait faire l'expérience des passages... Je ne l'ai pas toujours reconnu... Quelquefois, j'ai su voir que tel échec, telle limite, telle « mort » restait un mal ; mais que la vie, l'ouverture, la réponse, le chemin m'avait été donnés ailleurs que là où je les aurais attendus. Après coup, j'ai pu rendre grâce. Qu'il en soit ainsi pour la mort physique... Que nous qui vivons et butons toujours sur ces mêmes obstacles, nous luttions sans cesse pour trouver le passage... Pas pour réaliser notre projet ou notre rêve... Mais pour « ferrailler » et pour tenir, jusqu'à ce que cette réponse inattendue, cette ouverture, cette nouveauté nous soit donnée. Un peu comme le grain qui lutte pour ne pas pourrir, qui semble pourrir, et qui tout à coup voit poindre une plante nouvelle...

Pour approcher un peu ce mystère, Marc Oraison emploie une comparaison. Il compare **la mort et la naissance**. Pour naître à la vie humaine, le fœtus doit être expulsé, chassé de la vie intra-utérine ; le cordon vital qui le reliait à sa mère est coupé ; le milieu chaud et familier auquel il était habitué est complètement abandonné pour un autre. Pour naître, il faut donc sortir, il faut être coupé, il faut affronter un monde nouveau. C'est dur de sortir, de « passer » à autre chose. A cause de ce souvenir, disent les « psy », l'homme a toujours tendance à rêver de retour au sein maternel. En poussant la comparaison, on pourrait dire que rien de la vie intra-utérine ne peut être comparé à ce que sera la vie plus tard, après le passage, et cependant, c'est bien le même individu qui continue, autrement. Ainsi, la naissance est une mort à une vie antérieure, elle est la rupture d'un type de relation qui faisait vivre ; elle est pourtant la condition pour que s'établissent des relations nouvelles d'un autre type.

La mort serait-elle aussi une nouvelle naissance ? Elle est bien une rupture violente, une coupure douloureuse, un affrontement angoissant de l'inconnu. Comme la naissance, à travers cette rupture même, elle serait **passage à une vie nouvelle, création d'un nouveau mode de relations, entrée dans la vie, autre...** ; rupture d'un type de liens auxquels on se cramponnait, pour d'autres liens à venir, inconnus, seulement promis... D'autres croyants ont ainsi employé la comparaison de la chrysalide qui devient papillon (Voir encadré).

Tu es sortie de ta chrysalide...

(Texte composé pour l'enterrement d'une jeune handicapée)

« Tu as enfin déployé tes ailes,
Joli papillon.
Tu es sortie de ta chrysalide,
dans la douleur et sans un mot.

Petite Christine,
petite fille de silence et de vie profonde.
Tant de secrets de joie et de souffrances
dans ta petite tête de marionnette,
boîte à mystères.

Aujourd'hui, tu es debout,
tu peux danser dans la lumière,
libérée de ton corps coquillage.

Je sais que désormais, tu vis,
tu brilles comme une étoile,
et ça fait du bien d'y penser,
même si ta jolie frimousse,
tes yeux si grands ouverts sur le monde,
tes yeux si gourmands et brillants d'amour,
vont nous manquer pour toujours.

Christine de mon cœur,
veille sur ta maman et ton papa,
fais-leur comprendre que rien n'est fini,
que tout commence pour toi...
Aide-les à porter la douleur
de ne plus t'avoir auprès d'eux.
Grande douleur de te savoir partie,
grande joie de te savoir vivante...
Je t'aime.

Un jour, nous nous retrouverons dans le grand soleil,
Alors, à bientôt... »

Evelyne.

Les comparaisons de la naissance ou de la chrysalide ne sont que des comparaisons approximatives. Elles ont le mérite de souligner à la fois la rupture et la continuité. C'est bien le même individu, le même homme, dans ce qu'il a d'unique, qui est appelé à la résurrection, même si celle-ci est une nouveauté radicale.

DES LIENS MAINTENUS...

Cette foi en une continuité me permet de penser que je reste en lien avec ceux qui nous ont quittés. Je crois qu'en Dieu, liés au Ressuscité et faisant corps avec lui, ils restent mystérieusement unis. L'Eglise appelle cela **la « communion des saints »** c'est-à-dire la communion de tous ceux, vivants ou morts, qui sont reliés au Christ. Il arrive que des non-chrétiens éprouvent cette confiance : pour eux, des liens demeurent avec ceux qui les ont quittés. C'est ce qu'écrit cette grand-mère non-croyante, après la mort de son fils, parti à 44 ans, au terme d'une très longue maladie ; elle semble croire à une vie après la mort :

> *« Je me dis que cette fois, il n'y a rien à faire. L'envie me prend de baisser les bras, et pourtant je sais que Jean est là, qu'il n'a pas autant disparu qu'il n'y paraît et qu'il ne nous laisse pas tomber. Je compte sur lui pour qu'il ne nous quitte pas des yeux, surtout ses enfants ; qu'il s'arrange pour qu'ils ne soient pas malheureux et que l'espoir soit en eux.*
>
> *On ne peut rien faire... Oublier ? Surtout pas. Mais alors que faire ? Ouvrir ses yeux, ses oreilles et son cœur, car Jean, mon petit, est toujours là encore. Faut-il le savoir et savoir le voir ? Que faire ? Garder sa santé, ne plus se laisser aller, pour lui, sinon il ne sera pas content. Et puis pour ses enfants, pour ceux qui restent, pour moi un peu... »*

Ces liens sont **les liens de l'amour, l'amour de Dieu pour ses enfants mais aussi l'amour des hommes devenus enfin frères** parce que rendus à leur identité profonde, celle de fils du même Père. Ce qui a été vécu d'amour en cette vie est plus fort que la mort même et ne peut être perdu. Ainsi, F. Krumnow croit que nous ressusciterons par l'Amour de Dieu mais aussi que nous nous ferons ressusciter, les uns les autres, par l'amour que nous nous portons (Voir encadré).

Nous ressusciterons par l'Amour...

« Nous ressusciterons par l'amour infini de Dieu, mais aussi par les autres, par l'Amour que nous aurons eu les uns pour les autres. Comment ce peuple qui arrivera, au bout d'une longue route, à cette rencontre, à ces épousailles avec un Dieu d'Amour, comment ce peuple pourrait-il laisser dans le néant et l'oubli ceux qui les auront précédés et qui leur auront servi de marchepied de génération en génération ?...

La chaîne de la vie se renouera à l'envers : au lieu de la mère à son enfant, ce sera de l'enfant à sa mère, pour l'Amour donné et par l'Amour reçu, du frère à la sœur, de l'ami à l'ami, de l'épouse à l'époux, du camarade au camarade... Oui, la chaine se remontera, tel un fleuve d'Amour ressuscitant tout sur son passage.

De geste d'amour en geste d'Amour, de souvenir en souvenir, individuel et collectif, les morts renaîtront et ressusciteront, par l'Amour du Christ et l'Amour que nous aurons porté les uns aux autres...

Nul geste, nul regard, nul acte, nulle pensée d'Amour ne seront oubliés. Qui donc pourrait rester dans l'oubli ? Celui qui aura refusé toute sa vie et jusqu'au bout l'Amour.

Et la joie de la résurrection sera collective. Nous jouirons de ressusciter, d'être ressuscités et de ressusciter les uns par les autres. Une joie immense, plus grande que celle de l'homme et de la femme au moment de leur fusion, la joie de la procréation accouplée à celle de la naissance et hors de toute douleur. »

F. Krumnow, *Croire ou le feu de la vie*, Ed. Ouv. 1975, p. 129-130.

Reste le mystère de cette réalité nouvelle. Aucun texte, ni de la Bible ni de l'Eglise, n'en donne la description. C'est pourtant une de mes questions, comme c'est une question des hommes depuis toujours. De diverses manières, ils ont posé une vie au-delà de la vie, le plus souvent sous la forme de l'immortalité de l'âme. Ces dernières années, une très vieille croyance est venu tenter de combler le vide, celle de la réincarnation.

IMMORTALITÉ DE L'ÂME, RÉINCARNATION OU RÉSURRECTION ?

• Immortalité de l'âme

Dans le monde grec, on croit à l'immortalité de l'âme : à la mort, dit-on, celle-ci se libère de la prison du corps et peut alors rejoindre le séjour des dieux. Plus récemment, un penseur comme E. Kant se pose la question : « *Si je fais ce que je dois, qu'est-il alors permis d'espérer ?* » Il répond : « *Une juste récompense que seule l'immortalité peut me garantir.* »[18] Cette croyance traduit à la fois **le désir de ne pas disparaître totalement et la confiance qu'un jour justice sera rendue.**

18. Cité par M. Neusch, *Le mal*, ouv. cité, p. 99.

Une telle foi ne me laisse pas indifférent. Elle dit bien que mon identité ne se limite pas à mon corps actuel : c'est l'âme qui exprime mon identité profonde. Elle est source interne de mon être, elle évoque ma relation spirituelle avec Dieu, origine de ma vie. C'est pourquoi elle ne peut disparaître avec la décomposition de mon corps.

Aujourd'hui, on accepte mal ce dualisme âme / corps. On affirme plutôt : « Je suis mon corps »... De plus, l'acte de foi des chrétiens, exprimé dans le « *Credo* », ne proclame pas : « Je crois en l'immortalité de l'âme », mais : « *Je crois en la résurrection de la chair* », c'est-à-dire en la résurrection de l'homme tout entier.

• « La vie après la vie »...

La foi en l'immortalité de l'âme cherchait à s'appuyer sur des arguments rationnels. Des croyances plus récentes prennent plutôt appui sur des expériences, celles de **la « pré-mort » :** au moment de mourir, des gens se sont vus hors de leur corps, passant un tunnel et entrant dans un monde nouveau, enrobés par une aveuglante clarté et une intense sensation de paix et de bonheur. Ils en gardent une impression merveilleuse, en restent illuminés, au point de trouver une saveur désagréable à leur retour sur terre[19].

Je ne suis pas insensible à ces récits. Mais ils ne me donnent pas beaucoup de renseignements sur l'au-delà, parce que ces gens ne sont pas morts, même s'ils ont été aux portes de la vie... Nul n'est revenu de la mort et ces descriptions d'états intermédiaires, fort respectables, ne satisfont qu'imparfaitement ma curiosité, pas plus qu'elles ne peuvent fonder vraiment mon espérance.

• Réincarnation...

La croyance en la réincarnation donne une représentation plus précise de l'après-mort. A ce moment-là, **chacun quitterait son corps pour un autre corps, une autre vie, plus ou moins heureuse, selon la qualité de sa vie antérieure.**

Cette croyance est fort ancienne. Depuis des siècles, elle court en Orient et est partie intégrante du bouddhisme. Elle est ancienne aussi en Occident puisqu'on la trouve déjà chez les philosophes grecs : « *Les gloutons et les ivrognes renaîtront peut-être sous la*

19. Voir le célèbre livre de R.A. Moody, *La vie après la vie*, Laffont 1977. M. Neusch le présente rapidement dans l'ouvrage cité p. 102-103. Voir aussi le film *L'amour à mort*. Par contre, des témoignages récents apportent une note différente : si la majorité parle de cette expérience de pré-mort en termes de paix et de lumière, une minorité témoigne d'une approche morbide et douloureuse.

forme d'ânes, les hommes violents et injustes sous la forme de loups et de faucons, et ceux qui suivent aveuglément les conventions sociales sous la forme d'abeilles ou de fourmis »[20]. C'était même alors une conception assez commune : « *C'est une croyance universellement admise que l'âme commet des fautes, qu'elle les expie, qu'elle subit des punitions dans les enfers et qu'elle passe dans de nouveaux corps.* »[21]

Selon les sondages d'aujourd'hui, 23% des occidentaux croiraient en la réincarnation, dont un bon pourcentage de chrétiens. Certains l'accueillent sous sa forme plus orientale : elle est surtout perçue comme une sanction, une possibilité de rachat et d'amélioration d'une première vie insatisfaisante. Après plusieurs réincarnations, l'homme atteindra peut-être le « nirvana » (sorte de paradis où il se fondrait dans un grand tout). Sous sa forme plus occidentale, cette croyance est liée à la conception moderne du progrès et de l'évolution : la vie serait progression continuelle ; elle avancerait par paliers, de phase en phase[22].

Là encore, le point d'appui est une multitude d'expériences étranges : par exemple, l'impression d'avoir déjà vu des lieux ou vécu des événements pourtant inconnus dans la vie présente. Comme pour toute foi, on est bien dans le domaine de l'interprétation, non dans celui d'expériences scientifiques...

La foi en la réincarnation est encore une tentative de réponse face à la lancinante question du mal. Celui-ci ne serait pas irrémédiable, ni irrécupérable, ni irréversible, et cela de trois manières.

— Devant le scandale de ma vie d'homme ou de femme injustement malheureuse, la réincarnation prétend m'apporter un éclairage, une « raison » : mon mal apparemment injuste est plus juste qu'il n'y paraît, puisqu'il est la sanction de ma vie antérieure. Je peux trouver là une réponse réconfortante au sentiment de culpabilité qui m'habite (« Il faut payer »)... Je peux donc vivre dans l'espérance, même si cette espérance passe par l'expiation...

— Ou bien encore, je n'ai pas mal agi, mais j'ai été victime d'une grande malchance ; je n'ai pas eu mon compte ; je n'ai pas eu le temps de développer mes possibilités... Comme je m'insurge, il paraît nécessaire de me donner un supplément de temps, une

20. Platon, *Phèdre*.
21. Plotin, *Ennéades*.
22. Voir un excellent article de H. Bourgeois sur ce sujet, dans *Masses Ouvrières*, N° 424, 1989, p. 46-55. Voir du même auteur le petit livre *La mort*, Desclée-Novalis, 1988. *Fêtes et Saisons* a publié un excellent numéro sur « la réincarnation » : N° 389 (1984).

nouvelle chance. Une vie ne se réussit pas en une fois, mais par étapes.

— Du coup, je ne peux être intolérant devant des hommes jugés inférieurs ou mauvais : en effet, j'ai pu être ainsi dans une vie antérieure. Quoique très différents, nous appartenons à un même univers...

• **Résurrection...**

Je suis peut-être sensible à cette foi un peu rassurante. Autour de moi, des chrétiens la trouvent parfois plus vraisemblable que la foi en la résurrection. D'autres mélangent les deux : après plusieurs réincarnations, la résurrection viendra consacrer l'idéal enfin atteint... Pourtant, si nous regardons ce que nous avons dit de la résurrection de Jésus et la foi des premiers chrétiens, nous devons noter des différences radicales qui disent la **non-compatibilité entre réincarnation et résurrection, au sens chrétien du mot.** Pointons **trois raisons fondamentales.**

— Pour la Bible et pour le meilleur de la tradition chrétienne, **le corps n'est pas quantité négligeable, moins encore une prison**... Il fait partie de mon identité : « mon corps, c'est moi ». Je ne peux donc en changer comme s'il n'était qu'un vêtement dont je me débarrasserais pour en endosser un autre. L'incarnation du Christ souligne la valeur sacrée du corps humain et St Paul dit sans cesse : « *Votre corps est temple du Saint Esprit* »[23]. **C'est donc tout mon être, corps et âme, qui est appelé à être transformé** dans la vie nouvelle que Dieu veut pour nous. Certes, il devra être transformé radicalement, comme le suggèrent les récits des apparitions de Jésus ressuscité[24]. Passé du statut de « *corps terrestre* » ou de « *corps psychique* » au statut de « *corps céleste* » ou de « *corps spirituel* » animé par l'Esprit de Dieu, il est appelé à « *revêtir l'immortalité* »[25].

— **Aux yeux de Dieu, je suis un être unique**. Je suis son image. Plus encore, je suis son enfant. **Pas seulement dans mon âme, mais dans tout mon être** et donc dans mon corps pour lequel il s'est réjoui lors de la création : « *Dieu regarda tout ce qu'il avait fait : cela était très bon.* »[26] L'Alliance entre Dieu et les hommes est une histoire d'amour et dans une histoire d'amour, on ne prend pas seulement en compte un aspect de la personne, on la prend tout

23. 1 Co 6, 19 ; Voir aussi 2 Co 6, 16.
24. Voir : *Jésus-Christ*, ouv. cité chapitres 5 et 7.
25. 1 Co 15, 35-58.
26. Genèse 1, 31.

entière. Dans la croyance en la réincarnation, le corps, la vie concrète et l'histoire humaine, dans ce qu'ils ont d'unique, ne sont pas totalement pris au sérieux. Or, pour le chrétien, l'histoire comme le corps ne sont pas seulement le terrain dans lequel il se purifie, ni le lieu où il prépare un avenir qui serait enfin délivré des imperfections de son existence. Ils ont une valeur irremplaçable. C'est cette vie-là, cette vie très « humaine » qui est aimée de Dieu, voulue par lui et appelée à tendre vers lui. St Paul dit que le Christ assume tout et qu'il « récapitulera » toutes choses pour les offrir au Père, dans le Royaume[27]. Il ne me sauvera pas seulement dans l'avenir, il me sauve dès aujourd'hui. C'est là, dans la conception du salut, que se trouve, sans doute, la plus grande différence entre la foi chrétienne et la foi en la réincarnation.

— Celle-ci répond à mon besoin psychologique de me racheter, de progresser, de monter vers plus de perfection et pour cela de réparer mes fautes. **Mais la foi chrétienne n'espère pas en l'accumulation de mes mérites**[28]. Dans l'Evangile, je vois Jésus exprimer son amour et son pardon à une multitude de pécheurs, avant même que ceux-ci n'aient racheté quoi que ce soit, et même avant qu'ils se soient convertis ! Si je crois au Christ sauveur, j'espère en **l'Amour gratuit de Dieu.** Certes, il me faut l'accueillir, lui dire « oui », car Dieu respecte trop ma liberté pour me sauver malgré moi. L'image de l'enfer représente cette possibilité extrême qu'a l'homme de refuser absolument l'amour et le pardon de Dieu. Mais, comme dans la célèbre scène de l'enfant prodigue déjà citée[29], nous croyons que Dieu nous prendra avec lui, non à cause de nos mérites ou de notre purification dans des vies successives, mais à cause de son immense amour.

Finalement, **la foi en la résurrection ne se fonde sur rien d'autre que sur la promesse de Dieu et sur l'histoire de Jésus :** c'est parce que Dieu le souhaite et y tient que nous ressusciterons corps et âme, à la suite de Jésus (Voir encadré).

27. Récapituler : rassembler sous une seule tête. Voir 1 Co 15, 24-26.
28. Cela a constitué aux premiers siècles une hérésie contre laquelle s'est beaucoup battu St Augustin : le pélagianisme.
29. Lc 15, 11-32.

La résurrection importe à Dieu

« De quoi s'agit-il en effet, quand un chrétien déclare : je crois à la résurrection du corps ? Non pas d'un besoin d'avoir une survie pour calmer son angoisse : la résurrection n'est pas une méthode « Coué » pour guérir nos peurs et satisfaire un besoin viscéral d'immortalité... Ce qu'un chrétien affirme en adhérant à une telle résurrection, c'est ce qui le dépasse, parce que c'est ce dont Dieu a le désir ou le besoin. ***Nous ne ressusciterons pas corporellement parce que nous le désirons ou l'acceptons ou le comprenons, mais parce que Dieu le souhaite et y tient.***

Comment justifier ce renversement ? A cause de l'Evangile et, bien entendu, du "cas" Jésus. ***Dieu ne ressuscite pas Jésus pour le récompenser*** *ou encore pour satisfaire un besoin de survie qu'il aurait eu avant sa mort. Dieu le ressuscite parce qu'il y va de son propre honneur de Dieu.* ***Il ne peut tolérer ce qui a été fait à son fils****... On a récusé l'évangile en tuant son témoin. Dieu n'accepte pas que les choses restent ainsi. Et voici qu'il fait, pour la première fois, sans attendre, ce qu'il envisageait de faire pour l'humanité à la fin de l'histoire. Il tire de la mort celui qui y a été injustement contraint. La résurrection de Jésus signe donc l'importance que Dieu accorde à l'Evangile. C'est le désir de Dieu et non le désir de l'homme qui la fonde. C'est la cohérence de Dieu et non celle des hommes qui la rend possible...*

Croire à la résurrection corporelle après la mort, c'est donc entrer dans le désir de Dieu et non se crisper sur le vouloir-vivre humain. *On comprend en ce sens qu'une telle foi ne puisse jamais devenir un savoir clair et distinct, maîtrisable par notre intelligence d'hommes. Elle nous fait vivre au régime de Dieu et cela dépasse nos forces.*

Pourtant, cette foi à la résurrection n'est pas étrangère à ce que nous sommes. Si elle n'est pas produite par un besoin humain, elle n'est pourtant pas extérieure à ce que nous sommes... »

H. Bourgeois dans *Masses Ouvrières* N° 389, 1984, p. 75-76.

S'il en est ainsi, une fois de plus, je ne peux fonder mon espérance sur une explication rationnelle... Même si je la veux accessible par la raison, c'est sur la base de la confiance que je peux espérer. Quelles attitudes sont alors possibles ?

ESPÉRER...

Face à la mort, je ne maîtrise pas toujours mes réactions et il m'est bien difficile d'être lucide. Pourtant, St Paul écrivait aux Philippiens :

« Mon assurance restant totale, Christ sera exalté dans mon corps soit par ma vie soit par ma mort. Car pour moi, vivre c'est le Christ, et mourir m'est un gain. Mais si vivre ici-bas doit me permettre un travail fécond, je ne sais que choisir... J'ai le désir de m'en aller et d'être avec le Christ, et c'est de beaucoup préférable, mais demeurer ici-bas est plus nécessaire à cause de vous... »[30]

Paroles étonnantes, dont on trouve pourtant l'écho chez des chrétiens aujourd'hui encore (Voir encadré).

Attendre une libération et vivre !...

« L'approche que je fais aujourd'hui de la mort est une question difficile à partager. Par crainte de faire peur, de faire mal. Merci de me le permettre...

J'attends celle-ci comme une grande libération... Par crainte de tout ce qu'on veut, par fatigue... Mais aussi par foi, confiance, envie d'une rencontre inattendue, d'un mystère levé ; et en même temps, je comprends que c'est une histoire de liberté à gagner ICI, jour après jour, en vivant ce qu'il m'est donné de vivre !... Je crois capital de comprendre cela. C'est libérateur, pacifiant et dynamisant, c'est le contraire de la fuite. Reste une tension à vivre... Je vis un peu mes soins très durs ainsi : lutter contre la fatigue et me soigner, pour garder cette liberté de vivre intensément ! Tout en attendant une liberté plus radicale, un grand sommeil qui soit pourtant plein de Vie !... »

Pascale.

Sans jamais nier la peur, de telles attitudes devant la mort sont un acte de foi radical de remise de soi à un Autre. Car « *la mort est ce qui, par essence, dit la non-maîtrise de l'être humain, sa finitude radicale. Elle est le non-savoir par excellence... Elle est ce qui requiert le croyant de se remettre intégralement à Celui qui a maîtrise de la mort parce que, Créateur, il a maîtrise de la vie* »[31]. Il aime sa

30. Phil 1, 19-26.
31. C. Duquoc dans un excellent article de la revue *Lumière et Vie* : « La mort et les vivants », N° 204, 1991, p. 113-116.

création. Cet amour, parce qu'il est de Dieu, est sans retour. Il ne peut s'annuler dans la mort :

> *« Nul n'a d'assurance puisque nul n'a d'expérience... Se remettre inconditionnellement à un Autre, c'est laisser ouverte la possibilité d'une autre communication... C'est s'ouvrir à un devenir dont nous n'avons pas maîtrise et que nous ne pouvons pas imaginer.* ***La remise inconditionnelle de soi se fait sans assurance, sans image, sans savoir, sinon que l'Autre qui a pouvoir sur ma mort s'annonce comme aimant... »***[32]

Cette remise de soi est épreuve car elle est **dépossession** de mes projets : non seulement de mes désirs plus ou moins égoïstes, mais aussi de ma volonté d'aimer, de servir... Peut-être suis-je trop plein de mes projets et de ma propre manière de voir ? N'est-ce pas le sens de la prière de Jésus : « *Que ta volonté soit faite et non la mienne* »...

Or, quelle est sa volonté ? Ce n'est ni la catastrophe cosmique, ni le licenciement, ni le divorce, ni la maladie ni la mort. Mais c'est, sûrement, qu'au cœur même d'une existence où il y a échec sous toutes ses formes, je trouve un chemin, une utilité, un service que je n'aurais ni choisis ni imaginés mais qui se présentent et qui me sont donnés. Dieu non plus ne choisit pas les conditions dans lesquelles je dois vivre... Mais **il crée avec moi un chemin dans les pires circonstances. Et il le crée en me faisant créateur**, inventeur, dans les conditions qui m'arrivent et que ni lui ni moi ne choisissons. Si je me crispe sur mon désir, pourtant bien légitime, de maîtriser l'avenir, je risque de n'être ni assez disponible ni assez libre pour saisir au passage les possibilités et les ouvertures qui s'offrent à moi.

Avec Jésus-Christ, je ne maîtrise pas mais je guette... Je garde tous mes désirs car ils ont valeur, mais j'essaie d'accepter leur non-réalisation selon mon propre plan. Je guette avec confiance, prêt à recevoir et à saisir tout ce qui sera possible. Ne serait-ce pas cela **la fidélité à la vie** et non pas à la route que j'aurais tracée une fois pour toutes ? Cette fidélité à aimer sur les chemins du réel de ma vie n'est-elle pas proche de celle que le Christ a vécue tout au long de son existence, jusque dans sa passion et sa mort ? C'est l'expérience des disciples quand Jésus leur demande de jeter leur filet de pêche. « Mais enfin, Seigneur, cela ne tient pas debout »,

---

32. *Id.*

lui disent-ils ; « nous avons fait cela toute la nuit sans rien prendre »... Cependant Pierre ajoute : « *Sur ta parole, je jetterai le filet.* » Sur Sa Parole...

L'ESPÉRANCE, UN PARTI PRIS...

Non décidément, **le chrétien ne dit pas : « je sais » ; mais il dit : « je crois. »** Cet acte de foi peut m'apparaître comme un pari bien fragile. Il n'est certes pas appuyé sur une rationalité scientifique ni philosophique. Pourtant, il est raisonnable. Il en est ici comme en amour. Nul ne me prouvera que je dois épouser telle personne et que là est la vérité. A l'inverse, je ne m'engagerai pas à la légère sans avoir réfléchi avec toute mon intelligence si cet amour a des chances d'être solide et de me rendre heureux. Il reste que la décision est affaire de confiance. **Non pas un pari**, car un pari relève souvent du seul arbitraire, voire de la plaisanterie. **Mais un parti pris, au sens premier du mot : je prends le parti de...**

Qui dit parti pris dit choix, choix réfléchi, choix qui engage toute une vie. Un choix qui répond à une proposition : « si tu veux, nous ferons route ensemble »... C'est bien un choix de l'ordre de l'amour, et aimer n'est pas seulement affaire d'inclination fatale, comme s'il s'agissait seulement de suivre sa pente, mais affaire de choix, d'engagement, de don total.

Face au mal, face à la souffrance, face à la mort, Jésus n'a pas invité à la passivité, il a lutté et il a fait confiance. Il nous invite à le suivre. Son chemin est, nous l'avons vu, chemin d'amour. Pour moi, pour tous ceux qui sont affrontés au mal, à la désespérance et à la souffrance, il s'agit ainsi de marcher. Quelles formes peut prendre cette marche ? Tel est l'objet du prochain chapitre.

Chapitre 8

UN POING SERRÉ DANS UNE MAIN OUVERTE...

Certes, l'espérance qui jaillit de la foi en Christ n'efface aucune épine. Le chômage ou l'exploitation, le racisme ou le mépris, la solitude ou le vieillissement, le handicap à vie, la maladie ou la dépression ne cessent d'altérer ma joie de vivre... Pourtant, quelques épines « intérieures » semblent rabotées : celles du narcissisme et du ressentiment. Affronté avec le regard de l'espérance chrétienne, le scandale cesse d'être une obsession pour devenir une épreuve « habitée ». Il cesse d'être un obstacle pour devenir un chemin, peut-être même le plus authentique. Sur cette route de « passion », certains croyants semblent atteints d'une sorte de lumière, jaillie non de théories complexes, mais d'une rencontre humaine toute simple, d'un dialogue, d'un amour, d'une vie de foi partagée en communauté de chrétiens. Par ces relais de la tendresse de Dieu, ils semblent marcher en paix, un poing serré dans une main ouverte ! Tout à la fois rebelles et confiants, combattants et « abandonnés », auraient-ils trouvé un art de vivre, face au mal qui défigure leur humanité ? Plus que cela, seraient-ils vraiment dans les traces du Christ ?

UN PARADOXE...

Lutter et s'abandonner, tout à la fois, **n'est-ce pas un paradoxe intenable**, par la pensée déjà, mais bien plus encore dans l'épreuve du quotidien ?

Avant de mettre des réalités bien concrètes sous chacun des deux termes pris séparément, écoutons Béatrice expliquer son chemin. Après un certain marchandage avec Dieu, elle a allié la lutte et la remise de sa vie :

> *« J'ai eu à faire face à deux maux de notre époque, l'anxiété et le cancer... Ce cancer m'a fait désirer me battre, mais pas n'importe comment.*
>
> *Confrontée à la pensée d'une mort peut-être proche, je me sentais au « pied du mur » de l'existence. Il m'a fallu un mois pour **mettre en place mon « plan Orsec »**.*
>
> *Sur le plan humain, je mesurais mes chances : un mari, deux enfants de 8 et 27 mois, des amis qui priaient, une équipe médicale des plus compétentes. En bref, je trouvais que j'avais de la chance dans mon malheur. Je me disais : tu as tout ce qu'il te faut pour t'en sortir.*
>
> *Sur le plan de la foi, **je marchandais ma guérison avec Dieu :** "Seigneur, que ta volonté soit faite... Mais enfin, c'est tellement mieux que les enfants aient une mère... Ecoute : donne-moi au moins cinq ans ; non, c'est pas suffisant ; jusqu'à l'entrée en sixième... Non, ça ne va pas non plus ; il y a encore l'adolescence... Alors, 22 ou 23 ans... Mon mari ne mérite pas cette épreuve. Je tiens tout le monde en souci..." Enfin, j'en passe...*
>
> *Peu à peu, **j'ai dû reconnaître mes limites,** être plus humble, me dépasser, changer de cap : crier à Dieu ma souffrance, accepter le point d'interrogation "pourquoi la vie, pourquoi la mort ?" J'ai dû creuser certaines paroles de l'Evangile...*

Peu à peu, à force de réfléchir, de marchander avec Dieu et d'approfondir, je n'ai plus eu qu'une solution : ***faire une totale confiance à Dieu.*** *Il ne me restait que cette attitude à avoir et aucune autre. Les autres attitudes ne tenaient pas. J'ai donc fini par m'en remettre à Dieu, et puisque la maladie était là, eh bien, autant mettre toutes mes forces physiques, psychiques, intellectuelles et spirituelles avec moi. J'ai donc décidé de commencer cette épreuve par le sacrement des malades, auquel j'ai associé deux autres personnes. La prière journalière m'a beaucoup soutenu, le courage de personnes condamnées aussi.*

Au niveau médical, j'ai dû ***me prendre en charge*** *en me documentant, en m'ouvrant à d'autres thérapeutiques, en adhérant à des réseaux de santé, en suivant les cours d'homéopathie, en réfléchissant sur l'attitude du médecin et celle du malade.*

J'ai fait aussi connaissance d'autres personnes cancéreuses et ***je suis devenue solidaire*** *de leur épreuve.*

La souffrance, c'est toujours un lâcher-prise de soi, un espace de solitude dans lequel parfois, on peut aussi rencontrer Dieu, car lui aussi, il y est descendu. »

LUTTER

« *Le mal n'est pas fait pour être compris mais pour être combattu* » dit M. Bellet déjà cité. « *Il nous faut vivre dans le monde comme s'il n'y avait pas Dieu, vivre en hommes tout court, en la seule compagnie du Crucifié, aux côtés des hommes* » écrit encore D. Bonhœffer.

C'est en effet notre liberté et notre responsabilité d'hommes qui sont premier fondement de cette lutte, engagée contre toutes les formes de souffrance en ce monde. D'abord, parce que nous sommes des hommes. A plus forte raison, parce que nous sommes des « pisteurs » de Jésus-Christ.

PARCE QU'HOMMES

Lutter, c'est refuser d'être un ver de terre. C'est donner fécondité à cette protestation et à cette révolte qui sourdent en moi et qui, au lieu de m'enfermer, attisent mon feu. Sur le plan personnel, comme sur le plan collectif, face à ce qui m'atteint moi et ce qui atteint tant de mes frères, il y a toujours quelque chose à faire ! Lutter, c'est vouloir la vie, c'est aimer.

La lutte personnelle est aride, **lorsque c'est moi la victime.** Que faire ?

— Lutter, c'est d'abord **crier**, on l'a dit. Protester contre le hasard, contre Dieu, contre les hommes coupables de mon malheur. Savoir pleurer. Crier dans le silence de la solitude, c'est refuser d'être brisé.

— Lutter, c'est **ouvrir ma coquille** durcie et laisser voir ce qu'il y a dedans, dès que je le peux... Sans rien dire encore peut-être. Mais me laisser voir à celui ou à celle que j'aime, c'est laisser entrer une lueur dans ma nuit.

— Plus tard, lutter sera **accepter de réapprendre**, avec le soutien d'une main, à sourire, à parler, à regarder autour de moi, à marcher.

— Lutter, c'est aussi **inventer, créer** pour, à tout prix, trouver de l'air. Certains écrivent pour dominer la douleur[1]. D'autres, mutilés de leurs bras, peignent avec leurs pieds. D'autres, devenus chômeurs, se mettent à promener leur enfant, à faire la cuisine, à donner des coups de main par-ci par-là. Lutter « *c'est transformer le désespoir en énergie. Alors, cassé, on peut vivre debout* » (Voir encadré).

Cassé, on peut vivre debout

« En une seconde, un jour de 1979, ma vie a basculé dans le monde de l'immobilité... Soudain, tout arrive et l'absurde nous anéantit. L'accident, le drame absolu, la porte de la mort. Alors, il s'agit de transformer le désespoir en énergie de combat pour gagner une nouvelle joie d'exister. Ce n'est pas facile, mais c'est essentiel. Je voudrais dire ici comment j'ai tenté d'y parvenir.

Le 29 septembre 79, j'étais heureux... J'étais pressé de rentrer chez moi pour y retrouver ma famille et mes amis. Les circonstances, inhabituelles, faisaient qu'il m'était impossible de rentrer rapidement. J'eus donc recours à une compagnie d'hélicoptères qui, hélas, n'était pas sérieuse... Un an plus tard, j'apprendrai que la météo avait interdit au pilote de décoller...

L'« Alouette » aveugle m'emmena donc vers le drame. J'allais être condamné à l'immobilité à vie, parce qu'un fil à haute tension s'était trouvé en travers de l'irresponsabilité d'un pilote qui avait pensé pouvoir braver les intempéries. Je me souviendrai toujours de cet instant. Un véhicule inconnu, pressé par ses hurlements, m'emmena vers un nulle part précis...

1. Voir par exemple P. Bonafoux, auteur de *Blessé grave*, livre écrit en hôpital.

En une seconde, j'étais devenu un autre. Encore une seconde, j'allais me rencontrer autrement. Je devais, pour cela, assurer une métamorphose de mon esprit : mes « moins » devraient devenir mes « plus ». Je devais volatiliser les mots pour vivre profondément la vérité et tout cela dans un nouvel environnement. Subi et cruel.

Il fallait que cette révolution, malgré tout, soit positive. J'allais découvrir que c'était possible. Cassé, j'allais essayer de vivre debout. Malgré tout.

J'ai remonté alors mon passé d'une façon étrange ; j'en ai mesuré l'importance, qui m'est apparue, au fur et à mesure, trop superficielle, pour que je puisse l'envier à nouveau. Une nouvelle naissance était en train de se faire jour. J'allais la découvrir et la vivre point par point. En rencontrant les êtres et les choses autrement. Cassé, paralysé, je devenais libre... »

M. Gillibert, devenu tétraplégique, cité dans *La Vie* N° 2234, 23/6/88.

— Lutter, c'est aussi raisonner, **chercher les causes**, quand il y a des causes repérables, et **rejoindre ceux qui se bagarrent** ensemble contre ces causes.

Lorsque ce n'est pas moi la victime, la lutte n'est pas plus simple : parce que lutter contre la souffrance de l'autre oblige à prendre en compte bien plus que sa chair blessée, bien plus que son travail perdu, bien plus que son cœur taraudé par une rupture affective. Elle oblige à mesurer ce que nous avons appelé « la dimension spirituelle de la souffrance », la meurtrissure de tout l'être (nous en reparlerons au chapitre 10).

Pourtant, elle passe par des choses toutes simples : une présence silencieuse, un sourire, une visite, un coup de téléphone, une carte postale, une écoute, une parole, un soutien spirituel. C'est ce dont témoigne Raoul :

> *« Pour moi, toutes ces souffrances étalées dans les journaux, me disent que chacun, à sa place, a quelque chose à faire pour un mieux-être des autres, pour que chacun se sente aimé. Aimer, cela se vit simplement par un sourire. Aimer, cela se vit en couple, en famille, avec les amis. Aimer, cela se vit avec son organisation pour plus de justice. Aimer, cela se vit avec Dieu par la prière et toute cette vie simple de tous les jours. »*

La lutte collective semble aujourd'hui massivement désertée. Les organisations humanitaires, syndicales, politiques et ecclésiales manquent de bras. Pourtant, n'est-ce pas **en liant son intelligence et ses mains** à toutes les mains de bonne volonté, quelles qu'elles soient, que nous pouvons discerner les causes du mal et tenter des réponses, certes provisoires, mais sources d'espoir ? L'aide personnelle, au coup par coup, absolument nécessaire, peut-elle se passer d'un travail acharné à la source, aux structures mêmes de ce qui détruit les hommes ? Sinon, coupée de cette forme de lutte, ne risque-t-elle pas de devenir un pansement inutile sur une jambe cassée ?

Lors d'un congrès réunissant des malades et infirmes, un jeune handicapé s'est exprimé ainsi :

> « *Assumer n'est pas se résigner. Porter ma croix, ce n'est pas me coucher dessous. Porter ma croix, c'est chercher les causes et les dénoncer pour que ça change. Porter ma croix est pour moi vivre ma vie, en assumer les difficultés et les souffrances dans leur totalité, en les tendant toujours dans une lutte acharnée contre la souffrance et contre le manque d'amour. Il y a une réponse à la barbarie de notre époque : s'acharner à construire un monde plus juste contre la souffrance et contre l'exclusion, un monde où chacun pourrait choisir non seulement sa mort mais sa vie.* »

C'est par cette lutte collective qu'autrefois des enfants abandonnés ont été accueillis par des groupes St Vincent de Paul, que des Indiens se sont sentis reconnus au 16ème siècle par les disciples de Las Casas, des noirs d'Amérique du Nord ou d'Afrique par ceux de M. Luther King ou Desmond Tutu. Dans la lutte contre l'analphabétisme, contre la maladie et pour le développement, des écoles, des centres de soins, des puits, des villages entiers sont construits avec l'appui du CCFD, de Médecins sans Frontières, de Frères des hommes, d'Aide à Toute Détresse... Des services caritatifs tels le Secours Catholique ou le Secours Populaire se liguent contre la pauvreté, sans oublier aujourd'hui d'en analyser les causes. Des syndicats et partis de tous bords tentent, chacun à leur manière, de faire reculer la société à deux vitesses, source de tant d'exclusions. Amnesty International soutient les hommes aux droits les plus bafoués. Des mouvements écologistes font reculer des projets déshumanisants. Des mouvements pacifistes œuvrent pour la non-violence. Plus humblement, sur les quartiers, des syndicats du cadre de vie, et, dans le écoles, des organisations de parents d'élèves, veulent relever les défis de la solitude, de l'exclusion, du ghetto, de l'échec. La liste de toutes ces luttes organisées pourrait se poursuivre encore : elles sont le fruit d'analyses humaines incontournables.

Me voilà interpellé à faire des choix de ce type, selon ce que je suis, et cela à double titre : en tant qu'homme mais aussi en tant que croyant.

PARCE QUE CROYANTS

Parce qu'**appelés par Dieu à être à notre tour des créateurs**, *« nous ne sommes pas dans l'univers pour le subir mais pour le transformer »*[2]. *« Dieu n'a pas de mains pour soulager, de sourire pour apaiser, de cœur de chair pour aimer. A nous d'être les mains, le sourire, le cœur de Dieu »*[3]. Sinon, à quoi sert de dire, tous les jours, dans le Notre Père, *« Dieu, délivre-nous du mal » ?*

C'est ce que rappelait Jean-Paul II à la cathédrale St Jean de Lyon, en octobre 86. *« Vous êtes* ***les coopérateurs de Dieu*** *»* disait-il aux soignants, en leur rappelant qu'outre la technique à apporter, ils devaient veiller attentivement à la dignité des personnes :

> *« Je vous encourage à poursuivre hardiment la recherche, à soigner avec le maximum de compétence, à combattre la maladie sous toutes ses formes, et même les causes, naturelles ou humaines, de la maladie. Tout cela fait partie du plan de Dieu qui a donné à l'homme l'intelligence et l'habileté pour progresser dans la découverte de l'organisme humain et en mettre les fruits au service de l'homme. Aujourd'hui, ce progrès médical demande une large solidarité, une concertation rigoureuse entre vous, croyants ou incroyants. »*

Aux malades, il rappelait qu'ils avaient la tâche d'être utiles dans la société et dans l'Eglise, d'entrer dans un réseau de solidarité, de partager le secret de leur cheminement d'amour dans l'épreuve, nourriture exceptionnelle pour les bien-portants.

A quelques mois de mourir, F. Krumnow, militant ouvrier chrétien, rappelait aussi qu'un croyant se doit de rejoindre la lutte collective (Voir encadré).

Si je crois en l'Amour...

« Quand le Dieu objet de notre foi est Amour, la cohérence consiste pour le croyant à vivre une vie d'amour, et cette vie d'amour lui interdit de rester à l'écart de l'action et des luttes, dans le confort de l'isolement. Cet amour, il est censé le vivre pleinement, et cela le projette obligatoirement vers les autres et l'engage dans la mêlée, le pousse au premier rang du combat pour une société plus juste, plus fraternelle, une société d'hommes et de femmes libres, respon-

2. M. Zundel, cité dans J. Vernette, *Si Dieu était bon*, ouv. cité p. 54.
3. J. Vernette, id, p. 110.

sables et heureux. Comment prétendre aimer ses frères et supporter que le moindre d'entre eux soit exploité ? Comment aimer toute l'humanité et accepter que des peuples entiers soient opprimés ?... Comment aimer à l'image d'un Dieu Amour et rester indifférent à la souffrance des hommes et des femmes ?... Un tel Amour ne peut se satisfaire d'à-peu-près, de solutions partielles. C'est obligatoirement vers une lutte pour des changements fondamentaux que la foi pousse le chrétien qui croit en l'Amour... »

F. Krumnow, *Croire ou le feu de la vie*, Ed. Ouv. 1975, p. 25.

Lutter ainsi, au nom de sa responsabilité d'homme et au nom du Christ, fait pousser quelques « *fleurs dans le fumier* ». L'important, ce sont les fleurs (voir chapitre 11), mais pourtant, cela ne gomme pas la dureté de la lutte. Car **lutter fait souffrir, parce qu'aimer fait souffrir**. « *Mais Jésus a révélé qu'il existe un amour qui peut endurer la souffrance et qui préfère aimer et souffrir que de ne pas souffrir et de ne pas aimer.* »[4]

Etre un lutteur à la suite de ce Jésus, c'est aussi « *s'abandonner* ». Qu'est-ce à dire ?

S'ABANDONNER

M'abandonner, ce n'est bien sûr **pas être abandonné**... Ce n'est **pas non plus me résigner** ou, **encore moins, me laisser manipuler** par un autre supérieur à moi.

Quand un homme et une femme « s'abandonnent » dans la relation amoureuse, ils ne se laissent pas dominer l'un par l'autre. Ils n'oublient pas non plus leur propre identité faite de différences multiples. Ils n'essaient pas de se couler l'un dans l'autre pour être un, un tout fusionnel idyllique, même si ce rêve-là demeure sans fin en eux. Ils ouvrent en eux un espace qu'ils abandonnent à l'amour de l'autre. A cet amour, ils laissent passage, afin de se laisser embarquer par lui sur un chemin qui les dépasse tous deux. Par leur cœur, leurs bras, leurs oreilles, leur regard, tout leur corps, ils tentent de s'offrir, accueillants à l'autre. De là naît une confiance mutuelle, une connivence, une sorte de repos...

M'abandonner dans l'épreuve, c'est faire de même : **laisser un espace à mes frères et à Dieu**, m'y ouvrir pour établir un lien dans

4. L. Evely, *Chaque jour est une aube.*

lequel je donne et je reçois tout à la fois. Quand je souffre, je crois donner peu : ma pauvreté, mon impuissance m'apparaissent honteuses. Mais donner cela à l'autre frère qui va bien, ou à cet Autre Dieu-Père, c'est lui donner beaucoup plus. C'est me reconnaître non-maître de mon histoire et de mes luttes. C'est **m'en remettre à eux, sans cesser d'être moi**. En retour, je reçois une tendresse qui, dans la foi un peu nue, m'entraîne dans une marche où le moteur essentiel est **la confiance**. Lors de son agonie, Jésus a vécu cela, dans la rude absence apparente de son Père. Et moi, vais-je pouvoir ?

Vais-je pouvoir m'abandonner à mes frères, laisser habiter ma nuit ? Vais-je pouvoir leur laisser passage et m'en remettre à eux, en enfant, alors que le mal qui m'assaille me ferait me terrer au fond d'un trou ? N'ai-je pas besoin de me faire porter ? N'est-ce pas eux, mes frères et sœurs, qui sont le relais de cet amour particulier que Dieu m'offre ? Comment l'expérimenter autrement si ce n'est par une tendresse humaine ? Un souffrant l'exprime ainsi :

« Seigneur, aide-moi à donner aux frères
ce que je voudrais retenir.
Les affections et tendresses terrestres que je connais,
je voudrais les vivre profondément,
dans ce lien d'amour reçu de toi,
pâles reflets de ton Amour.
Mais ces amours humains sont une eau limpide
qui me baigne de clarté.
Vivre dans la vive lumière du désert
c'est me laisser habiter par tous ces frères qui me font. »

Vais-je pouvoir m'abandonner à Dieu ?

Au chapitre 4, nous avons accueilli les propositions de P. Ricœur comme une libération dans notre questionnement : quand le mal subi n'a pas de causes raisonnables, il me faut accepter l'ignorance, disait-il, mais aussi protester contre cet inexplicable, sans craindre de protester contre Dieu.

M'abandonner à Dieu, c'est **lui remettre ma plainte**, face à cet excès du mal qui dépasse mon entendement. C'est aussi **lui remettre ma lutte** personnelle et collective engagée contre le mal. Jésus a vécu cela tout au long de sa vie, « branché » sur Dieu.

Voilà qui n'a rien à voir avec la résignation passive prônée par les stoïciens. L'attitude d'« abandon » est active, car tournée vers un Autre.

Voilà qui contredit aussi le volontarisme et rend libre. Cela peut paraître paradoxal, car on imagine faussement la liberté comme un refus de liens à qui que ce soit. Or, avec la seule volonté, on s'abîme. Mais si elle renaît sans cesse d'un Amour reçu d'un Autre, cette volonté devient liberté, forte comme un roc, souple comme la glaise, modelée non pas comme je veux, mais comme Dieu le veut pour moi. Alors, avec ce Père qui rejoint ceux qui acceptent de n'avoir rien par eux-mêmes, on traverse l'impossible, à en être un jour tout étonné...

M'abandonner à Dieu, c'est alors accepter de n'être pas dieu moi-même, de **dépendre et de recevoir de lui**. Voilà un acte de foi difficile. Jésus, sur la croix, l'a lui-même éprouvé, car ce Père « absent-présent » ne comble jamais le désir immédiat. Il déçoit même. Quand on me dit qu'il est proche de ma souffrance et qu'il me porte, j'ai envie de lui crier : « Mais pourquoi m'as-tu laissé seul ? » (Voir encadré) M'abandonner à Dieu, c'est alors accepter qu'il creuse en moi une soif, une béance, le désir de rentrer dans son désir : me laisser porter tout simplement.

Je serai avec toi

« A la fin de sa vie, un homme rêve qu'il chemine sur la plage en compagnie de Jésus : regardant en arrière, il voit des traces sur le sable, la sienne et celle du Seigneur. Mais à certains endroits, il n'y avait qu'une seule empreinte et ces lieux coïncidaient justement avec les jours les plus difficiles de la vie du poète, jours d'angoisse, jours de douleur, jours de peur. Le poète se met à interroger le Seigneur :
— "Seigneur, tu as dit que tu étais avec moi tous les jours de ma vie ; j'ai accepté de vivre avec toi, mais pourquoi m'as-tu laissé seul dans les pires moments de ma vie ?"
Et le Seigneur répond :
— "Mon fils, je t'aime. J'ai dit que je serais avec toi durant toute la marche et que je ne te laisserais pas une seule minute. Je ne t'ai pas abandonné. Les jours pour lesquels tu ne vois qu'une seule trace sur le sable sont les jours où je t'ai porté". »

Ademar de Borros, poète brésilien.

Par là, je rentre en profondeur dans **le mouvement du croire.** Je consens à me « faire faire », non par usure face à l'épreuve, non par indifférence, non par passivité, mais par acte libre. Je rentre dans une relation nouvelle, une Alliance, et je consens à en sortir différent. Croire, ce n'est pas tant être chercheur de Dieu ; c'est peut-être, bien davantage, accepter de me laisser chercher par lui, accepter de me laisser rencontrer par cet Autre qui prend, lui, l'initiative première de la rencontre.

A quelques heures de mourir, au creux d'atroces souffrances, la toute jeune Thérèse de l'Enfant Jésus s'exclamait :

> « *Ma mère, est-ce l'agonie ?* » « *Comment vais-je faire pour mourir ? Jamais je ne vais savoir mourir !* » Un peu plus tard, elle disait encore : « *Voilà l'agonie toute pure, sans aucun mélange de consolation... Mourir d'amour, ce n'est pas mourir dans les transports... Mais le Bon Dieu ne va pas m'abandonner... Il ne m'a jamais abandonnée.* » Enfin, bien plus tard, avant d'expirer, elle dit encore : « *Je l'aime... Mon Dieu, je vous aime.* »
>
> Quatre mois auparavant, elle avait écrit à un prêtre : « *Je ne meurs pas, j'entre dans la vie.* » Elle avait aussi expliqué à ses sœurs comment elle en était arrivée difficilement à ce degré d'« abandon » : « *Cette parole de Job : « Quand même Dieu me tuerait, j'espérerais encore en lui » m'a ravie dès mon enfance ; mais j'ai été longtemps avant de m'établir à ce degré d'"abandon." Maintenant, j'y suis ; le Bon Dieu m'y a mise, il m'a prise dans ses bras et m'a posée là.* »[5]

Je suis loin d'être un saint ou une sainte à la hauteur de Ste Thérèse. Pourtant, je peux accueillir ces phrases fortes. Je peux aussi accueillir celles de gens bien plus ordinaires, bien plus fragiles qui, abandonnés à Dieu, se disent paradoxalement plus vrais, plus libres, plus heureux même et capables de traverser ce qui paraît impossible à vue humaine. Ils expriment que cette expérience de la nudité et de l'« abandon » leur permet de rencontrer Dieu et d'en rendre grâce :

> « *Mon "oui" à Dieu et mon "oui" à la lutte, c'est une aberration ! Pourtant, c'est un "oui" libre, lucide, où le désespoir devant ce qui est détruit par le cobalt, s'affronte à l'espoir. Une tension épouvantable à bien vivre ! Certaines séances sont très dures. Mais dans ce tunnel, se vit une rencontre avec moi-même et avec Dieu qui me fait rendre grâce. Car, dans cette rencontre-là, les vernis s'en vont, les vieilles écorces aussi comme les plus récentes. C'est là, dans cette position bestiale, que je touche à la "sève". C'est une épreuve qui use, qui épuise, mais qui n'affadit pas. Dans ma vie quotidienne, ou au monastère où j'aime aller faire silence de temps en temps, il y a presque trop de "supports"*

5. *Histoire d'une âme, manuscrits autobiographiques*, Cerf/DDB 1989, p. 306-312.

pour rencontrer Jésus-Christ : le cadre, la communauté Là, sur la table de marbre, le silence, la solitude et l'épreuve à vivre me lient à Lui et à un chapelet de gens, dans une vérité nue que nos rapports humains avec leur complexité empêchent un peu de découvrir. Expérience qui ne cesse de me surprendre moi-même ! »

M'abandonner à Dieu, c'est alors lui ouvrir grand mes mains. **Ce geste des mains ouvertes**, geste de la dépossession, me met en attitude d'accueil, en état de recevoir ce que je ne peux moi-même me donner. Par là, je peux peut-être tenir, aimer, et vivre encore dans la tempête (Voir encadré).

Les mains ouvertes

« Ce geste de tes mains ouvertes que tu refais instinctivement, sans réticences, est sans doute le plus bel acte de foi et de prière que nous puissions faire.

Je l'ai découvert il n'y a pas si longtemps. Et une fois de plus, c'est par les autres que je l'ai découvert : avec quelqu'un qui avait systématiquement les poings crispés chaque fois que sa vie était partagée. Brusquement, il m'est apparu que rien n'avancerait ni humainement ni dans la foi, si on n'apprenait pas, lentement, à ouvrir ses mains, son esprit, son corps et son cœur, à soi-même et aux autres, à son histoire et à ses ennuis, à l'amitié, à la tendresse possible et à l'amour, finalement à Lui.

Alors, il y a comme un retournement : je ne suis plus dans une attitude de défense, de retenue, de barrage ou de crispation, sur mes manques, finalement sur mon moi ou sur mon sur-moi ; mais dans une attitude d'accueil, en état de recevoir.

Apprendre à recevoir, c'est apprendre à aimer, à vivre. C'est apprendre à apprécier, à savourer et à se laisser enrichir par tout ce qui nous est offert. C'est abaisser les ponts-levis, casser les barrières "psy" et les autres. C'est laisser couler en soi de multiples richesses qui ruissellent autour de nous... Tu le dis souvent : être sans ciré, sans cuirasse, sans volets fermés. C'est apprendre à être libre. Certes, c'est en même temps accepter d'être vulnérable, fragile, sensible, remué. C'est laisser entrer la souffrance, les manques et les frustrations. Oh, tout cela humainement. Il est normal que nous ayons des mécanismes de défense, de protection, de barrage au moins momentané. Mais il y a tant à gagner ! Et tant de gens s'appauvrissent, non pas parce qu'ils n'ont rien, mais parce que ça coule à côté d'eux... C'est ainsi que je comprends le Royaume de Dieu donné aux enfants et à ceux qui leur ressemblent.

Alors, continuons à ouvrir nos mains ! »

Robert.

Mais comment articuler ces deux mots à première vue contradictoires : « lutte » et « abandon ». Comment vivre ce paradoxe à la suite du Christ ?

LUTTE ET « ABANDON » ENSEMBLE

DANS LA LUTTE AU QUOTIDIEN

Lutter contre ce mal qui m'atteint ou atteint mes frères, c'est faire quelque chose contre...

M'abandonner, c'est laisser entrer un autre dans cette lutte, la lui remettre avec confiance. Croire qu'il lutte aussi, bien autant, bien plus, de façon mystérieuse.

Alors, articuler les deux ? Ce n'est pas seulement les placer dans un ordre chronologique : lutter d'abord puis déposer mon sac à dos et faire une pause, lutter encore, refaire une pause, ces pauses étant comprises comme des temps de prière par exemple. Articuler les deux, c'est plutôt **tenter de vivre les deux ensemble, au même moment, dans une même attitude profonde :**

— C'est lutter avec acharnement, avec toutes mes potentialités d'homme et de croyant, pour vivre et faire vivre. Parce que ma vie veut encore vivre, malgré ses côtés arides. Parce que la vie de tout homme, le plus défiguré soit-il, vaut plus que tout l'or du monde. Parce que j'aime, tout simplement. C'est **tenter de repousser les frontières du mal, avec volonté de le détruire, d'en sortir vainqueur.**

— C'est **en même temps, être intérieurement en attitude de disponibilité** et d'ouverture à une issue incertaine, à des limites, à un avenir non su mais pas bouché, quel qu'il soit. Du coup, c'est renoncer à tout maîtriser, tout en faisant l'impossible pour tout maîtriser ! C'est renoncer à lutter avec mes seules forces d'homme ou de femme, tout en luttant en homme ou femme seul responsable, « abandonné » de Dieu. C'est renoncer à désespérer, tout en pleurant des larmes de désespoir quand la lutte bute sur un mur ! C'est garder un cœur espérant, inspiré, tout en cherchant l'inspiration dans les autres et en moi-même. C'est accepter de perdre ma vie pour la retrouver ! C'est **m'ouvrir à une dépossession maximale dans une lutte maximale.**

— Lutter et m'abandonner tout à la fois, c'est alors vivre et prier, **un poing serré dans mon autre main ouverte** : le poing serré de la bagarre, de la colère et de l'amour, placé dans mon autre main ouverte en direction de ce Père qui fait renaître. C'est apprendre à **vivre debout en adulte et en enfant !**

Cette attitude ne me « ratatine » pas. Je peux en faire l'expérience si je m'y risque. Au contraire ! Le goût de la lutte et le goût d'un inattendu, libérateurs tous deux, grandissent ensemble. C'est ce que me propose l'Evangile. Humainement, c'est une chance. Cela, aucun médecin si je suis malade, aucun collectif de chômeurs si je suis sans emploi, aucun comité anti-racisme si je souffre du mépris, aucune association de parents isolés si mon conjoint m'a « plaqué », cela, aucun d'eux ne peut me le donner en profondeur. Bien sûr, ces points d'appui, oh combien nécessaires, m'invitent à me responsabiliser, en me proposant une aide et quelques points de repère pour ma marche. Avec eux, je crois à la fécondité de ce qu'ensemble nous cherchons. Mais quand les solutions tardent, quand la lutte s'essouffle, quand ma vie semble s'en aller, quand enfin les blessures très profondes en moi ne parviennent pas à se cicatriser, que me reste-t-il ? Le goût amer de l'échec et de l'impuissance humaine face à l'excès du mal, des pointes d'aigreur, de frayeur, voire de désespoir. Certes, j'ai sans cesse à reprendre la lutte avec ces bornes humaines, parce qu'en elles-mêmes, elles portent un souffle d'espoir tenace. Mais vivre cela, par surcroît, dans la main de Dieu, c'est **humainement** bien plus **libérateur !** C'est là que je peux saisir l'efficacité de la foi, la force de ce poing serré dans une main ouverte...

Face à l'expérience radicale de la mort, à la mienne annoncée peut-être ou à celle de mon proche, comment articuler les deux « oui » : le « oui » à la vie qui m'engage dans une lutte acharnée jusqu'au bout, et le « oui » à l'adieu qui me met en attitude profonde d'« abandon » ?

FACE À LA MORT : LES DEUX « OUI »

Je pense à Jésus, cet homme du « oui » total, dont St Paul dit aux Corinthiens qu' « il n'a pas été “oui” et “non”, il n'a jamais été que “oui”. »[6]

Je pense à sa mère, la petite Marie, lors de l'Annonciation[7]. Elle n'a pas dit : oui mais... Elle s'est seulement exclamée : « *Mais comment cela se fera-t-il ?* » Puis elle a silencieusement noué sa vie à des « oui » de confiance, de la conception de son enfant jusqu'au pied de la croix.

Je pense à tous ces militants soumis à une dictature, soucieux de dignité, de paix et de justice pour tout homme : disant « oui » à

6. 2 Co, 1, 19.
7. Lc 1, 26-38.

la lutte pour la vie, ils disent « oui » à l'éventualité de la mort, à la prison, à un faux procès, à une balle, à une corde...

Mais quand la mort s'annonce comme quelque chose de subi et de non encouru volontairement, comment être **« oui » total à la vie et « oui » total à la mort ?**

Ne vais-je pas dire deux « oui » résignés ? Ou encore, ne vais-je pas les vivre comme des « oui mais » ? Mon « oui » à la vie, dans ce cas, devient un « oui » du moment, à la petite journée. C'est un « oui » plein de sagesse, respectable, et difficile à vivre. Mais ma lutte contre le mal ne risque-t-elle pas peu à peu de manquer de souffle : le souffle de la foi en un avenir encore possible demain ; foi en la possibilité de gagner encore du temps, à force d'acharnement, de courage, de regard autre sur mon quotidien, de paris risqués pas à pas et de « sourires » pour l'aujourd'hui ?... Par manque de protestation intérieure, ne vais-je pas refuser de regarder en avant, et, ficelé au présent, ne vais-je pas renoncer à des projets de soins, de soirées amicales, de petites vacances ? Ne vais-je pas, somme toute, étouffer plus vite cette vie ?

Certes, il y a des « oui » à la vie dont il faudra peut-être bien un jour se déposséder : quand la douleur devenue inhumaine ôtera toute possibilité de communication (voir chapitre 10). Mais quand la mort annoncée n'a pas tout dévasté, comment rester « oui » à la lutte d'ici-bas jusqu'au bout ? Comment en même temps m'abandonner à l'idée de mourir ou à l'idée de voir mourir celui ou celle que j'aime ?

Ecoutons un accompagnant expliquer cela à quelqu'un de jeune, venant d'apprendre que son temps était menacé :

> *« Extérieurement, tu es la même : tu vis, tu luttes réellement ; mais intérieurement, tu apportes toujours des doutes sur le bien-fondé de ce que tu engages. Du coup, tu dis des "oui mais". Ton cœur n'y est qu'à moitié. La moitié de ton cœur, derrière la barrière du "mais", reste dans l'obscurité, la tristesse et le doute. Et là, dans cette moitié, tu cultives ou du moins tu acceptes un peu trop facilement de laisser se développer des fleurs vénéneuses. Je ne dis pas que tu te prêtes seulement à ce que tu fais. Tu te donnes à fond, mais tu gardes une arrière-boutique, un bout de ton cœur derrière le "mais". Ce réduit est mortifère.*
>
> *Tu me comprends : je ne te dis pas de ne pas penser à la mort. Il est bon de l'affronter. Au fond, ce que je te propose, ce sont des "oui" totaux. "Oui" total à la mort quand elle arrivera... "Oui" total à la vie, à la lutte. "Oui" total donc, avec la perspective de gagner les paris du corps, de gagner un temps considérable, le plus long possible, et non pas de gagner des miettes.*
>
> *Je sais bien qu'il est normal que ce "mais" te taraude le cœur. C'est pour cela qu'il n'y a aucun reproche dans mon insistance. Je te demande seulement d'ouvrir tes "mais", de les offrir, de les mettre sur*

la patène, sur la table du partage. C'est cela con-fier, faire foi.

Sois "oui" tout entière avec Jésus ! Lutte pour qu'il ne soit pas sans cesse surligné par l'ombre d'un "mais". "Oui" avec tout, même ce morceau de ton cœur qui cultive du quant-à-soi, des germes de "à quoi bon, ça ne va pas durer"... Les projets, vis-les sans ombre... Et tu vivras aussi le "oui" de la mort quand elle sera là. Pour cela, ne ferme jamais le réduit obscur de tes doutes, de tes peurs, des risques de mort, des questions. Alors, si tu peux, donne tout. Sois un "oui" - "abandon" : l'attitude d'"abandon" est, certes, don jusqu'à la mort, vie donnée, passage, "oui" jusque-là... »

Faire silence... Accueillir ce chemin comme un chemin aride, mais fécond. Accueillir ce qu'en disent certains qui parviennent à le prendre, sans rêver de le prendre moi-même à tout coup, tout de suite (Voir encadré).

« *Oui » à la vie, « oui » à la mort...*

« Je crois aujourd'hui que, quand on craint la vie ou plutôt la lutte qu'il faut engager, on se met à craindre la mort du même coup. J'ai découvert que la mort ne peut être approchée dans la paix et dans l'attente d'une Rencontre, d'une Joie, que lorsqu'on est allé jusqu'au maximum du don de sa vie. La mort, c'est une rupture pour une nouvelle vie, en continuité réelle avec la première.

Alors, le "oui" total à la mort peut s'articuler au "oui" total à la vie, si on comprend que ce n'est pas à vivre en tension. Je les vois sur une même ligne.

Pourtant, elle m'est devenue insupportable, cette idée de devoir, un jour, dire adieu à tous ceux que j'aime. J'ai peur de ce moment de la mort : ce doit être un grand moment de solitude, même si ce moment est vécu en lien très fort et très charnel avec ceux qu'on aime.

J'accepte cependant, aujourd'hui, l'idée d'un court terme. Accepter ne veut pas dire désirer, ne veut pas dire ne pas en souffrir. Mais, disons que l'horizon possible de la mort, et la vie risquée que j'ai, ne paralysent pas mon dynamisme de vie. Au contraire, je désire bien davantage une vie intense, faite d'amitié et de créativité au service de tous.

J'attends la mort comme chacun. Oui, calmement, en souffrant cependant beaucoup à l'avance des ruptures affectives qu'elle entraînera pour eux et pour moi. Mais, à travers elle, j'attends un Ami, parti loin, dont j'ignore la date de retour. Je me rends prête à la Rencontre, enfin, je crois... En même temps, j'ai peur, très fort... »

Pascale.

J'ai peur moi aussi. Lutter et s'abandonner n'exclut pas l'angoisse.

L'ANGOISSE DU DOUTE

Fredo Krumnow a connu cette angoisse, au cœur de ces deux « oui » largement illustrés dans le livre qu'il a écrit peu avant son grand au-revoir. Pour lui, l'angoisse la plus forte vient du doute de la foi (Voir encadré).

J'ai peur de me tromper

« Il y a des nuits où la peur me prend et m'envahit. La seule peur que je puisse ressentir, la seule qui puisse vraiment m'affoler, la seule vraie peur du chrétien. Oui, il m'arrive au fond du silence de la nuit, d'avoir peur de me tromper. Et si Dieu n'était pas Amour... Si tout cela tombait un jour tel un grand mensonge ? Comment pourrais-je y survivre ? Celui qui n'y croit pas le pourrait. Celui qui n'en vit pas le peut. Mais, pour celui pour qui l'Amour est tout, l'Amour est foi ; et certaines nuits vient l'angoisse du doute. »

F. Krumnow, *Croire*, Ed. Ouv., 1975, p. 148.

Son expérience rejoint peut-être la mienne : si Dieu n'existait pas, si Jésus n'était qu'une belle histoire ? Si l'espérance n'était que du vent, comment vivrais-je alors ? Cette question a été posée un jour publiquement à quelqu'un qui savait sa vie en danger : « *Si vous n'aviez pas la foi, s'il n'y avait rien après la mort ?* » lui a-t-on demandé. Voici sa réponse :

> *« Ma foi en Jésus-Christ me tire à aimer la vie et à travailler, pour que la vie de ceux que je côtoie et à plus large échelle, soit vraiment une vie d'aplomb.*
>
> *Mon attente de la mort est aussi attente de Jésus-Christ, déjà présent dans ma vie, mais bien absent aussi, bien incompréhensible et bien difficile à rencontrer vraiment. Je suis vraiment en attente active et même impatiente de le rencontrer, sans avoir envie de me suicider pour autant...*
>
> *Mais ma foi en Jésus-Christ est d'abord foi en l'homme, aimé de Dieu, quel qu'il soit. Si je ne croyais pas, je crois que j'aurais — de par*

mon histoire — cette foi en l'homme. Cela peut faire tenir d'aplomb une vie, heureusement, et donner ce goût de lutte.

S'il n'y avait rien après la mort ? Un risque... Un pari... J'y pense souvent, surtout la nuit. Dur de penser cela !... Mais, comme ma façon de vivre dans la foi et celle des chrétiens que je connais, me transforme, me donne envie de vivre mieux et me rend heureuse, je continue à me risquer à croire qu'après la mort, il y a encore la vie, une Vie bien plus vraie. »

Cette personne n'a pas dit que sa vie était devenue facile, qu'elle ne pleurait plus, qu'elle ne criait plus, qu'elle ne doutait plus. Nous l'avons souvent rappelé : l'espérance chrétienne ne gomme pas ce qui dans mon humanité déchirée reste mystère et scandale. Mais l'espérance chrétienne me renvoie toujours à vivre le réel tel qu'il est, avec toute son aridité. A travers cela, l'espérance chrétienne peut faire de moi quelqu'un de libre, lutteur et abandonné, pas esclave du mal (Voir encadré).

Libre, menottes aux poings !

« "Il fera de vous des hommes libres, pas des esclaves" dit St Paul[8].

Cette phrase m'habite. Je l'ai tournée dans tous les sens ! Des heures déjà, durant toutes ces séances fort pénibles. La 11ème séance dans un moment. Cette même phrase m'accompagne.
Envie de pleurer un peu, loin, au fond de la gorge. Envie de silence.
Surtout, ne pas vivre ce moment en esclave !

Te laisser entrer... Laisser entrer... les miens, Louis et Pedro, Mariana, Jean et Marie, mes frères immigrés, mes copains militants, ces malades assis sur le même banc et, avec eux, le cliquetis infernal de leurs chaînes : chaînes du chômage et de la précarité, du désespoir, du mépris et de la violence, du racisme et de l'exclusion, du péché collectif, du péché de chacune de nos associations, de la maladie, du hasard...
Mon cœur saigne.
Des hommes libres, nous ? Je ne sais.
Mon corps proteste.
Envie de tirer sur les chaînes, à m'en faire mal, envie de fuir : l'odeur de mort qui flotte ici, la nudité, la solitude, le froid, les brûlures cachées. »

8. Voir 2 Co, 3, 17 ; Ga 5, 1 et 13.

Rêver d'un tout autre printemps ! Retrouver des vivants ! Rêver d'une liberté sans ombre et sans entraves, d'une liberté sans opacité et sans semi-étreintes.

Mais voilà, je suis là...
Arrêter le rêve, vivre le réel ! Pas en esclave du rêve. Pas seule. Pas sans Toi.
J'ai enfin mieux compris : ***C'est menottes aux poings qu'il nous faut porter notre liberté !***

Cesser de rêver de « jours sans nuits » et de nuits sans attente.
Cesser de penser notre liberté comme une totalité ou un achèvement. Notre liberté n'est encore que miettes, miettes d'un désir encore inassouvi.

Mais ce désir est feu, feu de fureur contre toutes menottes, feu de tendresse pour chacun et chacune en lutte.
Je crois, avec Toi, que ce feu peut rendre les hommes libres, les unir, et faire craquer bien des menottes.

Je crois que c'est ce feu que tu attises en moi, et que je nourris en Eglise et dans le silence.

Alors... vous pourrez bien casser les cordes de ma lyre ou voiler le son de ma batterie !... Mais rien, ni personne ici, ne pourra interdire à mon « rossignol », quoique pris au piège, de chanter, et d'espérer, par là, sa Liberté !

Pour ce faire, pour pouvoir chanter, menottes aux poings, il faut souvent aller se désaltérer à la rivière du silence...

Mais, lorsque ce feu aura consumé notre corps et notre cœur, lorsqu'on les aura ***donnés****, tous deux, sans trop compter nos pertes ou nos maigres restes, on dansera vraiment ! Et ce sera le printemps de nos désirs, la Liberté dans tout son éclat. »*

Pascale.

Mais comment devenir plus libre dans tout ce poids ? Ma liberté me semble tellement entravée de menottes ! Que veut dire aussi : « aller se désaltérer à la rivière du silence ? » Dans mon silence, il n'y a souvent que moi et le poids de mes peines, pas Dieu ! Pourtant, comment placer un poing serré dans ma main ouverte, si ce n'est en reliant ces deux pauvres mains vides à Dieu et aux frères ?

Chapitre 9

MAINS VIDES MAIS MAINS RELIÉES À DIEU...

Mis à nu par l'épreuve, me voilà les mains vides : vides de réponses nettes à mes « pourquoi », vides de solutions efficaces à mes problèmes et à ceux de ce monde, vides de force, et vides d'amour peut-être.

J'ai le droit de cacher mes mains, quand ma souffrance, devenue à mes yeux honteuse, voudrait se terrer...

J'ai le droit de les déguiser de faux « sourires » pour crâner un peu...

J'ai le droit de les crisper, quand il n'y a que cela à faire, pour attiser en moi un certain désir de lutter, endormi...

J'ai le droit de les cogner l'une contre l'autre pour me faire mal et tenter de faire mal au mal...

J'ai le droit de désirer les couper, pour les oublier à jamais et sombrer dans un ailleurs de fuite...

Ma liberté m'offre tous ces droits ! Mais, en premier droit, j'ai celui de sauver en mes mains vides leur caractère humain !

Or, ce qui redonne humanité au non-humain, n'est-ce pas la caresse d'un amour ? Celui de mes frères et celui de Dieu peuvent-ils m'atteindre ?

Vais-je pouvoir lier mes pauvres mains nues à ce Dieu si lointain — quoique proche — et à ces hommes et femmes si proches — quoique lointains — ?

Les lier à Dieu m'envoie prier et Célébrer...

COMMENT PRIER DANS LA SOUFFRANCE ?

Prier ? Prier, alors que mon cœur saigne et se ferme, dire des mots à quelqu'un que je ne vois pas, que je ne connais pas, qui ne me dit jamais rien ! Mais comment peut-on me faire une telle proposition, alors que **je n'ai même plus les mots** pour m'ouvrir aux plus proches ? Seigneur, cette invitation m'apparaît presque inconvenante ! Je n'ai rien à dire.

« Seigneur, que te dire ?
Depuis bien des jours,
Tu n'entends que ce refrain !
C'est devenu une prière, ma prière.
Venue de très loin,
de là où les cris et les éclats de joie s'enlacent sans fin,
sans harmonie parfois, jusqu'à se combattre.
Venue de tout près,
de dessous mes paupières closes, sagement closes,
en attente de regarder, par l'intérieur, je ne sais quoi,
les merveilles de cette terre et en même temps ses plaintes...

Venue de ma foi et de mes doutes, tout à la fois,
en quête de croire, en désir fou de comprendre
que le fond n'est pas aspiré par le vide,
que ma vie, toutes nos vies,
restées belles dans leur folie,
sont pétries par ces renoncements incessants.
Mais en même temps, la croix reste horreur.

Je ne sais que te dire !
C'est devenu une souffrance,
et aussi une colère, une formidable colère.
Parce qu'à l'époux, aux enfants, aux frères,
je n'ai plus les mots pour dire non plus.
Vais-je pouvoir t'apercevoir,
allons-nous pouvoir nous rencontrer,
si les communions les plus évidentes
avec ceux qui sont tes mains, ton regard, ton oreille et ton cœur,
sont marquées par le silence ?
Comment te raconter que je n'ai rien à te dire,
que j'ai envie de me taire, beaucoup, longtemps ?
J'ai l'impression de n'y être pour rien
car toi, quand je me tais, tu ne dis jamais rien. »

Quand je souffre, j'ai en effet bien du mal à garder le lien aux frères et le lien à Dieu, ces liens qui me font pourtant humain. Je connais un **silence à deux faces** :

— Je connais **un silence absolument vide**, inhabité, « athée ». Le silence de l'absurdité. Le silence sans désir, sans fond, sans rampe, sans lueur. Le puits.

— Je connais aussi **cet autre silence qui, sans mots, me lie** à la fois à l'homme Jésus et au Ressuscité. Dans ce silence, un « dialogue » indicible s'engage et se construit. Ce silence est prière.

« *Prier, c'est se mettre en présence de Dieu en fermant sa gueule. Pour moi, c'est redécouvrir ma foi, mon espérance, l'amour, qui viennent de Dieu. Dieu a quelque chose à me dire. Il sait ce que je vis, ce qu'ils vivent.* »[1]

Je connais aussi **la prière des gestes : les deux poings serrés ou un seul placé dans ma main ouverte**, les mains jointes, les larmes silencieuses. Je connais les yeux levés, je ne sais pourquoi, vers ce ciel complètement sourd. Je connais peut-être aussi la

1. G. D'Acremont, aumônier auprès de sidéens, dans *Lumière et Vie* N° 204, p. 61.

position à genoux, au pied de mon lit ou derrière le pilier d'une Eglise obscure, attitude d'humilité et non d'humiliation. Par là, je place mon corps en face-à-face avec Dieu, présent et pourtant si lointain. F. Krumnow explique que, pour lui, c'est « *toucher Dieu* ».

> « *J'ai passé des heures à me mettre face à Dieu. Ce n'est pas la tradition qui m'y a conduit, ni l'habitude qui m'y a contraint. J'y suis allé seul, debout, lucide. Je me suis souvent agenouillé devant Dieu et devant l'Amour. J'accepte de m'humilier, de laisser mon orgueil à la porte,de me dépouiller de ma fierté... Je me prosterne devant le Dieu d'Abraham, d'Isaac, de Jacob, de Moïse, d'Elie. Je me prosterne devant cet homme Dieu né d'une vierge, planté sur la croix et ressuscité. Je m'agenouille devant Lui à travers et malgré les travestis ésotériques d'une Eglise plus encombrée de vieilleries qu'une boutique d'antiquaire. J'accepte la boutique d'antiquaire parce que je crois que, malgré les apparences, elle contient la source. Je sais que cela peut faire sourire de voir l'homme, cet animal vertical qui pense et qui sait, se mettre à genoux devant ce qui n'est que bric à brac pour celui qui n'a pas la foi. Cela fait ricaner celui qui se croit libre et fort. Mais la rencontre avec Dieu est à ce prix-là, ce prix d'humilité. Seul l'humble peut toucher Dieu, mais alors, quel Dieu !* »[2]

Je connais aussi des temps de « **conversation** » **toute simple**, où ma souffrance permet un jour une rencontre.

Ce peut être un « coucou, c'est moi ! », histoire de rappeler à ce Lointain, que je suis là, avec mon sac bien lourd à porter. C'est ce que fait une malade, hospitalisée dans la nuit du Nouvel An :

« *Bonne année à Toi, Seigneur.*
En cette première aube de l'année,
le cœur branché, surveillé,
le bras offert au compte-gouttes,
Tu me dis peut-être : Bonne année, ma petite fille.
Moi, je te dis : Bonne année à Toi, mon Dieu-Père...
J'ai le cœur gros,
gros de chagrin, de regrets, de pardons, de mercis, d'espoir,
gros comme un cœur de pauvre.
Je n'ai rien d'autre à te dire.
Bonne année à Toi, mon Dieu-Père. »

Ce peut être un « bonjour » réjoui, une sorte de baiser de tendresse, un peu semblable à celui de l'enfant qui fête son papa, parti longuement sans explications (Voir encadré).

2. *Croire ou le feu de la vie*, ouv. cité p. 149.

On pourrait se raconter tout cela...

« Dis,
si Tu t'asseyais pas trop loin,
Toi l'étranger bien étrange,
parti voyager sans me saluer !
Il me semble que j'en serais retournée,
qu'on se regarderait longtemps, tendrement,
émus de se retrouver.
Si tu t'asseyais pas trop loin,
on arriverait à s'écouter ?

Je crois que j'oserais Te poser deux questions :
"Où étais-Tu donc ?" et "Qui es-Tu donc, à venir, à passer, à partir, à ne pas posséder, à effleurer seulement et à inviter à suivre cette spirale sans fin ?"
Toi, j'en suis sûr, Tu me renverrais tes questions :
"Dis-moi, petite, qu'as-tu fait de ta vie pendant mon absence ?
M'as-tu bien attendu, là où j'étais ?"
Comme à un papa retrouvé, je raconterais pêle-mêle :
"J'ai souffert, j'ai désespéré, j'ai pleuré, j'ai ri,
je me suis émerveillée, je T'ai appelé...
J'ai perdu confiance.

Que Te dire encore ?
Ce que je fais de ma vie quand Tu n'es pas là ?
Je bagarre, pour qu'elle reste fidèle,
quand Toi tu sembles infidèle.
Je bagarre, mais c'est Toi en moi qui bagarres !
Que Te dire encore ?
Qu'à force de goûter, j'ai faim et soif...
Qu'à force de pleurer, j'ai aussi faim et soif...

Dis, si Tu t'asseyais pas trop loin,
si Tu t'approchais un peu plus près,
si moi peut-être, je me rapprochais un peu plus près,
on pourrait se raconter tout cela ?" »

Pascale.

Certains de nos amis, croyants et non-croyants, nous objectent parfois, avec un sourire, que prier, ce n'est pas dialoguer avec un autre, existant ou inexistant, mais c'est se parler à soi-même, dans un monologue au risque narcissique. Peut-être faut-il ne pas répondre trop vite, avant de s'être redemandé pourquoi on veut prier et pourquoi on prie si mal parfois...

POURQUOI PRIER ?

ENTRER EN RELATION FILIALE

Silence fait de vide ou silence habité, poing serré de la révolte, corps en attitude d'« abandon », ou « conversation » redevenue familière, tout cela est prière, avons-nous dit. Mais, qu'est-ce que par là je cherche à faire ? Quand j'ai mal, il me semble que j'essaye d'entrer en relation avec quelqu'un qui n'est pas moi, dont je ne sais plus toujours qui il est ni où il est, mais dont je voudrais qu'il me tire de là. Je lui ouvre mes volets, je laisse rentrer de l'air dans mon espace renfermé, je me laisse atteindre par une présence mystérieuse. Par là, je me mets en position d'enfant, et du coup, je suis renvoyé à sortir de la froideur de mon igloo, à regarder plus sereinement ce qui m'arrive et à me rappeler qu'autour de moi, il y a une foule de frères à aimer. Tel est **le sens profond de la prière : devenir fils et redevenir frère**. C'est ce qu'explique X.L. Dufour lors d'un entretien où on lui demandait quelle était sa prière :

> *« Ma prière consiste essentiellement à reconnaître et à approfondir cette même relation de filiation. La prière, pour moi, ce n'est pas quelque chose d'abstrait ; c'est la vérification de ma vie la plus concrète, pour voir si elle est une vie filiale, comme celle de Jésus. Une vie filiale qui conduit à une vie fraternelle, sans limites. Dans ma prière, je ne fais guère que répéter à Jésus : je voudrais aimer comme toi. Car moi, je suis chargé de continuer cette chaîne d'amour là où je suis, de laisser l'amour, dont le Père aime le Fils et dont le Fils nous aime, s'exprimer à travers mon existence. Quand je dis à Jésus : je veux aimer comme toi, cela veut dire : donne-moi l'amour. »*[3]

Mais la question demeure : y a-t-il vraiment dialogue avec le Père ou est-ce à moi-même que je parle ?

LAISSER L'ESPRIT DE DIEU PRIER EN MOI

Quand j'ai mal, je deviens souvent le centre de la prière. C'est un peu trop vers moi-même que je suis tourné, et je ne suis pas sûr que j'accepte une relation à double sens — un donner et un recevoir —, nécessaire à un vrai »dialogue ». J'en suis plutôt à un « **réclamer** ». J'en suis aussi parfois à une rumination fermée sur ma propre plainte. Si je « prie » alors, je le fais par intérêt : pour que Dieu intervienne et se rende utile dans ma vie, selon mes désirs.

3. X.L. Dufour, bibliste, dans *La Croix l'événement*, 22/12/88.

Or, je sais bien que si mon gémissement adressé à Dieu n'est que catalogue de plaintes centrées sur moi-même, je risque fort de connaître la déprime chronique ou l'engrenage du désespoir. Si mon « gémissement » n'est que demande d'intervention matérielle de Dieu, je risque d'être très déçu..., car, sur ce point, Dieu semble frappé de surdité... Et je risque aussi d'identifier mon désir profond d'exister avec le fait d'avoir tout : une bonne santé, un emploi, une femme idéale... etc.

Prier est alors compris comme une action pour que Dieu fasse ce que j'attends de lui. C'est vrai, quand tout va mal, je ne sais pas bien prier.

Or, prier, c'est **m'ouvrir** à une réalité qui me dépasse. C'est accepter de dépendre, comme en amour. C'est laisser l'amour faire les premiers pas ! « *C'est prendre du temps pour cultiver une relation et en jouir. Pas par devoir, pas par intérêt. Pour ce qu'Il est pour moi, pour ce que je puis devenir auprès de Lui.* »[4] En fait, **c'est me laisser aimer.** Par là, je fais exister Dieu. Cela ne signifie pas qu'il n'existerait pas sans cela, mais je le fais exister concrètement pour moi. Si quelqu'un m'aime mais que je n'en prenne pas conscience, que j'y sois indifférent, cet amour réel n'existe pas vraiment pour moi. C'est en m'y ouvrant que je fais exister cet amour en ma faveur, que je lui donne consistance dans ma vie. Le désir de Dieu est que cet amour gratuit devienne dialogue réciproque et prenne chair dans mon existence. Prier, c'est laisser Dieu me sourire.

Quand je fais cela, ce n'est plus vraiment moi qui prie Dieu, mais c'est **Lui qui prie en moi**, par son Esprit. « *L'Esprit de Dieu vient en aide à notre faiblesse car nous ne savons pas prier comme il faut. Mais l'Esprit lui-même intercède pour nous, en gémissements inexprimables, et celui qui scrute les cœurs sait quelle est l'intention de l'Esprit* » dit St Paul aux Romains[5]. Ainsi, Dieu me rejoint dans mes besoins, dans mes désirs et dans mes peurs afin que « *les douleurs de l'enfantement* » soient bien tout entières ouvertes sur la vie à naître, et non repliées sur mes douleurs... (comme dans un accouchement). En laissant l'Esprit prier en moi, je déplace ainsi mes demandes.

4. F. Varone, *Ce Dieu absent qui fait problème*, ouv. cité.
5. Rm 8, 26.

QUE LUI DEMANDER ?

Dieu n'est plus alors mon objet de rassasiement, mais celui qui m'aspire et nous aspire tous à « *devenir fils, conformes à l'image de son Fils* »[6], quoi que nous vivions d'heureux ou de malheureux.

En ce temps de cris silencieux, de plaintes exprimées et d'offrandes de mes poids, l'Esprit accueilli en moi m'apprend le vrai regard de Dieu sur ma vie : **le désir de Dieu, c'est de me donner la vie !** Pas comme je la rêverais ! Dieu n'est pas celui que j'aimerais qu'il soit, mais **le laisser prier en moi, c'est faire entrer mes désirs dans le désir de Dieu.** C'est ce qu'exprime Jean-Marc :

> *« J'aimerais que Dieu fasse à ma place. Pierre disait à la dernière réunion : le projet de Dieu n'est pas notre projet à nous. On a tendance à demander des choses, alors que Dieu a peut-être un autre projet... L'an dernier, devant les problèmes de mon fils, j'aurais aimé que Dieu intervienne. Je l'ai vécu plusieurs fois. Quand on est avec un ami gravement malade, on ne voudrait pas qu'il meure... Je parle avec Dieu comme quelqu'un qui serait en face de moi (comme Dom Camillo au Christ dans les films). Je lui dis : "Tu y vas un peu fort !" Plus tard, je lui ai demandé, non pas que tout s'arrange mais qu'il me permette de rencontrer d'autres gens qui ont des expériences un peu semblables. J'en ai alors rencontré qui ont plus de difficultés que moi...*
>
> *Je crois que Dieu met des gens sur notre route, comme les anges dans le récit évangélique. Je crois aussi que rien n'est impossible à Dieu. Même dans les cas désespérés, on peut toujours trouver une solution, bien que ce ne soit pas celle qu'on croyait... »*

Murielle, dans l'attente non exaucée d'un enfant, raconte aussi l'évolution de sa prière :

> *« Il y a quelque temps, je disais que la prière était inutile. Je voulais demander l'impossible. Je lui disais : "Seigneur, je t'en veux terriblement d'accorder des enfants à des familles qui ne le souhaitent pas, et de le refuser à celles qui le voudraient. Ça ne peut pas durer. Fais quelque chose." Il n'y a pas eu de réponse. Je croyais aussi que la relation à Dieu, c'était du donnant-donnant : si Dieu ne répond pas à mes appels, c'est que je suis sûrement coupable envers lui ! Puis il y a eu Noël et d'autres eucharisties où ce qui a été dit m'a profondément touchée. Il y a eu des partages avec d'autres vivant des difficultés plus grandes que les miennes. J'ai été très sensible à la phrase : "Il est ressuscité mais il n'est pas ici"... Pour moi aussi, il n'était pas là où je*

6. Rm 8, 29.

le cherchais. Dieu n'est pas manipulateur. Je découvre que la relation à Dieu est gratuite. Il n'attend rien en retour. Malgré tout, quand on a une douleur profonde, il est impossible de penser à Dieu ou du moins, on pense à lui pour lui rouspéter après. Ce n'est qu'ensuite qu'on est prêt à le redécouvrir. Cette expérience m'a permis de mesurer ce qui était essentiel dans ma vie... »

Est-ce à dire que ma prière doit devenir désincarnée, ne plus laisser échapper mes folles demandes ? Non. Il me semble qu'adresser à Dieu cette formidable prière de Jésus : « *Père, pas ce que je veux, mais ce que tu veux* » n'exclut pas que je puisse lui expliquer en long et en large ce que je voudrais ! Le taire serait renoncer à ce qui me manque, par résignation. Renoncer à lui énumérer mes désirs fous serait aussi renoncer à les déposer humblement dans ses mains de Père. Ma prière serait peut-être déconnectée du concret de ma situation.

Je sais pourtant que si j'attends de Dieu une réponse à mes besoins vitaux nombreux (santé, travail, amitié, etc.) ou même à mes désirs les plus « purs » (désir d'être aimé, désir de justice et d'amour entre les hommes...), je m'attache à une idée de Dieu et non à un Vivant...

Car, « ***La pédagogie de la prière est qu'elle nous détache de Dieu*** »[7] **au sens où elle me renvoie à ma responsabilité d'homme ou de femme libre**, à la lutte pour plus d'amour entre les hommes, à la bagarre contre ce qui détruit nos santés, nos couples, nos conditions de travail.

La première pédagogie de la prière est de nous inviter à lutter en hommes, et à nous « abandonner » en Celui qui, par nous, fait exploser la Vie !

Alors, que faire de mes besoins et de mes désirs ? Les nommer tous, les remettre dans les mains du Père..., **afin qu'il les canalise, qu'il arbitre** mes conflits intérieurs et qu'il me conduise à renoncer à ce qui est exorbitant ou aliénant. Lui remettre mes besoins et mes désirs, c'est aussi **accueillir Son désir, pour que celui-ci soit premier**. Son désir, c'est que je vive, avec et malgré tout ce qui me déchire. Les lui remettre, c'est aussi souvent les lui donner entièrement pour y renoncer !... C'est accepter les manques et les limites de mon existence et le prier d'accompagner mes dépossessions, afin qu'il les convertisse.

7. Denis Vasse.

C'est cela laisser Dieu prier en moi, dialoguer avec lui. « *Prier, c'est la rencontre de deux désirs.* »[8] Ainsi, mes premières demandes un peu folles peuvent être entendues, quoique déplacées (Voir encadré).

Ma prière a été entendue...

« La plus grande souffrance de ma vie fut celle de la mort de maman vers les huit ans. J'ai crié, j'ai pleuré, je me souviens de grands moments passés seul dans le grenier. Je demandais au Seigneur de me rendre ma maman. Ma prière a été entendue : oh, bien sûr, maman n'est pas revenue nous faire nos repas, mais elle a été près de moi toute ma vie. »

Raoul.

De même, dans **le « Notre Père »**, il y a beaucoup de demandes. Elles reprennent bien les besoins de l'homme, mais elles les placent dans le désir de Dieu : « *Que ton Règne vienne.* » On sait bien qu'aucun des besoins les plus humains et les plus concrets n'est oublié (cf « Les aveugles voient... ») mais il y a décentrement de chaque besoin quotidien dans un projet plus fondamental. Les demandes de la première partie du Notre Père sont essentielles : en parlant à Dieu, je me situe face à son désir, à son projet d'amour. Alors, les demandes de la deuxième partie peuvent trouver leur place ; elles ne sont plus des demandes égocentriques ; elles sont des demandes confiantes parce que je me suis mis dans une attitude d'écoute et de dialogue. Ainsi, **la prière me fait devenir croyant.**

8. F. Varone, ouv. cité.

DANS UNE CONFIANCE...

Affronté à l'échec de ma vie conjugale, professionnelle ou militante, affronté à la mauvaise santé, ou dépossédé de tout pour soulager les maux de celui que j'aime comme les maux de cette terre, je ne peux qu'« **abandonner » ma faiblesse et réclamer un peu de confiance** (Voir encadré).

Faits d'argile...

« Seigneur, tu nous as faits d'argile.
Ne permets pas que la fragilité de l'argile cache la beauté du vase.
Donne-nous de ne pas arracher le bon grain par dépit de l'ivraie.
Donne-nous la patience et même l'humour devant l'ivraie,
afin que pousse le grain.
Pour cela, donne-nous la confiance devant le champ, tel qu'il est,
parce que c'est ton champ et que tu l'aimes.
Donne-nous de l'aimer et de le servir.
Pour cela, guide nos esprits et nos mains malhabiles.
Faute de faire de nous des artisans géniaux ou sans erreurs,
fais de nous des artisans pleins de tendresse,
pour une œuvre qui nous dépasse, parce qu'elle est tienne.
Ouvre-nous plus encore à ce don qui nous échappe.
Nous ne pouvons faire confiance follement,
qu'à cause de toi, avec toi, par toi.
Donne à ceux que j'aime cette confiance que je suis malheureusement incapable de leur donner.

Je t'en prie, donne-la leur ! »

Robert.

Je peux alors accueillir cette réponse de Dieu dont était sûr le prophète Isaïe : tu es aimé et écouté.

« Ne crains pas car je t'ai racheté.
Je t'ai appelé par ton nom, tu es à moi.
Si tu passes par les eaux, je serai avec toi...
Car je suis Yahvé, ton Dieu... ton sauveur...
Car tu comptes beaucoup à mes yeux,

tu as du prix et moi, je t'aime...
Ne crains, pas, je suis avec toi. »[9]

Pourtant, l'expérience de la souffrance est si vive que je me retrouve parfois dans la « nuit » la plus totale pour une longue période.

DANS LA « NUIT »...

Les mystiques et les souffrants vivent souvent **l'épreuve de la sécheresse de la foi.** C'est d'autant plus dur que, tout désireux de se laisser aimer de Dieu, ils ont souvent reçu la grâce, ne serait-ce que le temps d'un éclair, d'en sentir la fraîcheur, d'en recevoir une lumière. Pour avoir trop cherché et trop regardé Dieu, ils se retrouvent soudain dans une nuit profonde. Au désarroi provoqué par le mal qui les assaille déjà, s'ajoute une impression de vide qui laisse gelé. Ste Thérèse de Lisieux écrivait ainsi : « *Le ciel est complètement fermé. Je suis dans un souterrain où il ne fait ni chaud ni froid.* »

D'autres racontent leur immersion dans un « rien » indicible, sans oublier de faire mémoire des jours de lumière. Dieu qui avait été proche un temps semble avoir « lâché », sans raison, celui pour qui il était « soleil » (Voir encadré).

Tu m'as lâchée !...

« Tu es parti, tu m'as quittée. Pourquoi ?
Je ne t'avais pas congédié, je ne t'avais pas renié !
Je croyais que je t'aimais et que tu vivais.
On se comprenait ou on se chamaillait,
mais on se rencontrait toujours sur mes détours.
On souriait au printemps et aux hivers.
Ensemble, on semait et on recevait.
Ensemble, on pleurait, on chantait, on riait à la vie, on aimait !

9. Isaïe 43, 1-4.

Tu n'es plus là que par l'absence douloureuse.
Je t'appelle et je ne te reçois plus.
Je ne t'entends plus, les ondes sont brouillées.
Je ne peux plus te nommer "ami", "Père".
Tu es l'absence.
C'est un grand déchirement.

Tu as été soleil. tu étais devenu soleil !
Cela ne peut se décrire, à personne.
Soleil, dans la qualité de la communion.
Soleil, dans l'accompagnement de mon chemin.
Soleil, dans mes conversions, pour tenter ces risques d'aimer.
Soleil, dans ma recherche de Toi,
au creux de toutes les vies de mon peuple.
Tu étais même devenu soleil,
dans l'expérience de l'échec et de la souffrance.
Soleil dans cette expérience de mains nues !
Je t'attendais,
je m'étais faite petite, inutile, mais belle pour t'accueillir,
et tu venais par des brassées de frères.
J'ai pu te nommer, je t'ai chanté à mes amis.
Ma vie était devenue un champ de fleurs à cueillir et à offrir,
avec plein de roses, quoique plein d'épines.

Aujourd'hui, j'ai les yeux brûlés de t'avoir trop regardé.
***Je ne te vois plus**, vidée, plongée dans un lieu où il n'y a "**rien**".*
***Rien** : un vide, une blessure, un peu un choc, même pas une illusion.*
Tu m'as laissée et je regarde ce désert.
Tu m'as lâchée, alors que tu devenais lumineux,
que tu éclairais tout, que tu pacifiais tout,
que tu stimulais mes luttes et que je t'accueillais à pleines mains !

Qui a lâché l'autre ? Toi ou moi ? »

Pascale.

Qui a lâché l'autre ? C'est aussi ma plainte lorsque le plafond des nuages est si bas et si épais que je suis tenté de tout lâcher. Cela veut-il dire que le soleil que je ne vois plus n'existe plus ?

Méditons cela avec quelqu'un qui a vécu cette « nuit de la foi » :

***A quoi sert le soleil quand on ne le voit plus ?** Il sert toujours. C'est encore le soleil qui permet la vie dans le grand Nord et pourtant, la nuit dure six mois. C'est long. Mais les gens vivent, en attendant les six mois d'été. Plus fondamentalement, c'est encore parce qu'il y a le soleil que la vie continue pendant la nuit.*

Il faut me rappeler ***l'image du désert.*** *Le désert,* ***ce n'est pas le néant.*** *C'est le désert. D'abord, il se traverse avec des provisions, de l'énergie, de l'essence, de l'eau, de la marche et de la fidélité, mieux, de l'acharnement. On titube parfois et c'est angoissant, car le soleil tape. Mais il faut garder le cap, quoi qu'il en coûte, jusqu'à l'oasis. Pour cette traversée, il me faut me rappeler que je ne suis pas seul.* ***Avec moi, il y a plein de chameaux****, toute une caravane : une famille, des amis, des collectifs où je lutte avec d'autres. C'est avec eux que je peux réentendre sans cesse la voix de l'Absent qui me redit : « Lève-toi et marche. » Par eux, à travers eux et à cause d'eux, je veux croire ! Ces chameaux-là aussi ont des difficultés à marcher et à garder le cap, à croire... Et voilà que, comme souvent dans l'Evangile, c'est peut-être moi, le chameau le plus meurtri aujourd'hui, qui les a souvent soutenus, relancés et stimulés. Il est bien juste qu'à d'autres moments je me fasse porter.*

De plus, ***dans le désert, il y a des merveilles à voir.*** *Pas seulement les grandes oasis. Il y a déjà la beauté de l'aridité elle-même. On ne sait non plus pourquoi il y a des touffes d'herbe par ci par là ; il y a parfois un palmier avec quelques dattes : elles sont plus savoureuses que celles de notre société d'abondance. Il y a parfois une minuscule oasis. Pour les Touaregs, le désert n'est pas sans vie, parce qu'ils ont appris à voir, et à se nourrir là.*

On dit que, si on se perd en montagne par un froid glacial, la survie tient à une chose : tenir, marcher très lentement et s'empêcher à tout prix de s'endormir. Ne pas céder au vertige du repos... de se laisser glisser...

Enfin, ***il y a la cordée et il y a la corde.*** *Je suis encordé, Dieu merci. Des tas de mains me sont ouvertes. A moi de tenir la corde, de grimper, de marcher, de m'abandonner un peu, non pas à l'engourdissement de la tête et du cœur, mais à la cordée, à l'orientation prise, à la foi des autres, à leur volonté.* ***Jusqu'à l'étape.***

Pour garder le cap, ne pas oublier les moments de lumière *qui m'ont illuminé, transformé et fait vivre. Il y a là des provisions pour le désert. Cela a gravé tant de choses en moi.*

Ma tentation est de le stériliser parce que l'épreuve est venue : "Ne nous abandonne pas à la tentation", dit-on dans le Notre Père. Oui, tout cela existe, même si je ne le ressens plus et ne le goûte plus. Reste à l'entretenir, à y puiser, à en faire mémoire, en attendant. C'est peut-être cela attendre activement : une activité pauvre, par rapport à la richesse antérieure. Après la richesse de la Transfiguration, il a fallu descendre dans la plaine, dans l'aridité du quotidien. On aurait voulu y planter trois tentes. Il a fallu aller affronter l'incompréhension, le doute, l'épreuve radicale de la croix.

Jésus lui-même a vécu cela. "Père, que ce calice passe loin de moi". Déjà, il avait pleuré devant Jérusalem et son incapacité à tirer ce peuple incrédule. Ce n'était pas rien. Ce fut pire ensuite : les larmes sont devenues des larmes de sang. Les disciples s'endormaient, et surtout, le Père se taisait. Expérience du « rien ». Le vide. Le Père était absent, muet, inefficace. Des larmes à mouiller toutes mes feuilles de papier quand j'écris à Dieu qu'il n'est plus là, à presque effacer tout ce qui avait été écrit avant. Des larmes de sang.

Vais-je pouvoir garder en mémoire mes quelques chemins d'Emmaüs, lumineux et forts ? Comme provisions ! Me lever et marcher, par amour, par l'amour des autres ?...

C'est pourquoi, dans la confiance comme dans la nuit, des souffrants parviennent à prier. Or, prier, c'est aussi rendre grâce. Comment cela est-il possible dans la souffrance ?

RENDRE GRÂCE ?

Rendre grâce, **ce n'est pas donner valeur à la souffrance**. Je ne rendrai jamais grâce pour ce qui m'arrive : la fermeture de mon entreprise, le cancer, la rupture d'une vieille amitié, la dépression ; ni pour ce qui arrive dans le monde : le déraillement d'un train, l'inondation de toute une région, la famine...

Mais pourtant, Dieu opère à travers cette souffrance. Il me « ressuscite » un peu. C'est un grand mystère pour ma foi ; des fleurs merveilleuses poussent dans le « fumier » et sans ce « fumier »-là, ces fleurs n'auraient pas poussé (Voir chapitre 11).

Alors ? Prier cela, le redonner à Dieu, est-ce donner valeur à la souffrance ? Est-ce rendre grâce pour elle ? Non. **Ce n'est pas du « fumier » que je rends grâce, mais des fleurs que, je ne sais par quel mystère, Dieu arrive à faire pousser dedans !** C'est presque scandaleux à dire. Et pourtant, des gens savent le faire, tout simplement.

Lors d'une célébration avec des cancéreux, une gerbe d'action de grâces montait en prière :

— Pour la fraternité vécue et renouée : « *Merci Seigneur, j'ai redécouvert mon ami.* » « *J'ai fait la paix avec mes frères, après 10 ans de brouille.* » « *Antoine m'a aidé à marcher dans le couloir* »...

— Pour le goût émerveillé de vivre au quotidien de bonnes choses toutes simples : « *Merci Seigneur, je vis !...* » « *J'ai mangé une bonne pomme* »...

— Pour la tendresse de Dieu redécouverte : « *Merci Seigneur, tu nous aimes* », « *Tu ne me trouves pas si laid avec ma boule à zéro* »...

Personne n'a dit merci pour son cancer, mais ces hommes et ces femmes savaient dire comme Job : « *Mes yeux t'ont enfin vu* », ou comme St François : « *Tu es ma grande tendresse* ». J'ai vu des sourires dans les larmes et des gens heureux dans leur détresse ! Je les ai vu signifier par leur façon d'être qu'ils renaissaient, selon l'expression de St Paul : « *Même si en nous l'homme extérieur va vers sa ruine, l'homme intérieur se renouvelle de jour en jour.* »[10]

Quand la mort d'un proche m'atteint, comment rendre grâce face à cette terrible expérience de l'impuissance, cette dernière grande dépossession ? Ma prière bascule :

— Avant, au creux de la maladie du défunt, je priais pour qu'il souffre le moins possible et même pour que sa force de vivre arrive à gagner sur son mal physique. Mais en même temps, je replaçais ce désir fou dans un autre désir fou, celui du Père... : que son chemin de malade, aussi dur soit-il, ne soit pas désespéré, c'est à dire ni coupé des autres, ni coupé de Dieu ; qu'ainsi il soit chemin de Pâque, pour lui malade, pour les siens, et aussi pour moi... ; que la tendresse du Père, par ma tendresse de frère ou de sœur, l'atteigne, le fasse tenir humainement et lui donne de la joie !

— Il est mort... Ma prière va basculer..., si j'arrive à prier !... Peut-être ferai-je un grand feu de tous mes « kleenex » trempés de larmes ?... Tout ceci est prière, remise de notre peine à tous dans ses mains de Père.

Prière déjà **pour moi**..., pour que l'espérance m'aide à tenir le coup. Prière contre l'odeur de mort qui m'envahit et m'ôte le goût d'exister.

Prière **pour le défunt.** Je le confie à Dieu, avec toute l'Eglise. Par là, nous attestons qu'en lui, il garde son nom et son identité. Nous le lui nommons. Nous exprimons notre foi au Père qui désire la vie et non la mort, et nous remettons cet homme, cette femme, à sa Promesse.

La prière liturgique nous invite à rendre grâce, même au cours d'une messe de **funérailles** : « *Vraiment il est juste et bon de te rendre gloire...* » Cela heurte parfois nos amis incroyants. Et pourtant, dans la foi, il est juste et bon de rendre grâce de ce que mon ami Thierry ou mon amie Monique aient rejoint ce Père qui, jusqu'alors, n'était pour eux que proche, voilé ou même inconnu. Rendre grâce qu'ils renaissent heureux auprès de Lui !

Certains mourants savent exprimer combien, dans leur grande attente de Dieu, ils sont tendus à la fois vers la vie d'ici-bas (qu'ils voudraient vivre le plus longtemps possible) et, en même temps,

10. 2 Co 4, 16.

vers le grand moment de la Rencontre, avec leur Père enfin dévoilé. Pourquoi ne pas rendre grâce, avec eux et pour eux, pour cette « grande première », pour la Vie qui a gagné la mort !..., pour toutes les pierres d'amour qu'ils ont posées de leur vivant et qui, en Dieu, prennent couleur d'éternité.

Je ne suis pas porté à faire de grands discours à Dieu quand la souffrance est trop forte. Mais mes larmes savent lui dire tout cela ; elles savent exprimer à la fois (encore un paradoxe) notre désespérance et notre action de grâces...

Mais quelle efficacité peut avoir cette prière ?

QUELLE EFFICACITÉ ?

L'efficacité de telles prières est bien difficile à mesurer. C'est comme en amour. Comment mesurer ? Dans notre monde moderne, on juge de l'efficacité d'une action au nombre de problèmes résolus. Or, la prière n'est pas efficace comme un « produit » de la médecine, de l'économie ou de la politique. **La prière a l'efficacité de l'amour, car elle est un lieu d'amour où Dieu et l'homme se cherchent**, dans la sécheresse, dans le désert ou dans le vide du silence parfois. Mais quand ils se retrouvent, c'est le lieu d'un baiser de tendresse, de pardon et de recréation.

Ainsi, la prière transforme certains « pourquoi » en une paix étonnante : elle s'est ouverte sur les autres, sur ces autres à aimer (Voir encadré).

Du « pourquoi » à une certaine paix...

(Géraldine, jociste, est morte à 26 ans d'une sclérose en plaques)

« Seigneur, pourquoi tant de souffrances ? C'est inhumain, c'est trop dur tous les jours.

Parfois, je me sens essoufflée comme à la fin d'une course. Je crois que tout est fini et ma joie est grande. Et puis, tout repart, le train-train de tous les jours recommence.

Chaque jour, je découvre un peu plus ma vocation de prière et de disponibilité aux autres. Quelle paix se fait en moi, lorsque je prie ou que je suis attentive à un gars ou une fille, car je vis entièrement ce qu'ils me disent !

Par la prière, je ne peux plus vivre en pensant encore à ma propre personne, tellement les souffrances morales et physiques sont intenables. Ma vie ne prend un sens que dans les autres, pour les autres.

J'ai envie de dire merci pour avoir reçu un tel sens à ma vie. Mais, ai-je le droit aussi de dire que, parfois, j'en ai marre ? »

Géraldine.

L'efficacité de cet Amour, c'est donc de **mettre l'amour dans ma vie**. Cela peut me permettre de vivre plus libre face à l'enfermement du mal ; de mieux vivre mes relations humaines ; de m'engager dans la lutte collective, afin qu'il y ait moins de visages défigurés par la souffrance ; de découvrir en moi des possibilités que je ne soupçonnais pas ; enfin, et ce n'est pas rien, d'être « fabriqué » croyant. Tout cela fait partie d'une efficacité qui ne se prouve pas, mais s'expérimente et se partage.

L'efficacité de la prière c'est encore de faire exister ce que le Credo appelle **« la communion des saints »**. Même quand elle est personnelle, notre prière nous relie à toute l'Eglise, à tous ceux qui sont reliés au Christ : l'Eglise de la terre — tous les croyants —, et l'Eglise du ciel — tous ceux qui nous ont précédés et que nous croyons déjà auprès du Père —. La prière nous branche sur cet échange mystérieux de richesses entre tous les rameaux de la vigne, greffés sur le Cep, le Christ, et irrigués par la même sève[11].

Prier se vit aussi **en communauté** rassemblée pour eucharistier, se réconcilier et réclamer une force supplémentaire par l'onction des malades. Tout cela fait partie intégrante de la lutte contre le mal.

CÉLÉBRER L'EUCHARISTIE

Partager l'Eucharistie, **en mémoire du Christ**, peut m'apparaître bien dérisoire, face à l'enfermement du mal ! J'ai de la peine peut-être à ne pas faire de ce mémorial un acte magique, ou bien encore je résiste à rendre grâces en Eglise pour ce don de Jésus sur la croix, fait par amour pour nous. Je sais aussi que **cela m'envoie** à faire de même : à m'offrir, à marcher dans les mêmes traces que

11. Voir Jn 15, 1-17.

le Christ ; à multiplier ces petits bouts de pain et ces petites gouttes de vin et en faire, autour de moi, une nourriture capable de lutter contre le mal de ce monde. J'attends parfois un pain multiplié qui me comblerait, sans que j'aie à chercher comment sortir tous mes pains encore disponibles, dans l'épreuve.

Avant d'aller célébrer, un prêtre médite sur la multiplication des pains :

« *Dans 25 minutes, je vais vous emmener au repas eucharistique où il sera question de multiplication des pains.* **Quelques pains, qu'est-ce que cela pour tant de monde ?** *Qu'est-ce que cela face à l'enfermement du mal, face au déferlement des poids et des menaces, face au sournois des poisons physiques ou psychologiques, face au travail de sape des cellules ou des angoisses,* ***face à notre radicale non-puissance ?*** *Si je veux que mes pains et mes poissons répondent à l'attente, je ne peux que désespérer. Mais si je ne crois pas à mes pains et mes poissons, si je ne les donne pas avec confiance malgré leur caractère dérisoire, j'empêche Dieu de nourrir ceux que je rencontre.*

Alors, ***apportons*** *vaillamment tous les pains et les poissons qui nous ont eux aussi été donnés. Cherchons-en même quelques autres qui sont enfouis chez nous ou chez les autres. Et apportons-les sur la table, comme contribution petite mais essentielle.* **Déprenons-nous** *de nos pains et de nos forces. Lui, prendra cela et nous le rendra au centuple. Lui, leur donnera force et efficacité, d'une manière ou de l'autre, peut-être pas celle prévue par nous, mais au-delà de nos prévisions et de nos calculs.*

Alors, oui, je vous emmène tous à cette eucharistie. Les plateaux du pain seront lourds mais je les soulèverai vers Lui, sans rien prétendre d'autre que croire qu'il les prend dans ses mains à Lui. J'y mettrai votre cœur, avec vos joies, vos larmes et vos écartèlements. J'y mettrai les liens que vous avez les uns avec les autres. Jusqu'au "Par Lui, avec Lui et en Lui." Ensuite, j'ouvrirai mes mains avec les vôtres pour dire le "Notre Père" et pour recevoir son corps de Ressuscité. »

ME RÉCONCILIER

Lutter contre le mal, c'est aussi lutter contre le mal **en moi**, le péché, source de tant de souffrances, pour moi et pour mes frères.

Aller me réconcilier avec Dieu et avec les frères, dans un temps pénitentiel, n'est jamais facile. Ce n'est pourtant pas seulement faire acte de vertu à l'égard de Dieu. Ce n'est pas non plus me meurtrir d'une démarche humiliante, me jeter des pierres. C'est **aller à un**

rendez-vous particulier d'amour, recevoir le « *Je ne te condamne pas* » de Jésus à la femme adultère.

Me reconnaître pécheur, c'est **me reconnaître responsable en partie** de ma dépression quand mon « sur-moi » m'enferme ; responsable en partie de mon mal physique quand je néglige mon corps ; responsable en partie des ruptures affectives avec mon conjoint, mes enfants ou mes collègues ; co-responsable en partie du mal moral de cette terre, par manque d'initiatives, par refus d'engagement ou par négligence. Mais tout cela pèse trop lourd sur mes frêles épaules.

Me reconnaître pécheur, c'est **placer toutes ces responsabilités manquées sous le signe d'un amour qui pardonne.**

Le sacrement du pardon est de cet ordre : un cadeau, un don premier d'Amour, des bras grands ouverts dans lesquels il n'y a plus qu'à se jeter, une fête, parce que, me reconnaissant petit et fragile dans mon mal, je veux redevenir un Vivant.

Cet Amour reçu **engage**. Il m'envoie d'abord me réconcilier avec mon frère ; lui pardonner, non pas sept fois mais « *soixante-dix-sept fois sept fois* »[12] ; me bouger dans la lutte collective contre le mal ; aller voir ce voisin déprimé qui m'agace, cette mémé qui se plaint tout le temps ; lutter en moi contre le désespoir qui m'assaille quand c'est moi la victime du mal. Cet Amour reçu m'envoie aussi me réconcilier avec moi-même pour ne pas rester enfermé dans l'image que j'ai de moi ou préoccupé seulement par la connaissance de mon « moi ».

Pécheur envoyé, je deviens un « ressuscité », un homme, une femme remis debout, ouvert à un avenir où le mal n'aura pas le dernier mot, grâce à Jésus.

RECEVOIR L'ONCTION DES MALADES...

Pour beaucoup autour de moi, parler d'onction des malades, comme le Concile Vatican 2 a choisi de le faire en 1963, c'est évoquer « l'extrême-onction », cette onction de la fin, aux portes de la mort.

Ainsi, dans certaines familles, on refuse encore la venue d'un prêtre ou un rassemblement de prière autour du lit d'un grand malade. Est-ce parce qu'on n'a pas encore osé lui dire que ses jours étaient en danger ? Ou bien parce que cette éventualité paralyse

12. Mt 18, 21-22.

davantage l'entourage que le malade concerné ? Toujours est-il que, par crainte d'alarmer ou de démobiliser celui que l'on veut voir lutter et s'en sortir, on se tait, on ne propose rien à temps, on refuse le prêtre. Pour certains encore, « *il apparaît trop comme un traître à la cause de la vie* », « *pactisant avec le venin de la mort* »[13].

Nous connaissons nous aussi tels amis ou tels voisins bien malades qui, quoique croyants, ont refusé eux-mêmes toute idée de célébration particulière.

Comment leur expliquer que **l'onction des malades rejoint leur vouloir-vivre humain** et qu'au lieu de l'étouffer, elle **exprime une Bonne Nouvelle !**... Elle est une force pour qu'ils luttent et s'abandonnent en Christ, les deux ensemble, comme nous l'avons décrit au chapitre 8. Tous les sacrements peuvent être profitables au malade, en particulier l'eucharistie et la réconciliation. Mais, une onction spécifique ne veut-elle pas signifier une Bonne Nouvelle particulière qui intéresse tout l'homme, dans cette situation précise où son corps est immédiatement plus menacé ? Ce corps a droit à une sollicitude, à un respect et à un amour, au cœur de ce qui l'abîme. Il a droit à la tendresse de Jésus, imposant les mains sur les malades qu'il rencontrait, leur faisant une onction de boue sur les yeux ou les oreilles. **Ce corps a droit à un « remède »**. Un remède est toujours donné en vue d'une guérison. Quelle guérison est alors escomptée ? On le comprend bien : ce ne peut être purement corporel..., car ce « remède » n'est pas pharmaceutique ; il n'est pas non plus magique, donné par un prêtre devenu sorcier. Ce « remède » vise à faire participer le chrétien malade au mystère pascal, dont nous avons parlé au chapitre 7. Il lui propose le message d'**un salut où le corps et l'âme sont tous deux intéressés.**

C'est pourquoi **ce n'est pas l'onction de la mort ! Mais l'onction du malade,** conscient, atteint dans sa santé, hors de tout jugement clinique sur le risque de mort : l'onction du vieillard, avant toute aggravation sérieuse ; l'onction de l'homme ou de la femme, atteint dans son corps par une maladie grave, évolutive, au développement imprévisible. Sans que la mort soit forcément à la porte, sa vie normale est affectée, fragilisée, au niveau physique, moral et spirituel. L'important, ce n'est pas tant les critères médicaux, mais « *la manière dont l'intéressé perçoit l'épreuve qui se présente à lui. Il est bon alors de donner l'onction à celui qui le désire* »[14], qui sent, qu'en lui se mène un combat pour la Vie.

---

13. B. Sesboué, *L'onction des malades*, Profac, Lyon, 1972, p. 75.
14. Id. p. 73.

Vécu avec l'entourage — famille, amis et soignants — cette onction perd son caractère tragique et prend souvent une tournure festive. Aurélie, dans son livre, raconte avec émotion ce moment de partage fraternel et de foi :

> « *J'ai demandé à recevoir le sacrement des malades. Je l'ai reçu, entourée d'une trentaine d'amis. Notre salon était trop petit pour recevoir tous les copains que j'aurais voulu voir présents. Mais ça a été une journée d'échanges, de richesses et de joie.*
>
> *En action de grâces, à la fin de la rencontre, nous avons chanté le "Magnificat". Je l'avais demandé, car comme la vierge Marie, je dis : "Le Seigneur a fait pour moi des merveilles."* »[15]

Les bien-portants présents sortent souvent bouleversés mais non tristes, nourris par une Bonne Nouvelle redécouverte pour eux, par quelque chose de la Pâque proposée à la suite du Christ.

De leur côté, les malades, qui connaissent aujourd'hui une rémission et qui ont vécu ce temps fort, disent ne pas en être sortis indemnes, dans leur foi. Elisabeth, une maman de cinq enfants, atteinte subitement d'un cancer, raconte volontiers autour d'elle que son premier réflexe, à l'annonce de son mal, a été de demander l'onction des malades : afin d'être plus forte, pas seule. Après coup, elle dit ce que cela a produit en elle : un sens neuf à sa vie, une expérience de transfiguration (Voir encadré).

J'ai vécu la transfiguration...

Le mal, la souffrance existent, c'est indéniable. Le mal me fait peur. Je n'aime pas la souffrance mais je dois reconnaître que, même au cœur de la souffrance, j'ai rencontré Dieu. Dieu nous aime, il est Amour, il ne veut pas plus que nous le mal et la souffrance. Et pourtant son fils unique, Jésus, c'est bien sur la croix qu'il a été glorifié ; on pourrait penser à un échec et, en fait, c'est la plus grande preuve d'Amour, portée au cœur du monde pour tous les hommes. Ma maladie, mes souffrances, je les ai vécues comme un temps de retraite et pour moi, ce furent de grands moments de face-à-face avec Dieu, nue devant lui, sans fard, seulement moi et Lui, Lui et moi. Après avoir reçu le sacrement

15. *Aurélie, journal d'une O.S.*, Editions Ouvrières, 1979, p. 126.

des malades, ce fut encore plus merveilleux et même, pendant un temps, j'ai vécu la transfiguration. Dieu m'a donné des grâces pour faire face, j'en suis consciente, cela a transformé ma vie. J'ai découvert un autre sens à la Vie, à ma vie !

Elisabeth.

Souvent, c'est la mort qui gagne. Mais là aussi, le sacrement a été un point d'appui pour un « grand départ » plus paisible. C'est ce dont les amis d'Aurélie ont tenu à témoigner :

« Lundi de Pâques, 27 mars 1978, Aurélie savait qu'elle allait mourir dans la soirée. Elle sentait la mort monter lentement dans son corps, suivait sa progression avec lucidité et courage. Elle le disait avec calme mais aussi avec quelque révolte parfois, à ses proches qui l'aidaient à mourir.

"C'est pour ce soir", leur dit-elle. Elle leur demanda de prévenir ses camarades et amis pour un ultime adieu. Au moins ceux que l'on pourrait joindre, en cette période de fêtes. A 16 heures, nous nous retrouvions chez Aurélie et Mimile, une vingtaine de militants et militantes... Frères et sœurs de lutte d'Aurélie, nous étions unis profondément par un idéal commun, respectueux les uns des autres, malgré nos engagements syndicaux, politiques, religieux ou philosophiques différents.

Nous étions tous là, dans la salle à manger, à attendre ce moment émouvant de l'adieu à Aurélie. Silencieux, le cœur gros, contenant notre peine. Aurions-nous le courage de tenir, comme Aurélie l'attendait de chacun d'entre nous ? Qu'allions-nous lui dire ? Qu'allions-nous avoir comme attitude ?...

Les uns après les autres, nous sommes entrés dans la chambre d'Aurélie. Sur son lit, une petite rose rouge qu'elle avait choisie quelques heures auparavant. Son lit, bordé de petites poupées, que ses mains féminines d'ouvrière O.S. avaient confectionnées. Ses mains qui avaient besoin de créer quelque chose de beau, après avoir été utilisées à l'usine pendant huit à neuf heures à faire un travail abrutissant.

Aurélie nous attendait, le visage calme, les yeux remplis de tendresse, l'essai d'un sourire sur les lèvres. Elle guidait une fois de plus notre comportement.

La gorge serrée, peu d'entre nous en l'embrassant surent trouver les quelques mots qu'il aurait fallu lui dire, qui restaient bloqués en nous. Mais cela était-il nécessaire, lorsque ses yeux nous exprimaient avec une telle intensité l'ultime message qu'elle nous avait confié : "Vous tous, mes amis, restez sur ce chemin. On ne peut être du côté des riches et des pauvres. Il faut être du côté des pauvres..."

Quelques heures après, ... Aurélie s'éteignait. Elle avait fini de brûler tout son charbon... »[16].

Prier et célébrer ainsi, un poing serré dans une main ouverte, relié à Dieu, fait partie intégrante de ma lutte contre le mal : c'est prendre tous les moyens humains disponibles pour un « oui » à la Vie, sans me croire dieu de la vie... C'est faire provision d'Amour, pour un chemin aride où l'amour et la haine, l'espérance et la désespérance risquent bien de s'enlacer...

Prier et célébrer, mains vides mais mains reliées à Dieu, nourrit et engage ! Car, dans la foi chrétienne, tout lien à Dieu renvoie à vivre, en vérité, les liens aux frères.

Au cœur de l'épreuve, vais-je pouvoir attraper leur cordée et me laisser tirer ? Vais-je pouvoir, à mon tour, devenir une petite étoile dans la nuit de ceux qui en bavent comme moi, un « accompagnant » aux mains nues mais revêtues de l'Amour pour l'homme ? A l'horizon, pour l'« accompagné » comme pour l'« accompagnant », c'est tout un chemin spirituel qui s'annonce.

16. Id. p. 128-129.

Chapitre 10

MAINS VIDES MAIS MAINS RELIÉES AUX FRÈRES

Croire quand on souffre n'est pas une démission, si c'est ne reculer devant aucune lutte et, en même temps, faire une folle confiance aux autres et à Dieu... Mais est-ce possible quand je suis là, démuni et dépossédé, le corps vide, l'esprit vide, le cœur vide, la maison vide, le portefeuille vide, bref les mains vides : mains vides de victime du mal ou mains vides de témoin impuissant. Comment mes mains peuvent-elles devenir des mains portées d'« accompagné » et des mains porteuses d'« accompagnant », des mains de souffrant dans les deux cas, mais des mains aimées et aimantes ?

Trouver sur ma route l'ami, le frère ou la sœur qui me regarde, qui m'aime et me prend en compte, ferait lever pour moi souffrant, un formidable arc-en-ciel dans l'orage.

Tenter d'être à mon tour cet arc-en-ciel dans la nuit de l'autre pourrait être une exceptionnelle lumière pour mon humanité et ma foi...

Mais à quelles conditions ces chemins respectifs peuvent-ils convertir l'épreuve de chacun en grâce ? Comment l'« accompagné » de son côté et l'« accompagnant » de l'autre, doivent-ils vivre cette marche à deux ? Route aride pour celui qui accepte d'être porté et aride pour l'autre qui se risque à accompagner. Car, pour les deux, ce grand voyage est démuni de besace, de bâton et de sandales. Peut-il déboucher sur un oasis où recevoir et donner, à mains nues, fait redevenir « enfant » et rend heureux ?

ÊTRE ACCOMPAGNÉ

La souffrance enferme. Quand je suis écrasé par l'échec, l'angoisse du lendemain, l'exclusion ou la déprime, quand je suis miné par la douleur physique, je me sens seul, radicalement seul. Qui pourrait me rejoindre dans ma situation ? Qui pourrait comprendre ce qu'a d'unique mon épreuve corporelle, psychique ou sociale ? Il me semble que les paroles qu'on m'adresse sonnent faux. Je suis tenté de rester seul dans mon « trou noir ». Mais en même temps, une partie de moi-même aspire à communiquer ; **j'ai besoin d'être entouré, écouté, aimé**. « *Je pense à quelqu'un avec qui je pourrai dire un mot : il sera un tremplin, il saura être là, attentif, avec un regard d'amour, il prendra ma main, pour la soutenir...* », dit Gisèle.

Les autres ne manquent certes pas mais je peux me sentir très seul au cœur d'une foule, d'un groupe et même de ma famille. Plus encore, leur attention affectueuse peut m'apparaître maladroite, voire pesante. Une malade l'analyse :

« *Je suis l'objet de trois types d'approche :*

1. ***Médicale.*** *Approche sympathique et chaleureuse. Mais j'entends toujours le même registre, répété à maintes reprises : "Si on s'en tient*

aux résultats de laboratoire, on se demande comment vous pouvez vivre ! Et pourtant vous tenez, vous avez même bonne mine" J'en ai marre.

*2. **Amicale mais maladroite**. Beaucoup de copains m'écrivent, affolés sans doute d'avoir appris que j'avais un cancer, ignorant souvent et heureusement que j'avais une autre menace aussi sournoise en moi : "Tu vas t'en sortir. Le cancer se soigne bien de nos jours. Pense à toi, chouchoute-toi. Oublie un peu les soucis d'ici. Sors, lis, occupe-toi de toi" etc. Ils n'ont pas trouvé la bonne parole. Ils ne me motivent pas pour lutter. Ils m'enferment sur un moi malade. Certains discours frisent la pitié. Je n'aime pas...*

*3. **Amicale et adroite**. Ceux qui m'ont compris ne me disent pas : lutte pour ta vie... Ils disent : "Lutte pour la vie de ceux qui ont besoin de toi ! Et comme ils ont besoin de toi, il faut que toi, tu ailles mieux ; donc, il faut que tu sois ta nounou. Laisse-nous t'aider, parce que nous, nous avons reçu de toi quelque chose de précieux. C'est un juste retour". C'est le langage de mes meilleurs copains !*

*Mais quand quelqu'un ajoute et encadre : **"Laisse-toi aimer ; livre-toi ; aime-toi"**, alors là, je pleure. C'est pourtant la bonne approche, celle qui a senti ce que je suis, tournée vers les autres, un peu instinctivement. M'aimer ! On ne m'a jamais dit cela... »*

OUVERTURE ET AMOUR : UN CHEMIN SPIRITUEL

Accepter de me laisser accompagner n'est pas simple, j'en ai bien conscience.

En moi qui souffre ou désespère, il y a **la peur**. Peur d'être mis à nu si je parle de ma douleur, si je livre ma souffrance psychique, si je dis ma situation réelle. Peur de ne pas être aimé, peut-être. Peur d'être lourd à porter ! Surtout, peur de faire souffrir ceux que j'aime, si je leur dis combien j'en bave. « *J'ai peur de faire souffrir les miens, de devenir l'élément qui pèse, qui bousille une jeunesse, l'élément grincheux qu'on souhaiterait parfois voir s'endormir pour de bon* », dit un malade.

Il m'est difficile de laisser à l'autre la liberté d'entrer en moi, ne serait-ce qu'un peu. Même s'il fait semblant de ne pas entrer et si pudiquement, il baisse les yeux, je crains de lui laisser pressentir ce que je vis. Alors, sans faire de mon intérieur une visite guidée, comment laisser ma porte ouverte, au risque de laisser voir le désordre de ma maison ?

A l'inverse, il me faut résister à la tentation de trop parler : c'est ce que j'aime faire parfois pour me rassurer, m'excuser ou me prouver que l'autre m'aimera quand même ! En effet, **il est toujours tentant de « chouchouter » sa souffrance, de s'y installer** et d'en faire son personnage. Plus encore, je risque d'en faire un chantage à l'affection et à l'amour des autres que j'espère ainsi capter. Ne pourrais-je pas me faire aimer autrement ?

De plus, **je suis autre chose que ma souffrance** (Voir encadré). Je suis mon histoire, mes relations anciennes et nouvelles, mon travail, ma famille, tout ce qui fait ma vie. Je ne suis pas identifié à ce mal qui me fait souffrir, même si je suis cloué, paralysé sur un fauteuil.

Je ne suis pas ma souffrance...

« Quand je peux prendre du recul et ne pas confondre ma souffrance et moi, ça va, je peux parler, je peux continuer. Mais quand la souffrance me colle à la peau ou m'envahit trop, je ne sais que pleurer, crier, faire des insomnies. Quand je prends de la distance, je peux vivre et même cueillir, accueillir des fruits positifs qui sortent de ce qui est dur. Quand je ne prends pas de distance, je veux m'arrêter, ne plus avancer, je désire mourir. Pourtant ma souffrance n'est pas moi, elle ne me définit pas. Je peux la regarder en face... Je peux me dire qu'elle fait partie de ma vie mais qu'elle ne m'empêche pas de vivre. Parfois elle me permet même de découvrir et de grandir, mais je m'en passerais bien... »

Liliane.

En même temps, **me reconnaître et m'aimer souffrant**, m'accepter avec mes limites physiques, psychologiques ou sociales, est essentiel pour ne pas tomber dans le rêve, fuir le réel et faire de ma souffrance une réalité extérieure à moi. Elle me « fabrique », au même titre que ce qui me rend heureux. Vivre avec mon mal, en dépit de mon mal, n'est-ce pas aussi un chemin spirituel ?

Ma **pudeur** et ma **discrétion** sont **saines** si elles m'aident à ne pas ressasser mon mal, à ne pas l'amplifier et à ne pas m'y installer ; si elles ont souci premier de respecter cet autre qui, m'accompagnant, souffre pour moi et avec moi. Mais elles sont mauvaises si elles m'enferment, si elles sont le fruit de la peur, si elles me coupent du lien vital avec ceux que j'aime. Certes, ce qu'ils me disent peut m'apparaître dérisoire. Pourtant, je suis **appelé à dépasser cette discrétion première et à parler.**

Accepter d'être « dépendant », tout en restant libre, nécessite tout un chemin : accepter de me laisser « mener », de lâcher ma logique un peu entravée par la souffrance, sans avoir la garantie que l'autre est dans le vrai ; accueillir cependant son raisonnement, y croire, tout en gardant ma raison... En somme, être heureux de me laisser porter, de redevenir un peu « enfant ».

Une telle confiance en l'autre va très loin : accepter que mon proche se trompe, qu'il m'étouffe, qu'il me fasse mal ou qu'il rudoie mon silence, c'est **courir les risques d'un amour plein de limites** mais d'un amour essentiel... Accueillir ne veut pas dire pour autant tout accepter : aimer, c'est aussi risquer de m'affronter avec celui qui, maladroitement, me veut du bien, jusqu'à lui faire mal avec tendresse s'il le faut.

C'est tout un chemin aussi que de vivre le doute et la nuit de ma foi en la laissant porter par la foi de l'autre ! Croire, n'est-ce pas toujours se fier aux autres ?

Finalement, il s'agit d'aimer et de me laisser aimer. Le second n'est pas plus facile que le premier, surtout si j'ai eu un passé douloureux. Pourtant, n'est-ce pas ce qui fait le prix de ma vie, de toute vie, plus encore quand elle est meurtrie ? C'est cette double expérience d'aimer et de me laisser aimer qui peut me conduire à m'aimer moi-même (Voir encadré). Cela demande parfois une véritable réconciliation : avec mon passé, avec ma culpabilité, avec tel ou tel avec qui il y a eu rupture, avec ce que je suis, malgré le haut-le-cœur que m'inspire mon mal. Mais par là, je deviens libre, tant il est vrai qu'il est impossible d'aimer les autres si on ne s'aime pas soi-même. L'Evangile lui-même le dit : *« Tu aimeras ton prochain comme toi-même. »*

Aime-nous, aime-toi...

« Quand tu écris "Laisse-toi aimer, porter", quand tu dis "Laisse-toi gâter", tout en moi crie : "Oui !" J'ai bien sûr un immense besoin de tendresse et de douceur.

Je me rappelle ma copine Michèle. Devant moi enfant, sa mère lui disait toujours "Bonjour ma chérie". J'ouvrais grands les yeux en entendant ce dernier mot, je me sauvais et je pleurais. Aujourd'hui, ce genre de mots m'étonne. Et pourtant, je ne me prive pas de les employer, moi. Mais qu'on me les dise à moi me surprend toujours. Je ne m'habitue pas.

"Aime-toi", c'est autre chose ! Ça viendra, ça vient doucement. Ça vient par vous. C'est venu en me mariant, en ayant des enfants : la fierté joyeuse de rendre heureux ! Mais je ne suis pas encore persuadée que je vaux quelque chose, même si par ailleurs je reconnais que je réussis pas mal ce que j'entreprends. Je ne suis toujours pas persuadée qu'il faut s'intéresser à moi, s'inquiéter pour moi, se réjouir avec moi ! C'est donc là, je crois, qu'il y a résistance.

> *Aujourd'hui, la maladie bouleverse ma pratique habituelle. Avant, ce qui primait était l'amour allant de moi vers les autres ; mais je reconnaissais aussi tout ce que les autres me donnaient par là. Aujourd'hui vous me dites :*
> *1. Pense à nous, aime-nous... »*
> *2. Pour cela, pense à toi, aime-toi, lutte contre le mal...*
> *3. Alors, laisse-toi porter par nous. »*
>
> **Pascale.**

Garder mes mains ouvertes, vides mais reliées, garder mon cœur ouvert, meurtri mais lié par la réciprocité de l'amour, est pour moi un véritable combat spirituel. Mais, au service de la vie, il porte des fruits essentiels.

UN AMOUR LIBÉRATEUR

On l'a vu longuement en parlant de l'attitude d'« abandon », **s'ouvrir libère** de la peur. C'est cela souvent qui me libère de ma peur. Car dire à un frère, c'est mettre à distance, objectiver. C'est drainer vers l'extérieur ces cellules malignes de mon psychisme, au fur et à mesure qu'elles se forment ; c'est les poser sur la table pour les identifier et les combattre. Quand je les mets sous clef, elles forment un abcès. Comme tout ce qui est malin, elles craignent le grand air, elles se développent surtout dans le noir, dans le clair-obscur, dans le non-dit, dans le bouillon de culture du refoulement.

Il y a là une liberté difficile à acquérir. L'Evangile dit pourtant : « *Qui fait la vérité vient à la lumière.* »[1] **Nul n'a jamais fini de faire la vérité et de devenir libre.**

Dans un beau récit évangélique, Pierre s'élance à la rencontre de Jésus. Il a tout d'abord hésité car ses amis croyaient voir un fantôme. Mais Jésus leur parle : « *Confiance, c'est moi, n'ayez pas peur.* » Alors « *Pierre descendit de la barque et marcha sur les eaux pour aller à la rencontre de Jésus. Mais, voyant qu'il y avait du vent, il eut peur et comme il commençait à enfoncer, il cria* : **"Seigneur, sauve-moi !" Aussitôt Jésus étendit la main, le saisit et lui dit : "Homme de peu de foi, pourquoi as-tu douté ?"** »[2]

Le grand obstacle à la rencontre, n'est-ce pas la peur ? Pour Pierre et pour moi peut-être, Jésus pourrait n'être qu'un fantôme.

1. Jn 3, 21.
2. Mt 14, 22-33.

Parce que le vent souffle et que marcher sur l'eau n'est pas évident, l'apôtre ne se croit capable d'aucun pas en avant ; moi non plus dans les tempêtes de ma vie ! Pourtant, Jésus appelle sans cesse à la confiance, à la marche. Mais la peur reprend vite le dessus. Ce qui remet Pierre à flot, ce qui me tient à la surface, c'est peu de choses. Deux mots : "Sauve-moi !" Un geste : saisir la main tendue par Jésus ! Pour moi aujourd'hui, **laisser quelqu'un me tendre la main, l'accepter, lui adresser une demande**, ce n'est pas seulement reconnaître que j'en ai besoin, **c'est refuser de m'enfermer dans la fatalité**. C'est ouvrir une brèche dans le destin.

Bien sûr, cette main saisie n'abolit pas ma solitude, elle ne répond pas à tous mes besoins ni à tous mes désirs. Cependant, elle me fait faire un pas vers une lumière et une chaleur qui pourront pénétrer en moi, dans le noir et le froid où je suis. Si la main du Père et les mains humaines ne comblent pas, elles réchauffent. Elle peuvent me faire tenir face à la souffrance psychique et même physique qui me fendillent (Voir encadré).

La tendresse calme la douleur...

« Avant toute intervention à vif, depuis mes accidents allergiques, je fais silence, un silence plein. J'écris. J'offre. Je me raccroche aux aimés...

L'épreuve commençant, j'en appelle au mental : prière, mise au calme, visualisation de l'appareil indiscret et brûlant... Je sais qu'ils n'auront pas ma liberté ! Je sais que mon corps n'est pas qu'une "bête" torturée. Je m'ouvre aux coups, je les attends physiquement, mais je refuse de les penser, de les craindre, d'en analyser l'horreur, de m'y enfermer... J'installe mentalement un espace et, dans cet espace, bien que je souffre atrocement, je ne suis pas toute douleur : mes proches sont en moi, le Père est "visible", il m'a attrapée, et je me suis laissé envahir...

Là, j'ai expérimenté des choses très dures mais très belles aussi. Tout au long de la première intervention, une infirmière me caressait. J'ai vécu ces caresses avec un immense plaisir. Je me concentrais dessus pour tenir le coup ! De même après, au retour dans ma chambre. La tendresse calme la douleur. Elle ôte le sentiment d'horreur, l'impression d'être un "tas pourri". C'est énorme. La caresse, la main, la voix ou le silence vécus à deux humanisent. Je suis aimée ! Quelle merveille !

Dans les heures qui suivent, le corps a mal. La douleur se réveille. Elle isole de celui ou celle qui, tendrement, se veut proche. C'est mon corps qui "gueule" au-dedans. Il faut apprendre, en sens contraire, à mentalement savourer la caresse ou le silence tendre, à les penser, pour qu'ils atteignent le corps et le calment. Ce n'est pas facile, parce que la "bête" crie, et l'autre, impuissant, ne sait pas que ce n'est pas si simple — sans analgésique possible — de réunifier son cœur et son corps. C'est pourtant quelque chose que je parviens à maîtriser un peu mieux. L'immense impression de solitude demeure cependant. La caresse n'atteint pas le centre du mal.

Mais les temps aujourd'hui sont à la disette. L'expérience d'une tendresse humaine — pendant ou après ces grands ébranlements physiques — se fait rare, à cause de mon éloignement. J'ai dû apprendre la solitude complète et longue. Alors, c'est dur ! J'ai souvent pédalé dans le vide. J'ai eu du mal à aimer à chaque minute, mais il y a eu beaucoup, beaucoup de minutes où j'ai aimé et suis « sortie » de mon corps douloureux pour aller faire un tour là où je suis bien, là où sont ceux que j'aime... »

Pascale.

TENDRESSE DES HOMMES, TENDRESSE DE DIEU

Que de souffrants expriment ainsi l'importance d'une main fraternelle ou affectueuse. Si je suis chrétien, **n'est-ce pas la main du frère qui, pour moi, est signe de la main même de Dieu ?** Pour lui, le plus démuni, le plus méprisé, le plus torturé, et même le plus révolté des hommes reste son enfant, créé à son image, aimé comme un fils. Selon l'Evangile, ceux qui souffrent sont les premiers partenaires de son amour. Je peux alors rendre grâce de cette tendresse des hommes, signe de la tendresse de Dieu. C'est ce qu'exprime un souffrant :

« Seigneur, Tu m'as visité.
Toi l'éternel absent et l'éternel présent,
Toi l'Ami efficace et inutile,
Toi le Vivant,
Tu m'es donné à travers ces vivants que sont mes frères...
C'est cela qui me fait cerner ta tendresse, ton humanité, ta divinité. Ces frères-là te rendent crédibles pour ma foi. Mon espérance s'enracine dans cette expérience-là. »

Parfois, l'éloignement empêche la manifestation concrète de la communion. Il faut alors croire que celle-ci ne se limite pas à la présence physique. Les chrétiens parlent ainsi de **« communion des**

saints ». Par là, ils disent le lien qui les relie très fortement les uns aux autres, au point d'affirmer qu'en Christ ils sont « réunis en un seul corps ». La prière permet cette communion. **Me savoir porté par la prière des autres** peut être pour moi un lien « spirituel » très fort.

Ainsi, des moines et des moniales consacrent leur vie à la prière. Ils sont souvent porteurs des misères très précises d'une foule de gens, qu'ils ne peuvent pourtant, au quotidien, ni toucher de leurs mains, ni écouter de leurs oreilles. Mais, ils aiment et portent dans une forte présence, à distance. Les hôtes qui partagent avec eux sont souvent frappés par la qualité de leur communion au concret de la vie.

Pour moi, confier ma vie difficile à la prière de mes frères ou de mes sœurs, c'est encore ouvrir mes mains pour les relier aux leurs et, par eux, au Père. Ce lien, non physique, est capable de transcender même la mort. C'est ce qu'exprime Francine à une moniale, un mois avant son grand départ : « *Je voudrais qu'avec moi tu dises merci... Si tu n'étais pas là, je ne tiendrais pas.* » (Voir encadré)

Si tu n'étais pas là, je ne tiendrais pas...

« Le Christ est ressuscité, j'y crois, tu y crois.
Crois-y doublement pour les jours où je ne peux plus...

Je te le redis, je "pars" avec une grande joie : celle de te savoir au monastère pour nous tous. Je te le redis chaque fois. C'est parce que je t'aime beaucoup ; tu es ma sœur. Si tu n'étais pas là, je ne tiendrais pas.

Je veux être discrète sur ma souffrance physique, mais tu dois te douter que je souffre. Cette nuit, c'était à hurler. J'avais la photo du monastère dans ma main, j'étais reliée à toi, à vous toutes. Merci pour ta présence...

Je te dis merci plus encore aujourd'hui car, sans toi, je n'aurais pas découvert le Christ, cette autre vie après la mort. Ne pleure pas, ne sois pas triste. Je te redirai à chaque appel téléphonique qu'on a besoin de toi.

Dimanche, j'organise une fête à l'appartement, avec les copines du boulot. Je veux leur expliquer que je "pars". Tu as intérêt à prier, ça ne sera pas facile. Mais tu m'as toujours appris qu'il fallait saisir les événements pour annoncer Jésus-Christ. Alors, je suis bien placée pour en parler.

Le Christ est venu pour que nous ayons la Vie en abondance. C'est ce vers quoi je vais. Aujourd'hui, je compte sur toi. Après, c'est toi qui vas compter sur moi. Tu pourras gueuler, m'appeler quand ça n'ira pas. Je sais que je vais te manquer, mais je sais aussi que ta vie est dans Celui que tu m'as fait découvrir.

Je voudrais qu'avec moi, tu dises MERCI.
Merci pour tout ce qu'on a vécu ensemble depuis 25 ans.
Merci pour tous ces copains avec qui on a lutté au syndicat.
Merci pour tous ceux que tu m'as fait connaître.
Merci parce que la vie a été belle pendant tout ce temps.
Merci pour ton engagement, même si j'ai râlé au début, je n'acceptais pas.
Merci, Seigneur, pour tout ce qu'il y a de chouette
dans la vie des autres et qui m'a fait vivre.
Merci, Seigneur, d'être présent au cœur de ma vie,
de m'avoir révélé ton visage de tendresse.
Rien ne peut me séparer de l'amour du Christ,
ni la peur, ni la mort. »

Francine.

Si la main des autres est pour moi essentielle et porteuse de la tendresse du Père, je suis provoqué à me demander à mon tour ce que je puis être pour mes frères souffrants. Si être accompagné est une grâce, un « miracle », je suis envoyé et engagé à être cela pour quiconque à ma porte.

ACCOMPAGNER

Quand je rencontre celui qui souffre, surtout si c'est quelqu'un que j'aime, **j'ai un immense désir de l'aider**, de le soulager. Je voudrais pouvoir prendre sur moi quelque chose de sa souffrance. Je voudrais lui parler, lui dire... Mais que dire ?

D'abord, je suis moi-même bousculé dans mes certitudes, atteint dans ma sensibilité, interrogé dans mes repères habituels, voire dans ma foi. Je me sens fragile, et je sais bien aussi que je peux faire mal en voulant faire du bien. C'est ce dont a conscience M. del Castillo :

« Je me garderai de vous dispenser ces consolations qui blessent plus qu'elles ne réconfortent. Le premier des droits d'une créature souffrante est le respect... Je laisserai, avant toute réponse, un grand blanc, une longue pause musicale où viendrait se nicher le respect que vous m'inspirez...

Savent-ils tout le mal que leurs vertueux propos (les paroles de certains chrétiens), *sans qu'ils le veuillent, peuvent produire ? La douleur réclame d'abord cela, la décence, c'est-à-dire le silence... L'apitoiement est à la charité ce que le sentimentalisme est au sentiment véritable...* »[3]

Et pourtant, je ne peux me résigner à rester loin, étranger, sans chercher à **entrer en communication**. Je me souviens que les phrases ne sont pas le seul moyen de communiquer. Les aumôniers d'hôpitaux se l'entendent souvent rappeler :

« *Prendre le malade par la main... Se taire. Etre là et se taire... Un malade m'a dit : "Ne me parlez pas s'il vous plaît, tenez-moi la main", et un autre : "Si tu as envie de prier, fais-le tout bas".* »[4]

Il est vital en effet, de trouver le moyen acceptable d'entrer en communication. Mais ceci exige de ma part un certain nombre de conditions.

DES CONDITIONS...

La première est **l'acceptation d'une certaine distance**. Quoi que je fasse, quelle que soit mon amitié ou mon affection, je resterai au seuil de la maison de l'autre !

De plus, je ne veux pas profiter de sa faiblesse pour devenir la bonne mère ou le bon père qui le ferait régresser.

Il me faut aussi respecter ce qui, dans la souffrance de l'autre, reste inintégrable, inexplicable, irréparable. Communier n'est pas compenser, moins encore combler.

Je voudrais tant aider ! Je voudrais tant que l'autre avance, pour tout ce qui dépend de lui ; qu'il se prenne en main, qu'il cherche du travail, qu'il se réconcilie avec son conjoint, qu'il vive bien son deuil ; qu'il se soigne, qu'il se repose, qu'il prenne les moyens à sa portée, et surtout qu'il ne se mette pas en danger ! C'est pire encore devant le mal psychique durable qui, pour une part seulement mais pour une part bien réelle, annihile souvent la volonté de mon frère souffrant.

---

3. M. del Castillo, cité en J. Vernette, ouv. cité p. 57-59.
4. G. d'Acremont, dans *Lumière et Vie*, p. 204 p. 59.

Il me faut alors **réfréner mon impatience**. Il me faut ne pas montrer mon inquiétude, car celle-ci n'aide pas, au contraire (Voir encadré)

Sois patient ! Ne t'inquiète pas !...

« Sois aussi patient que je le suis ! Tu es bien portant, ton cerveau fonctionne à merveille, ton cœur aussi, et de ce fait, tu penses voir les choses avec clarté, entrevoir le chemin à prendre. Tu imagines mieux que moi, penses-tu, les risques encourus par l'immobilisme actuel. Il est vrai qu'un élément extérieur a un regard que l'intéressé, un peu passionné par son affaire, n'a pas. Mais ce regard peut aussi se fourvoyer et l'impatience peut aussi être paralysante pour celui qui souffre. Je te sens impatient. Je ne voudrais pas que cette patience et cette confiance que tu exprimes par contre souvent, avec tout ton cœur, je ne voudrais pas qu'elles deviennent moyens seulement pédagogiques pour appuyer tes "Crois-y" ! Que la pédagogie garde son âme !

Ne t'inquiète pas ! Aime-moi, aide-moi sans inquiétude. Sinon, je replanterai vite fait, bien fait, ma haie de protection. Je n'aime pas que tu t'inquiètes ! Je te l'ai dit, il n'y a pas de désespérance dans mon immobilisme. Que cela vous énerve, je vous en demande pardon, comme je vous demande pardon de bouffer de votre temps et du repos de votre esprit...

Enfin, j'ai suffisamment écouté et porté de copains, comme j'ai pu, c'est-à-dire avec tout mon cœur, avec pédagogie aussi et avec beaucoup de maladresses bien sûr, pour saisir autre chose aujourd'hui, où je suis celle qui se fait porter : on n'est jamais complètement "avec". On ne peut pas "comprendre" d'une façon mathématique ce qui est souffrance, révolte, tentation, même si on aime très fort. Parce que la souffrance garde sa pudeur. Dis-toi bien que ***tu resteras au seuil****, malgré moi, malgré toi. »*

Pascale.

En outre, il me faudra parfois **affronter l'incompréhension,** voire l'agressivité. Ainsi, cette religieuse allant voir une famille venant de perdre sa fille unique :

> *« J'ai reçu un flot d'injures comme si j'étais responsable de la mort de leur fille. En effet, ils en veulent à Dieu. "Ton Dieu n'existe pas", m'ont-ils affirmé. Devant une telle souffrance, je ne savais que dire et je me suis tue. Les prêtres les ont laissé tomber parce qu'ils ne savaient plus que faire devant leur violence et leur souffrance.*

Longtemps après, j'ai entendu : "Merci, tu n'as rien dit, mais tu es restée jusqu'au bout et tu m'as écouté". »

Terrible impuissance et cependant communion. C'est ce qu'exprime E.Granger à partir de 20 ans d'expérience d'accompagnement de jeunes marginaux :

« Ils sont noyés dans leur malheur et pas de sauvetage à l'horizon. Pis, ils refusent les bouées possibles. La main que je tends est trop courte... On a l'impression navrée d'assister impuissant au naufrage... Je leur garde fidélité dans cette impuissance...

Communion... J'ai rêvé de leur partager la beauté du monde (et cela arrive), de donner sens à leur vie... Et voici qu'ils m'inoculent leur misère et leur dérision, s'ajoutant à leurs propres failles et à tous les drames du monde...

La compassion (souffrir avec) n'est qu'un pont fragile entre nos territoires dévastés... »[5]

C'est dire que, devant la souffrance, je suis **moi aussi vulnérable.** La compassion dont parle E. Granger se refuse à classer en catégories étanches : accompagnant/ accompagné, moi bien/ l'autre mal, moi vivant/ lui mourant. Ne sommes-nous pas sur le même bateau, même si je suis pour le moment relativement épargné ? De plus, comment aider quand on est au-dessus ? Comment apporter un réconfort si on ne vibre pas avec ?

« Celui qui ne souffre pas n'aide qu'à demi celui qui souffre. Chacun le sent confusément, redoutant, s'il est dans la peine, de recourir à des voisins comblés, car, voisins, ils ne sont pas proches. Si l'urgence commande, on se résigne à la démarche, mais le cœur n'y est pas. Il y a défaut d'accord — ad cor —. Quand les cordes de deux violons sont bien accordées, si l'une vibre, l'autre chante. Mais la pitié condescendante... même traduite en secours spontané et généreux, ne touche pas musicalement l'âme du malheureux.

Dieu nous atteint musicalement. La Grâce est vibrante. "Seigneur, prends pitié" est ambigu. C'est un cœur douloureusement battant qu'on invoque .»[6]

Telle est l'attitude de compassion à laquelle je suis invité.

---

5. E. Granger, « Face au mal, pour une éthique de la compassion », dans « Mal et compassion », *Le Supplément* , N° 172, mars 1990, p. 109-121.
6. F.Varillon, *La souffrance de Dieu*, ouv. cité p. 112.

LA COMPASSION

Sympathie, compassion sont deux synonymes qui traduisent l'un le grec, l'autre le latin, mais toujours les mêmes mots : **souffrir avec**. Malheureusement, le premier (sympathie) est devenu banal : avoir de la sympathie n'engage pas beaucoup... ; le second (compassion) est devenu péjoratif, proche de condescendance apitoyée. X. Thévenot lui rend son sens fort en s'interrogeant : « La compassion, une réponse au mal ? »[7] :

> *« **La compassion évoque d'abord un pâtir commun** : l'épreuve de mon prochain déclenche en moi une réaction de souffrance. C'est en quelque sorte le retentissement en moi-même de la blessure apportée à l'autre... Ce trouble joue comme une véritable convocation lancée à la liberté : "Sois responsable de ton prochain"... L'exercice de la responsabilité s'avère parfois impuissant à soulager... La compassion vient alors comme tentative ultime de communiquer encore, par-delà la parole qui ne trouve plus ses mots : "Tu n'es pas seul puisque ta souffrance est en partie la mienne"...*
>
> *Dans une acception plus large, **le terme compassion cherche à désigner la conduite qui rend solidaire de l'autre et qui se fait inventive dans la mise en œuvre des moyens** pour tenter de diminuer la souffrance... Elle est activité régénératrice et créatrice. Plus encore, elle est combat. Elle est co-belligérance contre le mal et ses diverses ramifications... Ses formes sont multiples : accompagnement dans le domaine des relations interpersonnelles, soins dans le domaine du corps et du psychisme, solidarité, militance, voire guerre dans le domaine socio-politique... La compassion s'épanouit en stratégie. »*

RENDRE SUJET

Dans ses deux significations, la compassion vise bien à **donner à celui qui souffre une preuve tangible qu'il compte, qu'il n'est pas abandonné**, qu'il est encore quelqu'un pour moi et pour les autres. Cela est d'un grand prix pour mon ami, mon conjoint, mon enfant, qui se sent dévalorisé, voire défiguré. Cela m'engage à rendre l'autre sujet (Voir encadré).

---

7. *Le Supplément* N°172, ouv. cité p. 79-96.

Quelqu'un voit de la beauté en moi...

« J'aime bien qu'on me tienne la main, qu'on me caresse le visage.
J'aime bien ce regard qui accepte que je crie
et qui accepte quand même de rester vers moi.
J'aime bien quelqu'un qui écoute
et qui attend les phrases qui n'arrivent pas à sortir.
Quelqu'un de chaleureux qui m'aime comme je suis.
Quelqu'un pour qui j'existe, que j'intéresse,
qui est content d'être avec moi.
Quelqu'un qui me révèle que je suis plus que ce corps qui souffre,
qui me révèle que je suis aimée.
Quelqu'un qui me permet de rencontrer un visage tendre,
un visage d'homme qui a envie que je vive,
qui m'appelle à naître, même si je suis près de mourir.
Quelqu'un qui voit de la beauté en moi,
pas pour me faire plaisir, mais parce que c'est vrai.
Quelqu'un qui me fait confiance. »

Thérèse.

Le souffrant perçoit que, quel que soit son sentiment d'incapacité ou d'exclusion, je continue à croire en lui, à espérer en lui, à l'aimer « pour rien », simplement parce que c'est lui.

Alors qu'il n'est souvent qu'un **objet** de soins ou de pitié, parfois même un cas médical ou un cas psychologique, alors qu'il est parfois l'objet d'un regard gêné, voire d'un regard de dégoût ou même de mépris, je lui permets de redevenir quelqu'un, un **sujet**.

Mon regard est si important pour que l'autre existe ! Jacques, sidéen, disait : « *A chaque fois qu'on m'humilie ou me rejette, je réponds par un long regard dans les yeux... Pas pour leur faire honte. Pour leur rappeler que j'ai des yeux d'homme* »... On sait combien des enfants, mais aussi des adultes, ont fait de considérables progrès, non seulement psychologiques mais aussi physiques, le jour où leur entourage ne les a plus regardés comme des malades ou des handicapés mais comme des êtres en qui on croit. Mon regard peut tirer le souffrant hors de ce mal où le regard des autres contribuait à le confiner[8].

8. Voir un certain nombre de cas bouleversants dans un article intitulé « Aujourd'hui la vie », écrit par une religieuse aumônier d'hôpital, dans *Masses Ouvrières* N° 389, janvier 1984, p. 44-50.

Accompagner est pour moi un chemin aride et spirituel à la fois, d'autant plus dur quand je dois accompagner mon proche jusqu'à sa mort.

JUSQU'À LA MORT

Dans notre société, la mort tend à devenir « hors-cadre ». Souvent à l'hôpital, loin des siens, réduit à des branchements techniques, **le mourant semble être hors-circuit**. Depuis quelques années heureusement, une prise de conscience s'est faite en sa faveur. **Plus encore que d'autres, cet homme ou cette femme a besoin d'accompagnement :**

> *« C'est le travail mystérieux d'une liberté que nous pouvons aider. Accompagner un mourant, ce n'est pas d'abord lutter contre des forces obscures. C'est aider à vivre dans la paix, à vivre sans douleur et avec la plus grande qualité possible, de toutes petites choses mais aussi le dialogue — confiant ou grave — que l'on peut poursuivre. Même à la fin, les malades ne sont pas réduits à une passivité complète. »*[9]

Mais que faire ? Quand c'est un être cher qui arrive au terme de sa vie, je suis bouleversé ! Techniquement, médicalement , je le sais, il n'y a plus grand chose à faire. Pour moi comme pour les soignants, il me faut abandonner l'idée de l'aider à guérir. La tentation peut être alors grande de baisser les bras, de l'abandonner plus ou moins... Non par indifférence ou méchanceté, mais plutôt par lassitude, par renoncement devant quelque chose de trop difficile, par sentiment d'impuissance... Ou encore parce que l'approche de la mort me remue très profondément et que, inconsciemment, je me protège...

Face à celui qui s'en va, dois-je me cristalliser, et lui avec moi, sur la seule perspective de sa mort ? Non, bien sûr, sans pour autant esquiver cette question s'il manifeste l'envie de m'en parler ; c'est à lui d'en décider. Mais le plus important pour moi est d'**humaniser cette fin de vie** qui est la sienne : être inventif pour que le temps qui lui reste à vivre et, si possible, sa fin elle-même, soient profondément humains !

9. B. Cassaigne, « Le travail de mourir », introduction à la plaquette intitulée « Avec celui qui meurt », *Cahiers pour croire aujourd'hui, Supplément* N° 6, 1991.

La société française a pris tardivement conscience de cette nécessité. D'où la création, malheureusement en petit nombre, de ce qu'on appelle les unités de soins palliatifs. Leur point de vue médical ou psychologique m'importe. Mais la recherche de ce livre étant limitée à la question de la possibilité de la foi face au mal, c'est sur l'« accompagnement des mourants » ou plutôt, « des vivants jusqu'à la mort »[10], qu'il me faut réfléchir. En cette expérience douloureuse, ma foi vacille : mes qualités humaines sont mises à mal quoiqu'épanouies, ma conscience est travaillée quoiqu'affinée. Ma souffrance d'accompagnant et mon désir de croire ont besoin de points de repères.

UNE PERSONNE HUMAINE...

Mon frère qui meurt est une personne humaine. Même si ses facultés sont bien diminuées, « *il demeure* ***un être humain à part entière.*** *Il faut donc respecter ses choix, ses modes d'expression, ses réactions, son histoire, son intériorité physique et morale* »[11]. Ainsi, il a droit à la vérité : être informé est essentiel pour lui. Il doit pouvoir donner sens à ce qu'il vit et prendre les décisions qui s'imposent. Il a droit à la dignité : être soulagé, être aidé doit lui permettre de ne pas trop souffrir et de garder, autant que possible, ses facultés.

Car, **la mort est aussi « *une étape de l'évolution de la personne*** *au même titre que la naissance, l'adolescence, les âges adultes et la vieillesse. Le mourant est une personne qui franchit la dernière étape de sa vie. A cette phase, la vie lui offre une chance ultime d'atteindre son identité propre en intégrant toutes les dimensions de son existence* »[12].

Alors, comment dois-je concilier ce qui semble inconciliable et qui est pourtant inséparable : la lutte contre la douleur et la lutte pour la qualité de la fin de la vie.

LUTTE CONTRE LA DOULEUR

Claude, atteinte d'un cancer en phase terminale, masquait sa souffrance et refusait absolument tout calmant, de peur de n'être

10. M. Put insiste sur ce renversement dans la manière de parler, dans un chapitre du livre *Contribution à la réflexion bio-éthique. Dialogue France/Québec*, sous la direction de G.Durand et C.Perrotin, Fides, 1991.

11. C. Lamontagne, « Les soins palliatifs », dans *Contribution à la réflexion bio-éthique*, ouv. cité.

12. *Id.*

plus une personne humaine consciente, capable de communiquer et d'évaluer elle-même l'évolution de son mal. Un long dialogue avec ses proches lui a permis de comprendre qu'au contraire, les calmants lui permettraient de rester elle-même et de ne pas être anéantie par sa douleur. Elle exprimait ainsi les craintes et les résistances qui ont longtemps paralysé le milieu médical et ecclésial. Ne faisait-on pas du malade un drogué, se demandait-on ? Ne fallait-il pas souffrir ? L'impact de ces tabous a heureusement diminué.

Je sais combien **la douleur est inhumaine et dégrade l'homme.** Des souffrants crient et disent être réduits au rang de « bête qui gémit » ! Comment puis-je parler de dignité sans **lutter contre cet intolérable ?** Aujourd'hui, on en a les moyens dans la plupart des cas.

Mais la question rebondit sur un point particulier : **peut-on « endormir »** quelqu'un qui souffre trop et n'a, à vue humaine, que peu de temps à vivre ? Un jour ou l'autre, ma conscience et mon cœur seront affrontés à cette question.

Face à quelqu'un qui souffre atrocement, pour lequel il n'y a pas d'issue prévisible, qui parfois même demande la mort, ne devrais-je pas lui permettre de s'en aller dans la paix, et pour cela dans l'inconscience ? J'ai de la peine à parvenir à un jugement moral et à un jugement chrétien, car je sais bien qu'ils doivent prendre en compte **deux exigences en partie contradictoires :**

— Le respect inconditionnel de l'homme m'interdit de **mettre volontairement et directement fin aux jours de quelqu'un**. Il m'interdit aussi de **le mettre totalement dans l'inconscience**, c'est-à-dire dans une situation infra-humaine.

— Le respect inconditionnel de l'homme m'interdit tout autant d'**en faire un objet médical, un objet d'« acharnement thérapeutique »**. Il m'impose de veiller à ce qu'il reste un « sujet » jusqu'au bout.

De multiples voix ont dénoncé l'euthanasie et il est bien vrai que si la dignité de toute personne est inaliénable, nul ne peut s'arroger le droit de la supprimer. Si je suis croyant, cette conviction se renforce encore, car tout homme est image de Dieu et frère du Christ...

Je crains aussi que les substances qui calment la douleur aient pour effet d'abréger la vie. C'est ce qu'on a dit longtemps de la morphine à haute dose. Sur ce point, le pape Pie XII posait déjà un principe clair :

— L'euthanasie directe est toujours proscrite.

— Mais l'administration de narcotiques est **licite**, même si elle entraîne par elle-même deux effets distincts : d'une part le soulagement de la douleur et d 'autre part l'abrègement de la vie.[13]

Aujourd'hui, la question rebondit avec la venue de nouvelles drogues ou mélanges de drogues qui « endorment » le malade en proie à d'atroces souffrances. Si l'on veut, on peut médicalement l'endormir définitivement.

Le Conseil permanent de l'Episcopat français a publié le 23/9/91 un texte très équilibré, intitulé : « *Respecter l'homme proche de sa mort.* »[14] Il prend position contre toute euthanasie directe. On n'a jamais le droit de tuer. Il refuse également tout ce qui aurait pour but d'enlever au malade toute conscience de sa fin, car le mourant est une personne : il a droit à vivre humainement le « travail de mourir ». Restent cependant les situations « difficiles » de souffrance intolérable. Sur ce point, les évêques écrivent : en certains cas (exceptionnels), il est acceptable d'induire et de maintenir un « sommeil artificiel » (Voir encadré).

Respecter l'homme proche de sa mort...

« Il arrive cependant que des malades proches de leur fin soient écrasés par des souffrances physiques ou morales que personne n'arrive à atténuer, qu'ils manifestent un désir de dormir et qu'ils jugent n'avoir plus à accomplir de tâches qui requerraient leur lucidité ; dans ces cas, et eux seuls, si l'on veille à continuer les soins nécessaires et si le maniement des diverses médications manifeste que l'on a pour unique objectif d'arracher ces malades au mal qui les accable, et non pas de hâter ou de provoquer leur mort, alors nous jugeons qu'il est acceptable d'induire et de maintenir plus ou moins longtemps ***un sommeil artificiel.*** *De telles décisions sont d'ailleurs exceptionnelles là où les malades sont bien soignés et accompagnés. Leur fréquente répétition dans une institution sanitaire serait sans doute le signe d'un manque grave dans l'accueil et dans l'organisation des soins. La recherche médicale doit être poursuivie, de manière à permettre d'éviter à l'avenir des décisions ressenties comme profondément insatisfaisantes par bien des soignants et des familles. »*

Conseil permanent de l'épiscopat français. 20/10/91.

13. Voir M.L. Lamau, « Les soins palliatifs, Enjeux éthiques et perspectives chrétiennes », dans *Lumière et Vie* N° 204, 1991, p. 29-45. Voir l'ensemble de ce numéro.

14. Texte officiel dans *La Documentation Catholique*, N°2036, 20/10/91 p. 904 909. Le texte se trouve également dans *Cahier pour croire aujourd'hui*, ouv.cité, p. 91-105.

LUTTE POUR LA QUALITÉ DE LA FIN DE LA VIE...

Je sens bien que je ne peux limiter la question de mon accompagnement à ce problème dramatique. Je suis plus largement interpellé par cette **qualité de la fin de vie** à maintenir :

> « *Pour ceux que la maladie condamne certainement à une mort prochaine,* ***la qualité de la vie qui leur reste à vivre a beaucoup plus d'importance que la durée de cette vie****... Cette affirmation va pourtant à l'encontre de toutes les idées reçues en médecine. Le plus souvent en effet, tout est orienté dans la pratique médicale pour obtenir une prolongation de la vie et, serais-je tenté de dire, quel que soit le prix à payer pour cela...*
>
> *On n'a presque plus à s'occuper du diagnostic de la maladie, mais on doit s'attacher aux symptômes pour tenter de les contrôler... Il est impératif de s'employer à ce que le malade ne souffre pas, à ce qu'il n'étouffe pas, à ce qu'il n'éprouve ni faim ni soif, ni insomnie, ni aucun autre symptôme pénible.* »[15]

C'est dire que, s'il est inacceptable de mettre fin volontairement à la vie de quelqu'un, il est tout aussi inacceptable de vouloir le prolonger à tout prix.

Depuis longtemps, la bonne vieille morale traditionnelle affirme que, si j'ai l'obligation de me soigner, je ne suis pas tenu moralement à mettre en œuvre des moyens exceptionnels que je jugerais disproportionnés ou trop lourds à supporter.

Mais la qualité de la vie, c'est bien plus que ne pas faire souffrir inutilement. Il y a une multitude de choses que je peux faire, qui ne demandent souvent qu'une attention inventive.

« Soigner », ce n'est pas seulement mettre en œuvre une technique médicale ou psychologique, fut-elle d'apaisement ; c'est bien plus largement « **prendre soin** ». Je ne peux jamais réduire l'autre à sa maladie ou à ses symptômes : ce serait le renvoyer à son isolement. Il me demande de le rencontrer comme un être humain dans sa globalité, non comme un objet médical, mais comme un sujet, une personne.

Scandale de cette clinique dans laquelle il est interdit d'apporter une fleur ! Scandale de ce service de gériatrie dans lequel il n'y a qu'un personnel très réduit, parce que ce sont des « vieux » ! Scandale de l'isolement et de la solitude totale devant la peur de la mort !

---

15. M. Abiven, dans *Cahier pour croire aujourd'hui,* ouv. cité p. 17.

Le personnel soignant fait souvent des choses admirables. Il devrait être assez nombreux pour en avoir le temps. Mais mon rôle, celui de la famille et des amis, est ici essentiel. Certes, je me sens souvent bien démuni et je me sais non-compétent. D'où la nécessité d'un dialogue et d'une collaboration qui permettent d'**associer compétence et volontariat** affectueux ou fraternel.

Enfin, il y a ce qu'on peut appeler l'« **accompagnement spirituel** » :

> « *Peu de malades parviennent au terme de leur vie sans interrogation spirituelle. Il ne s'agit pas nécessairement d'une interrogation proprement religieuse, au sens d'une relation à Dieu. Mais ce peut être un questionnement sur le sens de la vie qui a été vécue, sur la qualité des œuvres accomplies ou au contraire refusées. Pouvoir en parler avec un tiers, qu'il s'agisse d'un ministre du culte, ou tout simplement d'un interlocuteur de bonne volonté qui accepte d'écouter et de dialoguer, peut être d'une valeur inappréciable.* »[16]

Même si la mort reste pour moi un drame insupportable, que de merveilles peuvent se passer quand mon accompagnement a pu permettre à l'autre de se savoir aimé ! Mon désir est qu'il puisse entr'apercevoir que Quelqu'un l'attend et l'invite aujourd'hui à aimer sa vie de souffrant, à rester une personne ! Pour moi, cela exige beaucoup mais en même temps quelque chose de tout simple : de la tendresse, une écoute, mais surtout une confiance folle en celui qui s'en va ; le désir de permettre que germe en lui ce qu'un Autre a bien dû semer (Voir encadré).

L'évolution de Mireille...

« J'ai connu Mireille, non-baptisée, à 23 ans. De milieu populaire, fille d'un militant, elle était sensible à un monde ici-bas plus juste. Elle ne voulait pas s'investir. Elle vivait sa vie de jeune avec des préoccupations très immédiates : l'argent à trouver pour vivre, l'argent pour ses loisirs et pour son "look" qui la préoccupait. Ni l'Eglise ni Dieu ne la dérangeaient. Chez elle, on n'en parlait ni en termes négatifs ni en termes positifs.

16. M. Abiven, dans id. p. 18.

A 26 ans, elle mourait d'un cancer, après un an de souffrance, vécue au départ dans la peur, le fatalisme et le désespoir : "Quel homme m'aimera avec un sein en moins" ?, "Ma vie n'a servi à rien"...

Puis, dans la lutte pour gagner : "L'aspect de mon corps, qu'est-ce que cela peut faire ? Je n'ai jamais tant aimé de me lever et de me coucher chaque jour" ... Mais physiquement, c'était trop tard.

Je l'ai accompagnée sur ce chemin, tendrement, dans le silence et la communion, et en même temps, dans des partages de plus en plus profonds. J'avais envie de lui offrir, en dernier cadeau, quelques fleurs de mon espérance, à petites touches...

J'ai été témoin d'un chemin étonnant, bouleversant. Partant de l'inutilité de sa vie, Mireille a accepté de se poser la question radicale : "Pour quoi je vis, vers quoi on va ?. Elle est arrivée peu à peu à laisser grandir en elle un désir d'autre chose qu'elle n'a jamais nommé "Dieu", à ma suite : désir d'une main... devenant de plus en plus proche, désir de quelqu'un... Une sorte de béance, mystérieusement, s'était ouverte.

J'ai été témoin de tout ce qui était déjà là, déposé en Mireille : une grande faim d'un "plus" pour notre vie ici-bas, un amour plus plein et non cassé par la mort, un absolu même. Je n'ai eu qu'à aider à ce que cela germe.

Mireille est ainsi passée du désespoir à la lutte et à la lucidité, pour se prendre en charge : "Ma mère ne m'a pas fait naître pour qu'ils me jettent dans le trou sans moi", disait-elle.

Elle est passée de la révolte et de l'enfermement sur elle-même à un certain don de sa vie : elle s'est intéressée à ma propre vie. Elle a adhéré à une association humanitaire. Elle s'est mise à sonner chez les voisins pour leur proposer ses services. A l'hôpital, elle a pris souci des autres...

Elle s'est su aimée telle qu'elle était (bien moins belle, elle avait jeté ses maquillages !), et elle s'est mise à accueillir la tendresse des autres avec une joie de gosse.

Peu à peu, elle a expérimenté qu'elle était aimée de cet Autre dont je lui parlais : elle a connu la paix, mais en même temps, une sorte d'agacement...

D'une non-foi paisible, Mireille est passée à une quête non tranquille. En effet, Dieu qui n'était qu'une vague idée, loin de son domaine social et culturel, était devenu un désir.

Peu avant sa mort, elle a dit qu'il y avait besoin de sens pour mourir comme pour vivre. Elle m'a dit merci.

Un jour, elle a fait une sorte de révision de vie... et a demandé pardon, comme ça, tout simplement, à moi..., pour tous ses manques d'amour...

Juste avant de s'en aller, elle m'a dit : "Rentre dans moi et viens avec moi là où tu dis. J'y crois, mais seule, j'ai trop peur".

Elle est partie au cours d'un baiser échangé, plein de paix... »

Pascale.

CHANGEMENT DE REGARD...

Michèle Put, infirmière en hôpital et théologienne, souligne qu'elle est devenue l'accompagnatrice de beaucoup de malades, parce qu'ils lui ont fait confiance et lui ont adressé un appel. Elle explique que cela demande un véritable changement de regard[17].

Quand j'accompagne quelqu'un dans ce moment ultime, il me faut croire qu'il vit, là, non une indignité mais une étape importante de sa vie. Il a besoin de quelqu'un qui l'aide à faire le passage. Il me faut alors « **croire** » **en lui** suffisamment pour ne pas le traiter en mineur incapable de faire face. Il ne m'appartient pas de précéder son désir de vérité sur son état, mais la conjuration du silence peut être parfois proche du mépris, en tout cas, d'absence de confiance. N'est-elle pas aussi souvent une réaction d'auto-protection de ma part plus qu'une véritable attitude de charité vis à vis du malade ?

Cela me demande une infinie **délicatesse**. Pour y voir clair, j'ai besoin d'un **dialogue** avec d'autres proches, avec les soignants... J'ai besoin aussi de **faire la vérité en moi**. Il me faut regarder en face mon propre rapport à la vie et à la mort. Il me faut **accueillir sans peur ni fuite** l'expression de sentiments forts, comme la tristesse, l'angoisse, et ne pas vouloir à tout prix arrêter les larmes. Elles aussi sont une parole... Il me faut surtout **écouter longuement.** Celui à qui j'essaie d'être présent sait bien que je n'ai pas de réponses. Par contre, il a besoin que j'écoute ses cris, ses révoltes, ses questions et que je sache avouer que je ne sais pas plus que lui. Il me faut accepter d'**être impliqué** profondément dans la relation, et parfois d'être deviné par un malade dont la sensibilité meurtrie aiguise la lucidité.

Bref, un tel accompagnement me demande vérité, vulnérabilité, humilité. Il est une relation de réciprocité où je donne autant que je reçois... C'est pour moi une véritable expérience spirituelle.

UN CHEMIN SPIRITUEL POUR L'ACCOMPAGNANT

La souffrance de l'autre me déchire et me laisse sans mots. Elle bouscule aussi ma foi ; je me sens tout petit, impuissant, et en même temps porteur d'une espérance que je voudrais communi-

17. « L'accompagnement des mourants », dans *Contribution à la réflexion bio-éthique*, ouv. cité. Nous nous inspirons de son témoignage.

quer, mais dont je ne connais plus bien les contours. « Peut-on croire quand on souffre ? » est aussi ma question d' accompagnant. Si je suis « bien portant », je me sens presque honteux, j'aimerais pouvoir prendre sur moi une partie du mal de l'autre : son deuil, son conflit affectif, son chômage... Si je suis moi-même souffrant, je suis plus proche encore ; paradoxalement, mon propre mal devient second et c'est pour moi **un chemin où je reçois peut-être plus que je ne donne.** Une accompagnante, elle-même souffrante, l'exprime ainsi en prière :

« Vous que je connais par le petit nom,
vous que j'aperçois de loin, branché à des machines,
Vous m'habitez.
Quand j'ai mal dans ma chair,
quand j'ai mal dans mon cœur,
quand je ris de vivre,
quand je crois en demain,
quand j'espère chaque matin,
Vous êtes là !
Vous habitez désormais mon regard.
Vous affinez mon sens de la vie, celui de l'essentiel.
Vous pétrissez ma tendresse,
celle qui me lie à tant d'hommes et de femmes, de gosses,
celle qui rejoint la tendresse débordante de ce Père
qui vous connait et qui vous aime,
qui souffle sa vie dans tous les pores de votre peau épuisée.
Vous êtes le point d'interrogation de ma foi...
Vous êtes mon grand silence douloureux...

Vous m'habitez !
Soyez l'aiguillon qui hante la conscience de nos scientifiques !
Soyez l'inconfort de nos vies calfeutrées et sur-installées.
Soyez les témoins de l'amour au quotidien,
de celui qui sourit à la poignée de main,
à l'eau fraîche sur les lèvres,
au soleil dans la chambre, aux draps changés, au silence fraternel ;
les témoins de l'amour sans artifices,
de l'amour nu des tout-petits,
de ceux qui savent sourire à l'essentiel.

Je vous confie au Père !
Qu'il m'aide aussi à être ce témoin-là !
Pour que mon sursis ne se sclérose pas dans la crainte,
mais trouve tout son sens, ce sens qui s'échappe parfois. »

Ainsi, une jeune handicapée reconvertit sa vie active par l'écoute téléphonique d'autres malades. Quand ceux-ci lui demandent ses raisons de vivre et sa paix, elle dit : « *Voilà ma nouvelle vocation.* » Et elle ajoute : « *Maintenant j'aime vraiment prier. Je suis habitée par l'Esprit, mais cela exige que je fasse la causette avec lui. C'est profond.* »

Il me faut **accepter la force de l'Esprit de Dieu** pour accompagner activement Mireille, Thierry, Antoine..., pour être là, aimer, tenir leur main ou la guider ; pour que, par moi, l'amour du Père les rejoigne et les appelle. L'Esprit n'est-il pas celui qui éveille à la lutte, à la vérité ? Il me permet un regard lucide mais pas résigné, un cœur endolori mais toujours ouvert, une acceptation de l'irrémédiable mais dans la confiance en des chemins encore inconnus, une souffrance mais une force d'enfantement. J'ai souvent besoin de prier : Seigneur, donne-moi un peu de ton regard, un peu de ton cœur, donne-moi ton Esprit. Je te le demande pour eux aussi :

> « *Père, je les remets entre tes mains de Père. Je te redis ma prière : si tu es un Père plein de tendresse, tu ne peux laisser seuls ceux que tu aimes ! Entoure-les de ta présence, donne-leur ton Esprit qui est brise légère, souffle apaisant. Qu'il vienne s'insinuer dans les jointures de notre souffrance comme une force de vie, un désir d'aimer. Envoie ton Esprit. Il a déjà fait tant de miracles qui m'émerveillent...* »

Pour l'accompagnant, comme pour l'accompagné, cette prière est à la fois cri, lutte et « abandon ». « *Seigneur, si j'avais eu le courage d'écrire, j'aurais gueulé : à quoi sert d'aimer quand on ne peut rien, de prier quand on ne change rien ?* » C'est peut-être au contraire là qu'il faut plus d'amour encore. L'impatience fébrile ne ressemble guère à l'amour du Père du prodigue... Quand je suis pressé, c'est plus pour moi que pour les autres, je le constate souvent. Mais qu'il est difficile de ne pas vouloir toucher du doigt, obtenir des résultats clairs, concrétiser rapidement !... Qu'il est exigeant de ne pas vouloir me sécuriser en étant efficace à tout prix. Ce qui m'est demandé, c'est d'être là, d'être moi, d'aimer à mains nues. Certes, j'ai besoin de voir des choses qui avancent ; j'ai besoin de points d'appui, mais exiger des points d'appui pour continuer est plutôt signe de faiblesse. La **dé-prise**, la **dé-maîtrise**, l'« abandon » ne sont-ils pas force, et n'exigent-ils pas plus d'amour encore ? Finalement, la **confiance** n'est-elle pas plus efficace que l'impatience ?

Marie, dont l'Evangile dit peu de choses mais des choses fortes, a vécu cela. A l'Annonciation, **son « oui »** n'a pas exclu ses questions mais elle a fait confiance. Au Temple, le vieillard Siméon lui a prédit qu'elle aurait un chemin de souffrance... Mais devant le côté « fou » de la vie de son fils, elle « *garde toutes ces choses dans son cœur* ». Elle est présente de loin, non possessive... A la croix, elle est là, et Jésus mourant l'invite à se tourner non vers l'apitoiement, mais vers l'avenir : il lui confie Jean et il la confie à Jean. C'est ainsi qu'elle lui sera fidèle. Là encore, elle dit « oui », puisqu'on la signale avec les disciples, lors de la Pentecôte.

Alors, que je sois accompagnant ou accompagné, je puis lui demander de **m'apprendre cette qualité de « oui »** : « *Prie pour nous, pauvres pécheurs, maintenant et à l'heure de notre mort.* » Je puis me rappeler cette prière toute simple au moment où ma dépossession est à son maximum : face à mon proche qui meurt, aussi impuissant que moi. Ma prière reste **une prière de demande**. J'ai envie de tout demander : une amélioration de sa santé ; la qualité de la vie qui lui reste à vivre ; et enfin son accueil auprès du Père quand ce sera l'heure. Je le lui confie, je le lui « remets » (Voir encadré).

Ce que je demande...

« Qu'est-ce que je demande pour cette personne affrontée à la maladie et à la mort ? Je demande la Vie... sans savoir comment.

*1. **La vie humaine, la vie tout court !** Que le dynamisme de lutte, de confiance, de disponibilité, de foi qui a déjà fait tant de miracles en elle, la fasse lutter, durer, trouver un chemin... Je crois à ces miracles très humains, je les constate ; je les demande aussi. Que l'Esprit les suscite de nous, d'elle, mais aussi les uns par les autres...*

*2. **Une vie d'amour, une qualité de vie,** même dans la maladie, même dans le handicap physique ou moral ! Que cette vie porte du fruit, suscite de l'amour, fasse grandir et aimer. Je l'ai souvent constaté : une vie avec un handicap peut être une vie d'amour ; on est tenté de dire qu'elle ne vaut pas le coup ; or, elle peut être extrêmement fructueuse. Je demande pour elle, quel que soit son état, cet amour, cette vie d'amour : je le demande à celui qui est tout Amour.*

*3. **Une vie par-delà la mort !** Qu'il nous aide à croire que ce dynamisme de vie, cette richesse d'amour continueront... autrement mais réellement. Que même la mort soit passage à la Vie, à la Vie en abondance, à la Vie autrement. Qu'elle soit aussi source de vie pour ceux qu'elle aime... autrement... Autrement, c'est-à-dire : je ne sais pas comment.*

Cela m'a fait découvrir une prière toute nouvelle : le geste des mains ouvertes. Accueillir ce qui vient de la vie aujourd'hui. Accueillir ce qui viendra et que j'ignore. Je crois que quelque chose vient et je me mets en attitude d'accueil, de désir, de disponibilité, d'attente active...

Je demande de trouver un chemin de vie, mais sans me bloquer sur tel ou tel chemin. Ce ne sera peut-être pas celui que je voudrais ou que j'espère. Mais j'espère et je demande un chemin, même si cela doit être celui de la mort. J'ai souvent ouvert mes mains avec cette personne ou telle autre. C'était nous mettre en état d'attente active : hyper-attentifs pour agir, créer, inventer des chemins, des idées, des tentatives, toutes nos forces mobilisées ; et en même temps hyper-disponibles pour ne pas nous bloquer sur une voie impossible et donc pour trouver un chemin dans le réel, un réel ouvert à un neuf toujours possible... »

Robert.

Une fois de plus, pour l'accompagnant que je suis comme pour le souffrant, il s'agit **de lutte et d'« abandon »** à vivre ensemble. Je puis l'exprimer en prière :

« Seigneur, je te les confie, je te les donne tous, ceux auxquels je suis très lié et les autres. Je les abandonne entre tes mains. Je sais bien qu'en même temps, tu me les rends, pour que je les aime, pour que je leur communique le meilleur de moi-même, pas forcément ce que je voudrais, mais ce que tu nous donnes de découvrir au fur et à mesure, sans plan préétabli, sans sécurité, fort seulement de mon ouverture et de ta présence. Donne-moi d'être aussi dépossédé que possible, totalement engagé et totalement abandonné. Donne-moi d'en percevoir les « arrhes », parce que je suis humain, parce que j'en ai besoin, et surtout pour que cela me serve de tremplin pour aller plus loin. Je te confie l'avenir, un avenir plein de ta promesse et de ta tendresse. Dans l'Evangile, les disciples ont dit : "Sur ta parole, je jetterai le filet"[18] et il y a eu plein de poissons... Si parfois, il n'y a pas ce que je voudrais, donne-moi de croire que c'est ton filet et qu'il me faut le jeter de l'autre côté, celui que tu m'invites à découvrir... »

Paradoxe douloureux vécu par l'accompagnant, appel à agir au maximum sans vouloir à tout prix tout maîtriser ! Mais l'ensemble du parcours de ce livre n'est-il pas fait de ces contradictions incontournables qui sont pourtant moteurs de la vie ? C'est encore sur ce paradoxe, sur un grand cri, un grand silence et pourtant une grande action de grâces qu'il nous faut conclure.

18. Lc 5, 1-11.

Chapitre 11

DES FLEURS DANS LE « FUMIER »

Se taire et crier !

C'est sur cette plainte lancinante que nous avons ouvert ce parcours, sans rêver de l'étouffer, de l'endormir ou de la combler.

C'est sur cette même protestation, identique et pourtant déplacée, que nous allons le clore, sans chercher non plus à le clore.

Parce qu'au terme de ce chemin, je reste un rebelle ! Rebelle au mal qui me fait mal. Rebelle à l'épaisseur du mystère qui l'enveloppe toujours. Rebelle à la folie des hommes et à la mienne. Rebelle, peut-être encore, à ce Dieu Amour non coupable mais pourtant pas totalement innocenté... Rebelle, somme toute, à ces menottes reçues en cadeau de naissance... qui sans cesse entravent mon désir d'un bonheur sans épines.

Se taire et crier !

Parce qu'au terme de ce chemin, je me retrouve un peu désarticulé, comme quelqu'un qui, accidenté puis pansé, garde de toutes façons la marque de ses blessures. Désarticulé entre l'envie folle d'échapper à ma condition humaine par le rêve, l'étourdissement ou la fuite, et cette autre envie de prendre ma souffrance à bras le corps, de la regarder droit dans les yeux et de continuer à vivre ! Avec au cœur une formidable colère qui attise ma lutte et une formidable attirance qui me laisse contempler la vie jaillissant, on ne sait comment, de ce terrain défoncé...

« Des fleurs dans le fumier. » Tel est le titre d'un chapitre où se taire et crier restent de mise, mais où le sourire et l'action de grâces sont permis... Sans oublier de se taire et de crier, encore et encore : car perdre sa vie pour la retrouver, mourir de « petites morts » pour jouir d'une Vie en abondance, voir éclore de si belles fleurs de ce qui fait tant souffrir, restent un douloureux mystère... Mystère de Pâque, mystère de chacune de nos vies.

AMENÉS À REGARDER

Au terme de ce parcours, me voilà peut-être différent, déplacé. Pas transporté dans un monde sans mal, mais déplacé à travers ce réel lui-même qui, n'ayant pas changé, donne encore à crier et se taire. Déplacé aussi à l'intérieur même d'un mystère mort-vie redécouvert, dont il me faut maintenant accepter de regarder les fruits.

Au fil de ces pages, notre plainte à tous a changé de tonalité et de cap, sans rien perdre pour autant de sa puissance. J'ai peut-être été tenté, tour à tour, de refermer bien vite le livre, ou au contraire de l'« avaler » avec avidité ; tenté parfois aussi de refuser l'aridité du langage et plus encore du message, ou au contraire de m'y laisser « embarquer ». J'ai été amené à faire silence ; à serrer le poing ; à ouvrir mon intelligence et mes yeux ; à entrer avec respect dans l'histoire des nombreux souffrants cités ; et enfin à ouvrir (ou à refuser d'ouvrir) ma main à un Autre...

A l'invitation du chapitre 1, j'ai peut-être placé de grands espaces blancs tout au fil des pages, ou couvert certaines « réponses » de grands points d'interrogation. Parce que, quoi qu'on en ait dit, la souffrance ne cesse de couper le langage...

Cependant, **j'ai été invité à sortir des dilemmes trop carrés** du début du livre. Rappelons nos questions.

S'acharner sur le sens du non-sens ou renoncer à son intelligence ? Nous avons tranché : garder non enfouie la question du sens, à la suite de tous ces hommes et femmes qui, depuis l'origine de la vie, s'y heurtent. Tenter d'évaluer les responsabilités. Mais ne pas faire de l'impasse un obstacle à goût amer. En faire un aiguillon permanent et, avec lui, passer de la recherche de sens à une manière de faire face.

Accuser Dieu de n'être ni bon, ni juste, ni puissant ou le justifier pour « sauver » son nom ? Nous avons là aussi tranché : renoncer fermement à toutes ces tentatives qui défigurent et le Dieu de Jésus-Christ et l'homme.

Nier ce Dieu ou se risquer à y croire ? Nous avons là beaucoup pesé la question et, ce faisant, beaucoup reçu à porter nos pas sur ces deux voies, sans les opposer. En effet, un certain doute nourrit la foi et la décape. Quand les fausses images de Dieu tombent sous le couperet de l'accusation athée, les vraies questions peuvent enfin se lever et les vrais paris se faire : lutter contre le mal et marcher en exode quoi qu'il en coûte, avec ou sans Dieu ?

S'abandonner à ce « Dieu fou », ce Dieu puissant d'amour dans une apparente impuissance, ce Dieu qui se donne à être aimé pour rien, est-ce cesser de lutter ? Là aussi, nous avons tranché, par fidélité à Jésus adversaire du mal : l'espérance chrétienne n'est pas manne tombant du ciel sans nous. C'est un poing fortement serré dans une main largement ouverte, les deux noués à Dieu et aux frères, qu'il nous faut tenir, sans jamais cesser de marcher ! Parce que, chemin faisant, il y a souvent des petits bouts de ciel dans l'enfer. Parce qu'au terme, il y a encore la Vie...

Certes, en cette fin de livre, ma quête de comprendre et de savoir reste béante, mais je n'ai plus le droit de voiler mon regard. Je ne puis plus rester enfermé dans de vieux schémas, erronés et mortifères. Cette faim inassouvie me place dans un double mouvement violent : celui de l'indignation, des refus et de la peur, mêlé à celui du désir fou de pouvoir, encore et encore, regarder les fleurs pointer de nos jardins noyés sous la tempête.

C'est ce dernier dilemme que nous avons à casser : **il n'y a pas d'un côté l'heureux et de l'autre le malheureux**. Tout, dans nos vies, n'est qu'heureux et malheureux mêlés. Si j'adhère au Christ, **toute ma vie est d'ailleurs appelée à devenir un « heureux » avec son « malheureux »**. Il me faut alors accepter de contempler la vie telle qu'elle est, avec ses deux visages, et plonger dans ce mystère...

DES FLEURS ONT POUSSÉ

Meurtri par la souffrance d'un proche ou meurtri moi-même, il m'est sans doute arrivé de prendre un jour du recul et de regarder ces fleurs jaillies du mal, on ne sait comment...

UN SENS AUTRE À MA VIE

Accompagner de près la souffrance d'un proche peut donner un sens autre à ma vie, la changer même complètement d'orientation. C'est ce qu'explique Marie :

« La rencontre de Géraldine (26 ans, sclérose en plaques), une Géraldine pleine de souffrances dans sa maladie, m'a ouvert les yeux sur un monde que je connaissais mal : un monde de malades... Pendant une session régionale de JOCF où elle avait voulu être présente en fauteuil, je n'ai pu dormir, tourmentée par ses souffrances. Elle passait tour à tour de la révolte à la sérénité, en pensant sans arrêt au déroulement de la session, aux autres, à ses amis laissés à l'hôpital. Elle priait.

C'est sûrement ce qui a décidé l'équipe nationale de la JOCF à me demander d'élargir ma responsabilité en devenant responsable des malades sur la France. Géraldine a certainement été le déclic qui m'a donné le désir d'être proche des malades. Ces deux années ont été pleines de richesse, d'ouverture, et c'est là que j'ai senti que mon avenir se ferait en milieu hospitalier. A cette époque, l'hôpital était encore pour moi le lieu de soins des plus paumés.

J'ai pris une année de réflexion en continuant mon travail de vendeuse aux Nouvelles Galeries, et le 2 mai 1969, je démarrais à l'hôpital, dans un service où il y avait presque exclusivement des cancéreux de la gorge...

Pas un jour, malgré la dureté de mon travail, je n'ai regretté ce choix. Aujourd'hui, je dis encore merci à Géraldine de me l'avoir permis. »

TRÈS SEUL, MAIS POURTANT DAVANTAGE RELIÉ AUX FRÈRES

Quand c'est moi qui suis atteint, j'ai sur le coup bien du mal à pouvoir contempler la vie qui jaillit encore des petites « morts ». Un jour pourtant, cela m'apparaît... Ce jour-là, je suis « sauvé », car la vie est en train de gagner en moi sur les forces du mal ! La vie a retrouvé son sourire... Avec stupéfaction mais aussi action de grâces, je découvre alors que **ma traversée du désert est devenue l'expérience d'une fidélité des autres et de Dieu**, insoupçonnée auparavant. Au chapitre 10, nous avons osé parler de « miracle » pour le souffrant. C'est bien de miracle qu'il s'agit et aussi de mystérieux paradoxe. Pourquoi en effet est-ce dans l'expérience douloureuse du silence intérieur et de la solitude, gravée en moi par la souffrance, que je peux me sentir davantage lié aux autres ?

Fredo Krumnow raconte à quel degré supérieur la douleur physique lui a fait expérimenter cette **grâce de la communion avec ses frères. Sans cette épreuve, il dit qu'il ne l'aurait pas connue.** Affirmant cela, il ne nie pas l'épreuve qu'est sa douleur.

> « *Nul bien-portant ne peut savoir quelle intense richesse, quelle immense puissance de vie et de communion, la douleur peut contenir. Pendant les nuits et les jours d'insomnie, les minutes se transforment en siècles, les secondes en années. L'esprit peut être plus lucide et plus actif que jamais, brasser en quelques minutes des années de vécu, remettre tout en cause, reposer toutes les questions, dialoguer avec Dieu, avec les amis et les copains, avec la vie... Les visages reviennent, précis, vivants. Les plus éloignés de ceux que nous avons rencontrés dans notre vie sont là, présents. De cinq minutes en cinq minutes, la douleur se moque de la durée et des lieux. Car seuls la douleur et l'Amour sont capables de perturber ainsi l'espace et le temps.*
>
> *Ce n'est pas la seule découverte que nous ayons faite, Madeleine et moi. Ce qui nous a le plus frappés, c'est cette amitié, cette affection. Nous savions, certes, qu'elle existait d'une façon latente. Nous en vivions tous les jours sans presque plus nous en apercevoir. Voilà que cela nous revient de tous les bouts. La famille, les enfants, les copains et copines, les amis et amies. C'est comme si les gouttes, et parfois plus que des gouttes d'amitié et d'amour versées tout au long d'une vie, nous revenaient à grosses vagues... Nous ne savions pas à quel point l'épreuve pouvait être une merveilleuse mobilisation de fraternité, de solidarité, d'amitié. Nous l'avons découvert en rendant grâce à Dieu.* »[1]

1. F. Krumnow, ouv. cité p. 134.

C'est cet amour fraternel redécouvert qui **me renvoie à être, à mon tour, compatissant. Sinon, je n'aurais peut-être pas pu l'être à ce point.** Disant cela, je ne nie pas la dureté de ma vie. Tels cette maman d'un enfant handicapé et ce jeune souffrant :

« Malgré toutes mes difficultés, enfant handicapé surtout, mais aussi menaces de chômage, maladie d'un père, séquelles d'accident pour mon mari, isolement, séparation de toute la famille, je remercie pour les gens qui me font des signes. Cela me permet de réfléchir sur ma vie et de trouver des moyens pour aller plus loin. Je ne suis plus seule. Je suis renvoyée vers les autres. »

« Cette souffrance m'a permis de comprendre des choses, de connaître des gens qui m'aident. Je suis devenu très attentif aux autres et très sensible à ce qu'ils peuvent vivre. Mais ce que je vis reste très lourd. »

L'expérience de la souffrance me rend fragile. Or, **sans cette fragilité même, je ne pourrais être un bon point d'appui,** plus utile parfois que celui d'un bien-portant. C'est ce qu'explique Raoul, parlant de sa femme. Disant cela, il ne gomme pas l'épreuve vécue dans leur foyer :

« Martine souffre dans sa chair mais surtout moralement (dépression). Ce partage de souffrance est difficile. Martine me dit souvent : "La déprime, cela ne se comprend que par celui qui la vit ; cela enlève le goût à la vie". Mais à Marie, sa cousine qui vit un cancer depuis plus de 10 ans, c'est Martine qui sait dire des mots d'apaisement, d'encouragement et d'espoir. »

Certains disent encore que **leur souffrance a connu une sorte de fécondité. Sans elle, ils n'en seraient pas là aujourd'hui.** Dieu sait pourtant si leur épreuve a été dure. Disant cela, ils ne la nient pas. Tels Raoul et Martine dans la dramatique impasse de la stérilité :

« Quand nous avons su définitivement que nous n'aurions pas d'enfants, Martine a beaucoup pleuré et souffert quand un enfant naissait dans un autre foyer. Les baptêmes étaient des journées insupportables. Nous avons pris la décision d'adopter un enfant. Joie inoubliable que le jour où Thibaud est arrivé à la maison ! Depuis, Martine a peut-être plus entendu de "maman" que d'autres mamans... Dieu a écouté nos prières : Thibaud a contribué à l'épanouissement de notre foyer. »

D'autres encore savent que, **sans le tunnel** qu'ils ont dû traverser, **ils ne connaîtraient pas aujourd'hui cet émerveillement rajeuni sur les toutes petites choses** : « *Malgré tout ce qui m'arrive, je connais le bonheur dans de petites choses. Certains doivent aller aux quatre coins du monde pour être heureux...* »

DIEU TRÈS LOINTAIN, MAIS POURTANT PLUS PROCHE

Nous avons dit combien la souffrance ébranle la foi à sa racine. En même temps, des croyants expriment que, **sans cette douloureuse expérience de l'absence de Dieu, ils n'auraient pu un jour le « voir », le « sentir », l'« entendre » si proche et si aimant**. Disant cela, ils ne bénissent pas leur épreuve. Mais l'acte de foi, décapé d'un Dieu-idée, est devenu tout simple ; il est devenu un acte de foi en un Dieu vivant par Jésus-Christ qui croit et souffre en eux, qui les attend. C'est ce qu'exprime F. Varillon :

> « *C'est difficile de croire en Dieu quand Dieu est un désert... Alors Dieu est Dieu. Il ne l'est jamais autant que lorsqu'il me manque. Mais cela fait très mal. Cela lui fait aussi très mal. C'est le prix de l'union.* »[2]

Le même auteur dit encore que la souffrance fait aimer un Jésus devenu exceptionnellement frère :

> « *Il ne me regarde pas, il me touche. Il coïncide... Il entend combien cela grince en moi... Et cela grince aussi dans son cœur. Il se dit, il se veut médecin... Quand il y a urgence, il se hâte, disant :* **"Je viens tout de suite"**. »[3]

Sainte Thérèse de l'Enfant Jésus avait conscience de ce paradoxe. Sur son lit d'agonie, elle disait à ses sœurs : « *Je crois avoir fait plus d'actes de foi depuis un an que pendant toute ma vie.* »[4] Pourtant, toute sa vie, elle s'était laissé aimer par celui qu'elle appelait son « papa ». Elle disait même que c'était lui qui lui envoyait l'ascenseur et qui la soulevait. Ce n'était pas elle qui montait.

UNE « MORT », MAIS POURTANT UNE NOUVELLE NAISSANCE

Plongé dans ce paradoxe d'une vie qui naît encore de petites « morts », quelqu'un s'est exclamé un jour :

---

2. *La souffrance de Dieu*, ouv. cité p. 95-96.
3. *Id.* p. 34-35.
4. *Histoire d'une âme*, ouv. cité p.243.

« Dans cette expérience du silence et de la solitude, je suis liée, de plus en plus fort à mes frères et à mon Père. Je me redécouvre autre. Et je sais aujourd'hui que cette double communion est la seule chose qui me permet de vivre encore et même de vivre heureuse. »

Il y a **joie** en effet, **à naître non de soi mais des autres et de Dieu.** Seule, **l'expérience de la nudité nous y conduit peut-être**, car là, nos sécurités, nos certitudes tombent. Il faut alors se vider de soi et se laisser envahir.

Jésus parle de « *perdre sa vie* » pour la gagner... Ce passage obligé par la croix m'a souvent révolté et continue à me scandaliser. Parce que, pour être passage vers une vie sauvée, il est à vivre à sa suite comme passage imbibé d'amour. Or, la croix durcit ; elle peut éloigner de l'amour. De plus, l'amour n'a pas de bout, il n'a jamais de fin. « *Perdre sa vie* » c'est le faire non une fois, d'un bloc, un jour de bonne intention. C'est renoncer en permanence à ses rêves, à ses désirs, à soi. C'est prendre un passage, à petits pas, de lourdes chaînes aux pieds. Et pourtant, chacun de ces pas, même ceux qui sont pécheurs, peuvent être imbibés d'amour ! Chaque reculade, à sa manière, peut être piste tracée vers cette fin qui n'aura même pas fin dans le Royaume ! « *Perdre sa vie* », c'est, jour après jour, vivre la croix sans savoir jusqu'où. Cela me fait peur mais me met aussi dans la paix : il y en a Un qui l'a vécu et qui m'accompagne.

« *Perdre sa vie* » est alors naître, et cette naissance est fleur, née du « fumier »... Mes vieilles questions reprennent l'assaut ! Pourquoi le mal ? Pourquoi, sans ce terreau pourri, toutes ces fleurs évoquées plus haut n'auraient-elles pu pousser ? Allons-nous justifier de nouveau les passages mort-vie ? En faire des scandales ou seulement les accueillir comme un scandaleux mystère ?

FLEURS, SCANDALES ET MYSTÈRE

Hantés par les « pourquoi » et un peu scandalisés par les regards quasi contemplatifs que des souffrants parviennent à avoir sur les fleurs jaillies de leur mal, leurs proches ou d'autres témoins les interpellent : comment comprenez-vous cette fécondité ? N'est-elle pas en un sens scandaleuse ?

C'est ce qu'un jeune a demandé publiquement un jour à Jacques Lebreton, un mutilé de guerre, qui venait de s'exclamer : « *J'ai perdu mes yeux et mes mains, mais j'ai tout gagné.* » Un dialogue s'est engagé :

« — Moi non plus, je ne comprends pas ; mais, tu vois, ça fait des années et des années que je suis sans yeux et sans mains. Je ne dis pas que je suis content d'être infirme, mais je te dis que je suis quand même heureux.

— Mais faut-il nécessairement pour cela passer par la souffrance ?

— Il n'est peut-être pas nécessaire de souffrir, mais il est nécessaire de se savoir pauvre, de cesser de croire en soi-même seulement. L'infirmité et la souffrance ont été, pour moi, le chemin sur lequel je ne souhaite à personne d'autre de passer. Mais, à celui qui y passe, j'ose dire : "N'aie pas peur". On me dit quelquefois : "A votre place, je n'aurais pas eu ce courage" ! Je réponds : "Pourquoi voudriez-vous avoir le courage de porter une infirmité que vous n'avez pas ? Donne-nous aujourd'hui notre pain de ce jour..." Pourquoi chercher plus loin ? Il suffit bien d'avoir la grâce de son aujourd'hui... »[5]

Il n'y a rien à dire ! Faire silence, c'est la seule réponse. Le mystère pascal, expérimenté dans sa chair, dans son cœur et dans sa tête, peut faire pleurer et sourire tout à la fois ! Faire silence pour **sortir du dilemme : est-ce un scandale ou un mystère ? Me risquer plutôt à dire : le mystère pascal est un scandaleux mystère.** Cesser alors de noircir ces pages et laisser place à un grand espace blanc : l'espace de la colère mais aussi celui de l'émerveillement, dans un va-et-vient silencieux. Ensuite, accepter peut-être de relire ce texte scandaleux et pourtant central de la Bonne Nouvelle qu'est celui des Béatitudes : *« Heureux êtes-vous, aujourd'hui, vous qui pleurez. »*

MAL-HEUREUX ET POURTANT HEUREUX

Les Béatitudes, cela ne me ressemble pas. Elles me prennent à « rebrousse-poil ». C'est au Père de Jésus qu'elles ressemblent. Là, il montre son visage. C'est lui le persécuté pour la paix, le doux, le pauvre, le miséricordieux. Il nous presse tous de le rejoindre sur ce chemin. A ceux qui pleurent, à ceux qui pardonnent, il peut se donner : avec eux, il a en commun le chemin. Un chemin de rosée dans un grand vent, de grande libération dans la plus grande dépossession ! Un chemin de vie par la croix... Un chemin impossible à taille humaine, mais pris en charge en totalité par lui ! **Vivre**

5. J. Lebreton cité dans J. Vernette, *Si Dieu était bon*, ouv. cité p. 16-17.

les Béatitudes, ce scandaleux mystère, **devient davantage son affaire que la mienne : c'est lui qui emmène**... « *Viens et vois* » me dit-il ! La stabilité de ma barque sur les eaux en colère, c'est son affaire.

Accueillir cela, le poing serré dans une main ouverte... Me laisser emporter par cette phrase déjà citée, prononcée par Jacques, sidéen, un mois avant sa mort : « *Je commence à être heureux.* » Au chapitre 1, nous nous demandions ce qu'il avait bien pu découvrir de si précieux. Il ne connaissait pas le texte des Béatitudes, venant tout juste d'entr'apercevoir que Quelqu'un, que nous nommions Dieu devant lui, donnait souffle à sa vie déchirée. Mais il avait subitement découvert, disait-il, que sa vie d'autrefois, faite en partie de faux bonheurs, l'avait moins comblé que celle d'aujourd'hui, dépouillée de tous ses artifices, et dépouillée même de ce qui à l'homme est vital, non superflu. Rude mystère...

LE PARADOXE DE L'EVANGILE

Toute la Bonne Nouvelle de Jésus-Christ est écrite sur ce mystère : des fleurs jaillissent de petites « morts »... L'Evangile tout entier est construit autour d'**une expérience paradoxale de la joie :**

— L'Evangile commence par une immense allégresse. Le monde semble bouleversé. Chacun reçoit infiniment au-delà de ce qu'il avait cru possible : Elisabeth la stérile enfante ; la vierge est mère ; les bergers conversent avec les anges ; les mages donnent tout ce qu'ils ont ; Siméon ne craint plus de mourir... Surprenante Bonne Nouvelle que la naissance de Jésus ! Ensuite, on nous dit que les boiteux, les aveugles et les sourds sont remis debout. Les petits deviennent premiers ! Les ouvriers de la onzième heure, parce qu'ils sont venu travailler, sont payés comme les autres. C'est la vie qui est rendue au monde, qui est donnée aux hommes ! Ceux qui semblaient les moins gâtés, ceux qui semblaient être les plus grands pécheurs selon la Loi, ce sont ceux-là qui semblent s'ouvrir le plus vite à la joie !

— Dans les dernières pages de l'Evangile, l'immense allégresse du début n'est pas éteinte, malgré la croix de Jésus. Chacun a fait l'expérience d'avoir beaucoup reçu. Une conviction absolue éclate : on peut être heureux, car le mal, par Dieu, sera vaincu. Pourtant, cette Bonne Nouvelle paradoxale est venue jusqu'à nous par la croix de Jésus, puis celle de ses amis persécutés.

Le paradoxe contenu dans cette Bonne Nouvelle est aussi tout entier présent dans nos vies d'hommes et de femmes.

LE PARADOXE DE NOS VIES

Raconter Jacques peut nous permettre de mesurer combien le bonheur selon Jésus est surprenant.

— Atteint du sida depuis deux ans, Jacques se savait condamné à mort quand il a dit : « *Je commence à être heureux.* »

La vie serait-elle un faux bonheur ? Notre bonheur ne serait-il pas de rester ici-bas le plus longtemps possible ?

Bien sûr que si ! Les actes de Jésus nous ont manifesté le prix de la vie pour Dieu : il a guéri des malades, il a même ressuscité Lazare. La maladie, les mauvaises conditions de travail et la violence sont des maux à combattre.

Alors ? Pour Jésus, **la vie semble pourtant être plus que cela, autre chose que la bonne santé.** Il parle même de vraie Vie après la mort...

— Jacques disait encore : « *Il faut tenir le coup, durer. On va gagner ! Un nouveau médicament n'est pas loin.* » Sans aucune assurance du lendemain, il affirmait qu'il découvrait le bonheur.

Avoir un avenir affectif, professionnel, ou de santé, est-ce un faux bonheur ? La sécurité ne fait-elle pas partie de notre être-heureux ?

Bien sûr que si ! L'Evangile nous rapporte qu'après avoir guéri certains malades, Jésus les envoyait se montrer aux prêtres du Temple, afin qu'ils aient un avenir dans la société.

En même temps, Jésus dit : Ne vous préoccupez pas du lendemain. Faites comme les oiseaux du ciel qui s'abandonnent à la Providence. Faites confiance d'abord à votre Père. Il pourvoira à tout.

Alors ? Aurions-nous **un avenir ailleurs** qui nous comblerait ? Aurions-nous **ici-bas un avenir autre**, à trouver, même quand les lendemains semblent incertains et bouchés, **un avenir fait de la seule sécurité de l'amour donné et reçu, au quotidien ?**

— Jacques racontait encore sa vie de souffrant. Il lui arrivait de hurler d'avoir trop mal dans son corps, ou de hurler intérieurement d'être culpabilisé par les autres, méprisé par sa famille et ses voisins. Pourtant, il disait être heureux...

Le bien-être physique et psychologique serait-il un faux bonheur ? N'avons-nous pas à lutter contre tout ce qui nous déchire et nous isole des autres : la souffrance physique, la dépression, l'exclusion ?...

Bien sûr que si ! Jésus a manifesté l'humanité de Dieu pour tous les souffrants.

En même temps, il n'a pas fui sa croix quand elle a été là. Nous avons vu qu'il l'a offerte comme un mal radical subi, mais aussi comme le don extrême de lui-même.

Alors ? **Le vrai bien-être serait-il ici-bas dans le don total de soi, dans l'acceptation de son impuissance** quand, humainement, on a fait le maximum ?

— Jacques avait perdu son travail. On l'avait licencié pour soi-disant faute professionnelle, par peur du sida. Il manquait d'argent pour se soigner et vivre. Il ne voulait pas mendier auprès des siens qui l'avaient rejeté, mais il y était obligé. Humilié par tout cela, il disait pourtant qu'il commençait à être heureux.

Le travail serait-il un faux bonheur ? Le bonheur n'est-il pas de gagner le pain des siens, d'être quelqu'un de non dépendant, de coopérer aux efforts de la société, d'avoir assez d'argent pour se cultiver et sortir de chez soi ?

Bien sûr que si ! L'Evangile nous rapporte des scènes d'embauche sur les places. Les destinataires du Royaume ne sont pas des oisifs. Pour Dieu, la pauvreté n'est pas une vertu mais un mal.

Alors ? Jésus rappelle aussi que l'homme ne se nourrit pas que de pain, que l'argent risque de rendre individualiste, que l'idéal d'une vie selon Dieu n'est ni l'amour de l'argent ni l'amour de la pauvreté, mais l'amour des pauvres, afin qu'il n'y ait plus de pauvres. **La vraie richesse d'ici-bas serait-elle au-delà des biens matériels ?**

— Enfin, Jacques disait avoir perdu sa réputation. Sa « lèpre » devenue publique faisait de lui un paria. On changeait de trottoir, on ne lui demandait plus conseil ; il n'était plus crédible dans ce qu'il proposait, où que ce soit. Horrible souffrance, au cœur de laquelle il se risquait à dire pourtant qu'il avait découvert une certaine joie...

Comment comprendre ? Notre être heureux n'a-t-il pas besoin du regard bienfaisant des autres, d'une certitude d'être estimé, apprécié à notre juste valeur ?

Bien sûr que si ! Le Nouveau Testament nous parle des disciples de Jésus pouvant rassembler des foules. C'est preuve qu'ils étaient appréciés et que cela était fécond.

En même temps, on nous rapporte que Jésus passait du temps au désert, après chaque acclamation de la foule : il fuyait les compliments, il disait même qu'il y avait danger à être trop estimé.

Danger du pouvoir ? Risque pour nous aujourd'hui de ne plus être assez subversifs, vrais, prophètes ? **La seule « réputation » qu'il nous faut sauvegarder ne serait-elle pas uniquement de rester vrais, aux yeux de Dieu ?**

Mystère de la phrase de Jacques qui a bouleversé ceux qui l'ont entendue et me bouscule peut-être aujourd'hui, moi qui la lis : de quel trésor peut être fait une vie en apparence toute « déglinguée » ?

Faire silence et **relire les petits bouts de ma vie**...

Mes plus grands moments de joie ne sont peut-être pas ceux où tout baignait dans l'huile pour moi... Ceux de mes proches qui me semblent les plus habités par une joie mystérieuse ne sont pas forcément ceux qui sourient le plus, 365 jours sur 365 ; ni ceux qui paradent ; ni ceux qui semblent forts psychologiquement ou dans leur foi ; ni ceux qui sont bien installés dans la vie et dans leur fonction. Ceux-là connaissent peut-être bien un vrai bonheur. Mais ceux qui transpirent le plus naturellement de paix et de joie — même quand ils pleurent —, ce sont souvent des non gâtés par la vie, des mal-heureux, chargés de lourds sacs sur les épaules. Ce sont aussi ceux qui, par amour, luttent avec acharnement, parce qu'ils en ont assez de voir souffrir autour d'eux : ils luttent à en souffrir eux-mêmes, à plonger avec ceux qu'ils aiment, sans se protéger ou se garder des réserves.

Les Béatitudes disent que ces petits dans la vie ou ces militants pour l'amour, sont nos maîtres : eux seuls peuvent comprendre que Dieu est douceur, tendresse, recherche de paix et de justice. Eux seuls, parce qu'ils n'ont plus rien, parce qu'ils se savent méritants de rien du tout, parce qu'ils n'ont rien d'autre à faire valoir que leur amour, eux seuls sont branchés tout entiers sur quelqu'un qui n'est pas eux et qui les comble.

Alors ? Que dire devant ces histoires de « plus » faits de « moins » ; histoires de sourires faits de larmes ; histoires de grâce faite de limites ; histoires de dons faits de manque radical ; histoires de joie faite de tristesse assumée ? La tristesse assumée n'est-elle pas une composante de la joie de l'Evangile ?

Vais-je pouvoir rendre grâce des fleurs qui émergent du mal ?

UNE ACTION DE GRÂCES DANS UN GRAND CRI

Il est bien clair que ce n'est pas du mal que je rendrai grâce mais de tout l'amour vécu dans cette expérience douloureuse : lui seul a permis de faire éclore ces fleurs !

— C'est alors la joie, **une joie pleine de larmes**. Une joie lente à s'émouvoir, lente à monter en moi. Une joie non exubérante et pourtant souriante à chaque fois que j'écoute, agis et travaille avec d'autres contre le mal. Une joie, miracle au quotidien, donnée on ne sait comment.

— C'est alors la paix, **une paix pleine de colère** : la paix, ce n'est pas l'absence de guerre ou de conflit. La paix, ce n'est même pas le sourire permanent. La paix a sa violence, elle a son combat. Elle a ses larmes et ses questions. Elle est déchirement sans cautérisation et joie sans cicatrisation. Elle équilibre les deux, elle les fait cohabiter. Mais c'est une paix appuyée sur une certitude : Dieu m'aime !

— C'est alors **l'action de grâces dans un grand cri**. Laissons un souffrant l'exprimer :

> *« J'ai eu droit (est-ce le seul hasard ?) à une embarcation légère sur une mer agitée. J'ai connu les orages et les grands vents, la peur des éclairs, la peur des drames, la conduite solitaire et les débuts de noyade. L'embrun a sans cesse empoissé ma chevelure. J'ai parfois égaré ma boussole ou, sans jumelles, cherché l'horizon dans la brume épaisse. Mais ma barque a toujours été aspirée non loin de la rive ; pas pour m'y reposer bien longtemps, car il a fallu repartir au large, bien souvent très vite.*
>
> *Mais, pour garder le cap, il y a eu des phares, des canots de sauvetage, des bouées et des étoiles dans le ciel. Chacun d'eux a pour moi un nom de lumière. Chacun de ces noms, très humains, est gravé en lettres d'or dans ma chair. Chacun de mes frères et sœurs m'a parlé de toi, Seigneur.*
>
> *Tu es devenu Celui que j'ai appris à guetter dans la brume et à attendre calmement. Au-delà des cris et des doutes, jusqu'au plus noir des nuits sans braises ; même lorsque je Te dis que, somme toute, Tu ne dois pas exister puisque Tu es si différent de ce que j'attends ; même lorsque mon amour pour Toi frise la colère et le renvoi.*
>
> *Père, je rends grâce de ce que Tu as su faire de moi, au creux de l'aridité. »*

Alors ? Faire silence et crier ! Car ce mystère est « beau » mais aussi scandale !

* *
*

A la question de ce livre : *Peut-on croire quand on souffre* ?, que répondre ? **Non... Avec nos seules raisons, NON...**

Mais, si la foi est une affaire d'amour où Dieu est celui que je laisse croire en moi et me donner la foi, ALORS OUI...

A moi, à chacun LIBREMENT, de donner sa propre réponse et d'en témoigner.

Table des matières

Cet ouvrage a été mis en pages d'après disquettes par
EDI (Études et Documentation Internationales)
29, rue Descartes – 75005 PARIS – Tél. : (1) 43 29 55 20

Achevé d'imprimer par Corlet, Imprimeur, S.A.
14110 Condé-sur-Noireau (France)
N° d'Éditeur : 4718 - N° d'Imprimeur : 7363 - Dépôt légal : janvier 1993

Imprimé en C.E.E.